广东省哲学社会科学规划2020年度一般项目
"马克思正义理论在当代中国的阐释与建构"
（项目编号：GD20CZX02）的阶段性成果

珠海市社会科学界联合会资助出版

珠海社科学者文库

A Study on John Rawls' Argument for Stability

闫 笑 著

罗尔斯稳定性问题研究

中国社会科学出版社

图书在版编目(CIP)数据

罗尔斯稳定性问题研究 / 闫笑著. — 北京：中国
社会科学出版社，2022.8
（珠海社科学者文库）
ISBN 978 - 7 - 5227 - 0437 - 1

Ⅰ.①罗…　Ⅱ.①闫…　Ⅲ.①罗尔斯(Rawls, John
Bordley 1921 - 2002)—正义—研究　Ⅳ.①B712.59

中国版本图书馆 CIP 数据核字(2022)第 117878 号

出 版 人	赵剑英
责任编辑	刘亚楠
责任校对	张爱华
责任印制	张雪娇

出　　版	中国社会科学出版社
社　　址	北京鼓楼西大街甲 158 号
邮　　编	100720
网　　址	http://www.csspw.cn
发 行 部	010 - 84083685
门 市 部	010 - 84029450
经　　销	新华书店及其他书店

印　　刷	北京君升印刷有限公司
装　　订	廊坊市广阳区广增装订厂
版　　次	2022 年 8 月第 1 版
印　　次	2022 年 8 月第 1 次印刷

开　　本	710×1000　1/16
印　　张	15
插　　页	2
字　　数	220 千字
定　　价	98.00 元

凡购买中国社会科学出版社图书，如有质量问题请与本社营销中心联系调换
电话：010 - 84083683
版权所有　侵权必究

正义之首：罗尔斯的社会制度正义（代序）

中国人民大学杰出人文学者　龚群教授

　　罗尔斯在当代思想史上具有十分重要的地位，其重要性之一，在于他重新点燃了世人对正义探寻的热情。以赛亚·伯林曾说过，20世纪六十年代几乎没有值得读的政治学和政治哲学著作，而罗尔斯《正义论》的出版改变了这个状况。当代政治哲学成为哲学研究的持续热点，全在于因为有了《正义论》这一开创性的著作。在政治哲学沉寂的年代，罗尔斯选择"正义"这个核心概念为突破口，不仅重新激发了人们对于政治哲学的热情，而且也使得"正义"成为当代政治哲学持续讨论的热点。2021年，是罗尔斯诞辰100周年和《正义论》发表50周年纪念之年，50年来罗尔斯的理论思想对于当代世界的学术界、理论界以及这个世界的正义事业，都产生了无比深远且巨大的影响。闫笑博士的论文以罗尔斯正义论中的一个重要问题：正义制度的稳定性问题为论文主题，在罗尔斯研究中具有特别重要的意义，时值闫笑论文出版之际，首先祝贺其论文得以正式出版。闫笑博士在中国人民大学学习期间，刻苦努力，其学术理论思维已经达到了独立从事本专业的学术水准和能力，这一论文是她的学术能力的见证。

　　闫笑来函让我为她的论文写一序言，本人确实有所感动。因为本人知道自己人轻言微，很少为他人写序言，即使是自己的学生。实际上，一个学者的价值也不在于为他人写了多少序，别人不求倒落了个清闲。然而，闫笑君的请求我也只好勉为其难地遵其嘱托，为其文附一序言。不过，本人恰好有相关类似主题的拙文一篇，因而强以为序。

一 正义的主题：制度正义

正义这一概念是西方思想史上历史悠久的探讨基点。在希腊思想文化的源头荷马史诗那里，正义是宙斯所代表的宇宙秩序的守护神。在荷马那里，正义女神有两个，其中之一狄科（Dike）专司人类社会事务，后来演化成为讨论人类事务的抽象的正义概念。在希腊思想史上，对于正义概念的关注最值得指出的是柏拉图的《国家篇》（或译为《理想国》），在《国家篇》中，柏拉图从个人正义探讨开始而转换到社会整体或国家的正义，从而使得人们将正义聚焦于宏大主题的正义——社会制度的正义。在这个意义上，柏拉图开制度正义探寻之先。在柏拉图看来，只有在一个正义的国家才可找到正义之士，而在不正义的国家，正义之士是十分稀少的。柏拉图的这一判断可以经得起人类历史几千年的检验。正是在这个意义上，柏拉图认为相比较对于正义之士的正义德性的研究，更应当从事的是对什么是正义国家的研究，我们只有研究了什么是正义的国家才可发现什么样的人是正义的人，并且，柏拉图这一判断与柏拉图所关切的另一个问题内在关联，即在他看来，只有在正义的国家，人民才是幸福的，而在一个不正义的国家，则充满了人民的不幸。因此，实现国家的正义，也就是实现人民幸福。不论柏拉图的结论是什么，但他的这一判断或观点则在历史长河中激发了无数思想家的探寻。

罗尔斯的正义论从理论渊源上继承了自柏拉图以来的传统。罗尔斯正义论的主题就是国家的正义或国家制度的正义。罗尔斯在《正义论》第一章开篇处点明了它的主题。罗尔斯说："正义是社会制度的首要德性，正像真理是思想体系的首要价值一样。一种理论，无论它多么优雅和简洁，只要它不正确，就必须加以拒绝或修正；同样，某些法律和制度，不管它们如何有效率和有条理，只要它们不正义，就必须加以改造或废除。每个人都拥有一种基于正义的不可侵犯性，这种不可侵犯性即使以社会整体利益之名也不能逾越。因此，正义否认了一些人分享更大利益而剥夺另一些人的自由是正当的，不承认许多人享受的较大利益能绰绰有余地补偿强加于少数人的牺牲。所以，在一个正义的社会里，平等的公民自由是确定不移的，由正义所保障的权利决不受制于政治的交易或社会利益的权衡。"① 罗尔斯在此强调正义对于社会制度具有首要价值，是其首要德性。也就是明确告诉我们，他的正义论所研究的不是以个人正义为中心，而是以社会基本制度即国家制度为中心。在思想史上，罗尔斯重新告诉人们，制度正义具有压倒一切的重要性，如果制度不正义，就必须改造或加以废除。

正义是一个在思想史有着多重内涵的概念。即使是在柏拉图的《国家篇》中所讨论的正义概念，在其第一、二卷中的个人正义内涵与后来转向国家制度正义的内涵也是完全不同的。正义概念本身既有体现历史背景的因素，同时也有在不同的思想家那里所赋予的不同内容。应当看到，罗尔斯在上述一段话中在提出制度正义的极端重要性的同时，同时指出了罗尔斯自己使用这一概念的内涵所在。他指出："每个人都拥有一种基于正义的不可侵犯性，这种不可侵犯性即使以社会整体利益之名也不能逾越。因此，正义否认了一些人分享更大利益而剥夺另一些人的自由是正当的，不承认许多人享受的较大利益能绰绰有余地补偿强加于少数人的牺牲。所以，在一个正义的社会里，平等的公民自由是确定不移的，由正义所保障的权利决不受制于政治的交易或社会利益的权衡。"现代制度正义体现在对于每个人的权利保障上，这些基本权利对于每个公民来说都是不可剥夺、不可转让的。"平等的公民自由"，强调了公民的基本权利是平等的，通过这些平等权利体现了公民的平等自由。平等的公民自由或公民的平等自由权利，是一个规范性概念，是罗尔斯用来衡量制度正义或建构制度正义原则的最基本理念。因而罗尔斯指出他的正义是"公平正义"，公平意寓着对于某种平等的追求。

平等公民的自由权利是罗尔斯正义概念的内核。这一基本理念反映了他对洛克以来的自由主义传统理念的继承。在思想史上，是洛克第一个提出制度正义的根本要求在于对政府提出合法性要求。这个合法性要求就是：人类

---

① John Rawls: *A Theory of Justice*, Harvard University Press, 1971, p. 3 – 4.

需要政府不是为了别的，而是为了保护人民的生命权、自由权和财产权。然而，怎样完善论证这个合法性要求，则是洛克留给后继者的任务。洛克以及他那一个时代的卢梭以及康德等人对于这个合法性要求，主要是从契约论建构了一个合法性基础，契约论将自由平等的公民权利具体化为一个理论上可操作的模式，但并不等于充分论证了这个合法性要求。制度正义是通过契约这个必要条件得到前提证明的，但以假想的真实存在的自然状态作为起点并不能说明真正社会契约是制度正义的历史前提。其次，转让权利的协议性的契约并不意味着能够给政治权威明确提出保护基本权利的根本要求，虽然它隐含于其中，但并不意味着已经制度化是这一要求。霍布斯就是从这样一种前提后退到为专制王权存在辩护。

罗尔斯面对这一历史遗产，首先是把契约论前辈们的社会契约论提高到一个新的抽象水平的高度，其次，更为重要的是，将隐含于契约前提的制度正义要求以根本原则的形式进行表述，从而克服了契约论倒退到霍布斯的层次的可能。这里有一个罗尔斯所招致的批评，这是桑德尔等人对罗尔斯的批评，所说的是假设的原初状态以及契约根本不是一种社会契约，因为罗尔斯把所有个人的特殊信息都遮掩了，从而是一群没有个性的个人，等同于一个人，而一个人自己是不可能同自己订立契约的。契约的前提是有立约能力的复数主体的存在。我们认为批评者误解了罗尔斯。罗尔斯的无知之幕遮蔽了个人特殊性的信息，仅仅是以抽象方式假设了立约人并不是由于其特殊信息因而处于不同的社会地位从而是不平等的人。换言之，罗尔斯将自由平等的个人概念具象化了。这个条件实际上在洛克、卢梭和康德等人那里都已经设定。洛克认为是上帝将基本平等权利赋予了每一个人，卢梭认为人生而平等自由，康德则从人因有理性因而都是享有平等尊严的个人。把人看成是拥有基本权利的自由平等的个人，是洛克以来的政治哲学与传统政治哲学根本不同的基本点，如果没有这个基本点，我们就还没有走出传统社会。传统政治不仅认为人天生就是在社会不同等级中的，而且认为人生来就是不平等。个人拥有基本的自由平等权利，这不仅仅是现代政治哲学的最基本假定，而且这是最基本的规范性理念。因而所有对这个假设的批评都没有把握到罗尔斯假设的实质意义。

罗尔斯之所以要以假设来建构一个规范性的个人概念，在于他所面对的现实是不平等。罗尔斯所遮蔽了个人特殊性的信息，恰恰是个人在社会中不平等的具体体现。人们出身于不同家庭、地位、阶级，有不同的个人天赋、才能以及财富收入的不平等。罗尔斯强调正义的主题是社会基本制度或基本结构，他说："社会基本结构之所以是正义的主要问题，是因为它的影响十分深刻并自始至终。在此直觉的概念是：这种基本结构包含着不同的社会地位，生于不同地位的人们有着不同的生活前景，这些前景部分是由政治体制和经济、社会条件决定的。这样，社会制度就使人们的某些出发点比另一些出发点更为有利。这类不平等是一种特别深刻的不平等。"① 正义的主题之所以是社会基本制度或基本结构，在于它能够对于所有人的生活和命运造成终生性影响以及社会的深刻不平等。相比较柏拉图的正义论，柏拉图十分自然地认为社会基本结构所造成的不平等是十分合理的，从而需要以"高贵的谎言"来使得我们安于某个等级或地位。虽然柏拉图的正义目标在于全邦人的幸福，但并不把所有公民的自由平等看成是一个基本正义目标，从而对于制度没有这样的要求。当然，柏拉图意识到贫富差别对于城邦正义的危害，从而至少提出了要对于处于高层地位的护卫者的财产进行限制甚至消灭其私产的要求。但柏拉图认为社会等级的不平等是不可动摇的，即使是这种不平等有碍于社会底层人的欲望的实现。正因为如此，为了维护国家的和谐秩序（正义），柏拉图特别强调在四种德性中，节制是所有人都应当具有的重要德性。因此，我们对比柏拉图的正义与罗尔斯的正义观，发现基于共同体意义的正义与基于个人基本权利的正义是根本不同的。

二 正义：社会基本结构的原则

正义的主题是社会制度或社会基本结构，在于社会基本结构对于人们的

---

① John Rawls：*A Theory of Justice*，Harvard University Press，1971，p7.

命运、前途和社会地位影响深远。社会制度的正义实际上是起着背景正义的作用。所谓背景正义，即在根本上对于人们的生活以及人们的行为起着社会背景性的支配或影响作用。在一篇题为"作为主题的基本结构"① 的论文中，他把社会基本结构称为"决定背景正义的全面性的社会体系"。这种"全面性"所指无疑是所有的社会制度体系。如政治制度体系、法律制度体系、经济制度体系以及家庭制度体系等。这些社会制度作为人们思考与行动的背景，具有无所不在的影响作用。罗尔斯意识到，社会基本结构深刻地影响着人们的行为。社会制度在形式上影响着社会的成员，并在很大程度上决定着他们所想要成为的那种人，以及他所是的那种人。社会结构还以各种方式限制着人们的抱负和希望。一种经济制度不仅是一种满足人们现存欲望和抱负的制度模式，也是塑造人们未来欲望和抱负的方式。更一般地看，基本结构塑造着社会制度持续生产和再生产某种个人或善的观念。社会基本结构起着人们行为的社会背景条件的作用。因此，罗尔斯指出，他所说的社会基本结构是在整体性意义上说的，而不是其中的某一种制度。任何一种社会基本结构从整体上都可能形成一种伦理倾向或伦理风尚。就此而论，柏拉图的理解是对的。在他看来，以荣誉崇尚为主的政体对于公民的行为产生对于荣誉的崇尚或追求，如斯巴达把军人荣誉放在最高地位，并且以体制整体来实现这一崇尚，从而在全社会尊崇军人荣誉的社会伦理风尚。而在寡头政体中，把财富作为衡量人的价值的最重要尺度，那么，在整体社会中，只有财富才是人们追求的最高目标。所以，只有在正义的国家中，才可找到正义之士。这是因为，崇尚正义的政体，必然使得人们得以形成正义感和以维护正义为荣的伦理精神。背景正义又是多重基本制度的合力所造成，如斯巴达把军人的勇敢和荣誉作为立国之本，就要以各种制度来保障这样一种荣誉原则能够在各方面得到实施。社会基本制度或基本结构形成总体性的正义，就是政治制度、经济制度、分配制度、教育制度以及家庭制度（对于家庭制度与正义的关系，

① John Rawls," *The Basic Structure as Subject*", *American Philosophical Quarterly*, 14（1977），pp. 155f.

人们有不同看法，如桑德尔的观点）等都体现了正义原则的要求，从而在整体社会总体上形成了一种尊崇正义的社会风尚，以及以正义为荣的社会风气。

社会制度在罗尔斯这里又称之为社会基本结构，或者说社会基本结构是由一系列基本制度所构成。其次，罗尔斯指出制度就是公开的规范体系。某一个或一组规范、一种制度并不等同于整个社会体系基本结构的规范与制度。在一个组织良好的社会里，不同的规范制度能够相互协调地共同起作用，从而公平有效地管理着社会。而从社会制度作为规范体系的意义上，所有规范都应遵行某种根本原则或基本原则，这就是正义的原则。一般而言，基本原则是既定的，只有在正义原则的指导下，或作为规范体系的制度规范体现了社会基本结构的正义原则，社会基本结构及其运行才是正义的。罗尔斯对于社会基本结构的这一认识使他区别于近代以来的古典契约论。在以洛克、卢梭和康德等人为代表的近代古典契约论者那里，他们的社会契约论的理论结构是原初状态—契约同意—政治社会这一个进程式的结构。其中，古典契约论者在中间那个环节中，即契约同意那里，是同意转让权利，如转让惩罚与报复他人伤害的权利从而诞生一个公共权力机构。从抽象意义上看，罗尔斯也是沿用了这样一个进程式的理论结构，但是，一个重大不同是，罗尔斯认为在人们为进入政治社会而进行讨价还价的东西，不是转让一部分权利的问题，而是从根本上确立政治社会制度或社会基本结构所依据的正义原则，这个原则应当是保护每一个公民平等权利的原则，以这样的原则来指导国家基本制度的建构，才可能有一个真正正义的国家。当然，罗尔斯提出了著名的两个正义原则而不是一个。

以正义原则的选择而不是权利转让来重述契约同意，是罗尔斯对于政治契约论的新贡献。应当看到，霍布斯是近代政治哲学转向和社会契约论的开创人，但他的契约论由于有着向后看的特质以及理论上的不自洽性，从而使得他并没有能够成为近代以来自由主义的开创人。霍布斯说："正如人们为了取得和平，并由此保全自己的生命，因而制造了一个人为的人，这就是我们所谓的国家一样，他们也制造了称为国法的若干人为的锁链，并通过相互订立的信约将锁链的一端系在他们赋予主权的个人或议会的嘴唇上，另一端则系在自己的耳朵上……在一个国家中，臣民可以，而且往往根据主权者的命令被处死，然而双方都没有做对不起对方的事。"① 人们要求走出自然状态是为保全自己的生命，然而，在政治社会，霍布斯却认为至上的主权者可以不问理由而将他的臣民为他的命令所处死。洛克确实提出了强有力的理由来反驳霍布斯，认为契约同意所建构的利维坦不应是一种王权专制式的政府，而应当是保护人民生命权、自由权和财产权的政府。洛克说："如果不是为了保护他们的生命，权利和财产起见，如果没有关于权利和财产的经常有效地规定来保障他们的和平与安宁，人们就不会舍弃自然状态的自由而加入社会和甘受它的约束……如果假定他们把自己交给了一个立法者的绝对的专断权力和意志，这不啻解除了自己的武装，而把立法者武装起来，任他宰割。"② 洛克设想，难以想象人们会愿意把自己置于比自然状态更为恶劣的生存状态中去。但如何能够使得人民同意而建立的政治国家做到这一点？洛克虽然提出了要有一种保住生命与财产的经常性规定，但从根本上看，洛克没有很好回答这一问题。而霍布斯与洛克两人的契约论结构是一样的，但为什么政治倾向不同就可得出不同的结论？这只能表明，古典社会契约论有它的根本性缺陷，这一缺陷就是：一个仅仅同意转让某些权利的契约并非是一个能够确保人民的基本权利得到保障的契约。实际上，这个问题在卢梭那里也存在。卢梭作为著名的社会契约论者，其思想和观点因为法国大革命而远播。然而，就是在他以追求自由为立论的《社会契约论》中，他的强迫自由的论点使人们感到他的自由观中有着专制思想的成分。卢梭说："任何人拒不服从公意的，全体就要迫使他服从公意。这恰好就是说，人们要迫使他自由。"③ 这就是卢梭有名的"强迫自由"的论点。罗素批评道，迫使自由的概念讲得非常玄妙，"讲起话来像个强词夺理的警察……把自由定义为服从警察的权利，或

---

① ［英］霍布斯：《利维坦》，黎思复等译，1985 年版，第 164 – 165 页。

② ［英］洛克：《政府论》下篇，叶启芳等译，1964 年版，第 85 页。

③ ［法］卢梭：《社会契约论》，何兆武译，1980 年版，第 29 页。

什么与此没有差别的东西。"① 卢梭的"公意"（general will，或译为"总意志"）是个很成问题的概念。根本的问题在于谁有权可以代表总意志？（囿于篇幅，这不是本书所讨论的主题）

就社会基本制度的根本精神——正义原则的选择问题，罗尔斯提出我们所面对的不仅仅是一种正义原则，而是多种正义原则，如是才有选择的问题。那么，是一些什么正义原则呢？在罗尔斯提出他的道义论的正义论时，所面对的主要是功利主义的正义原则。不过，罗尔斯在考虑哪种正义原则应当选择的问题上，把正义原则与各种相关的观念也列了出来，如古典目的论的观念、直觉主义观念和利己主义观念等。之所以列出这些观念，在于这些观念都可能对于正义原则的选择产生影响。罗尔斯通过各种条件考察，如一般性、普遍性、公开性、终极性以及原则的排序等，指出功利主义的正义观与他的两个正义原则，都可以经得起上述条件的考察。然而，功利主义原则在人们以最大最小值规则进行比较之后，则只能选择他的两个正义原则。所谓最大最小值规则，就是人们以处于最不利者的地位来进行思考，从而会选择那种在真正处于最弱势地位的情况下也能保护自己的原则。当无知之幕被揭开之后，人们出于自我保护，将选择那种能够平等保护或最有利于最少受惠者地位的原则。罗尔斯指出，社会制度如果满足于功利原则的设计，那么，不可能提供对于个人正当利益和自由的有益保障，并且恰恰相反，功利主义的正义将总和最大化善作为终极目的来追求，将默认对个人正当利益的损害或侵犯。罗尔斯说："如果一个人以自己的自由和实质利益来打赌，希望功利原则的采用可能保证给他一种较大的福利，那么他可能有被他的承诺约束的困难。他定会提醒自己还有两个正义原则可供他选择。"② 换言之，采用功利原则作为基本制度的根本原则，则意味着放弃了公平正义原则所确保的自由平等或公平正义。从正义原则的选择我们也可看出，我们面对着将自由平等的公民置于基点的两个正义原则和以牺牲某些个人正当利益为条件，从而可能获得

---

① ［英］罗素：《西方哲学史》，马元德译，1976 年版，第 239 页。

② John Ralws, *A Theory of Justice*, p. 177；

更大实际利益的功利正义原则，罗尔斯认为绝不拿公民的基本权利与利益来做交换条件，哪怕这只是牺牲少数人的利益，从而将他关于平等的公民自由权利的基本观念贯穿到底，

三　制度稳定性与政治变革

罗尔斯的理论结构使人们感到，罗尔斯似乎希望以一种类似于古格莱斯为斯巴达立法那来建构一种基本社会制度或基本结构的正义结构，从而能够一劳永逸地起作用。哈贝马斯就这样批评罗尔斯。他说："以正义论的视域来看，建立民主法治国的行为不能也不必在一个已是法治正义社会的制度条件下重复进行，而实现了的基本权利制度也不能确保一种继续进行的基础。公民们不会觉得这是一个未完成的开放进程，就像变化之中的历史环境所要求的那样。他们无法在社会现实生活中重新点燃原初状态下激进民主的余烬，因为在他们看来，所有重要的合法话语都已经在理论上内完成了；而他们发现这个理论探讨的结果早就沉淀在了宪法之中。"① 换言之，哈贝马斯批评如果罗尔斯的理论构造得如此完美，因而公民们在现实生活中已经不需要继续推进制度或进行制度改革，这样的动力已经不存在了。

应当看到，罗尔斯的制度正义并非是在原初状态下的选择就一步到位或宣告完成，在罗尔斯的理论中，除了建构一个正义的社会基本制度这一理论任务外，还有一个十分重要的任务，就是正义制度的稳定性问题。罗尔斯认为，他的公平正义理论分为这样两个部分：在第一阶段，制定出一种无政治立场（但当然是道德）的适合于社会基本结构的观念，第二阶段则是公平正义是否足够稳定的问题。② "free-standing" 指的是研究者所持的是政治中立的立场，或并不预设立场来探寻社会基本制度的正义。在"政治的主导性和重叠共识"一文中，罗尔斯再次强调了它的正义论分为两个阶段论点，他说："在第一阶段，公平正义应当被用着无立场的（a free-standing）政治概念……作

---

① Juergen Habermas, The Inclusion of the Other, Polity Press, with Blackwell Publishers Ltd, 1999, p. 69.

② John Rawls, Political Liberalism, Columbia University Press, 1993, p. 140.

为对社会基本结构的标识，第二阶段在于对公平正义的稳定性说明，即能够产生对它的支持的能力。"① 在《正义论》中，罗尔斯以整个第三部分，从道德心理学的进路来讨论正义制度的稳定性问题。在《正义论》出版后多年，在人们的批评以及罗尔斯对于现代民主社会的文化多元的思考，从现实政治、宗教和道德文化的社会状况出发，提出以多元重叠共识来建构政治社会的稳定性。因此，无论是前期还是后期，社会基本结构或正义的社会基本制度的稳定性问题都是罗尔斯思考的重心之一。在罗尔斯看来，正义的基本制度不仅仅是通过一个建构过程而下降到现实层面之后就可以认为是一劳永逸地解决了社会制度的稳定性问题。哈贝马斯的批评并没有看到罗尔斯这样努力的深层考虑，即以原初状态为起点的建构进路只是解决现代正义的逻辑起点和逻辑必然性问题，而现实中的正义的基本制度的稳定性，这一建构程序并不可能承担起来。

罗尔斯原初状态的理论讨论中，对于正义原则的选择也有出于对于社会基本制度的稳定性的考虑。原初状态的各方代表所面对的是他所荐举的两个正义原则与功利主义的正义原则的比较。不同的正义原则都会形成基于正义原则的正义观念或正义感。可以有基于功利原则的正义感，也可以有基于公平正义的正义原则的正义感。功利主义的正义原则强调社会功利总量的增长或善的最大化为正义，即以社会总体的幸福指数的增长为目的，但不以个人的分立性为基本前提，从而不考虑社会福祉怎样在个人之间的分配，从而可以容忍为了大多数的利益而牺牲少部分人的利益，如果这些牺牲能够带来社会福祉总量的增长，那么，功利主义的正义观是不会反对的。功利主义的正义观认可那些幸运的人的较大获利并且以此来抵偿另一部分人的较少损失，但是，我们能够指望那些得到满足的幸运者与那些做出了牺牲的不幸的人之间会有一种友好感吗？当一种功利主义的正义观总是强调那些得到受益的满足者的幸福时，他们之间能够存在这样一种友好情感吗？如果后一部分人总

---

① John Rawls, "The Domain of the Political and Overlapping Consensus", in *John Rawls：Collected Papers*, edited by Samuel Freeman, Harvard University Press, 2001, p. 474

是充满怨恨，我们怎么谈社会团结和社会稳定性？以功利主义的正义观来调节社会利益，远不是对于人的公平的关心，而且它必定会损害一部分人的利益，从而也损害了人们之间的互惠与团结。帕累托的效率原则可以看作功利主义的正义观的代表。在帕累托原则看来，只要令没有一个人的状况变坏的状况就是有效率的状况，在这样的状况下，如多数人的状况变好，或多数人的状况没有变坏，但极少数人的状况变得非常好，都可以得到帕累托原则的检验。布坎南说："一种多数人一无所有而少数人却无所不有的状态，事实上也可以是帕累托佳态，因为改善不幸的多数人的条件可能要降低优越的少数人的条件。"[①] 罗尔斯也指出："存在着许多有效率的结构。例如，那种一个人得到全部产品的分配也是有效率的，因为没有别的可使某人得益而不使其他人受损的再分配办法。"[②] 社会贫富趋于两极分化，只要是社会经济在增长，社会福祉总量在增长，就没有违反功利主义的正义观。但我们能够指望这样的效率原则或正义原则下的社会稳定性吗？罗尔斯还指出："实行功利主义的原则会破坏失败者的自尊，尤其是当他们已经陷入不幸的时候。让整个社会秩序去要求人们为了一个更高的善而自我牺牲，去否定个人的价值，去减少社会交往，这是权威道德……的特征。"[③] 自我牺牲无疑是很高尚的道德，然而，如果不能使得牺牲者得到应有的利益，或造成失败者的失败感，这不仅将会造成普遍的伪善，而且还必然伤害到弱势者的自尊。权势者的傲慢和弱势者的卑微，必然降低人们的社会认同感以及社会团结的正义感。罗尔斯的两个正义强调对于弱势群体的保护，强调对于处于最少受惠者地位人的期望值的提高，从而提出对于他们的补偿的重要。这体现了罗尔斯对于每一个公民尤其是处于弱势地位的公民平等权利的尊重和对于尊严的尊重。对于公民平等权利的尊重和保护，是罗尔斯对于洛克以来的自由主义传统精神的继承，公平正义原则的践行，将在社会和公民中产生一种普遍而牢固的自我价值感

---

① ［美］布坎南：《伦理学、效率与市场》，北京，中国社会科学出版社，1991 年版，第 14 页。

② John Rawls, *A Theory of Justice*, Harvard University Press, p. 69

③ 罗尔斯：《正义论》，何怀宏等译，北京：中国社会科学出版社，1988 年，第 487 页。

和自尊感，而对普遍的公民平等权利的维护也将产生稳定的社会正义感。

在《正义论》中，罗尔斯是从道德心理学意义上指出人们的正义感对于维护正义制度稳定性的重要性。他说："当制度（按照这个观念的规定）公正时，那些参与着这些社会安排的人们就获得一种相应的正义感和努力维护这种制度的欲望。一个正义观念，假如它倾向于产生的正义感较之另一个正义观念更强烈，更能制服破坏性倾向，并且它所容许的制度产生着更弱的不公正行动的冲动和诱惑，它就比后者具有更大的稳定性。"① 罗尔斯认为社会基本制度决定社会的秩序，因此，当一种社会基本制度为正义原则所确立时，那也就意味着这个社会是良秩的社会。而良秩社会能够持久，在于参与这一社会生活的人们在这种制度之下所形成的正义感。这种正义感越强烈，维护这一制度的欲望也就越强烈，并且，越持久，其制度也越持久。罗尔斯在《正义论》与《政治自由主义》中两次讨论了正义感的问题，前者主要从道德心理学的意义上，后者则侧重从作为政治观念的两个正义原则所形成的政治正义感。其次，在《政治自由主义》中，罗尔斯对于多元性的宗教、道德和哲学观念的重视，从而提出政治重叠共识的问题，是从现代文化价值多元的意义上，来讨论如何做到正义制度的稳定性问题。以重叠共识所体现的政治正义观念和政治基本制度的稳定性是后期罗尔斯的重心所在。②

罗尔斯所理解的正义制度的稳定性或政治稳定性并非意味着没有政治改革或政治变革的可能，稳定性主要是说一个正义的社会如何长治久安。不稳定的基本制度意味着这样的制度设计所遇到的问题远比相对较稳定的社会制度要大得多。同时，历史地看，现代民主法治为基本制度的政体制度，远比历史王朝专制制度要稳定得多。欧洲历史上的王朝专制制度，为了王位的争夺，就引发了无数的战争。现代政治的基点在于人民同意，或者说，人民同意进入现代政治的中心视域，从而结束了千百年来的王权战争，这是一个最

---

① 罗尔斯：《正义论》，何怀宏等译，北京：中国社会科学出版社，1988 年，第 441 页。

② 对于罗尔斯的正义社会的稳定性问题，笔者曾专门署文讨论。参看"正义社会的稳定性问题"，《学术月刊》，2017 年第 3 期。

基本的政治现实。然而，法西斯希特勒通过利用魏玛宪法的问题而登上权力顶峰，实行法西斯专制统治，并且为整个世界带来战争灾难，这为民主制度的稳定性提出了严峻的问题。如何使得民主政体真正能够长治久安，仍然是需要面对的问题。罗尔斯对于洛克以来的契约论进行重新论证，将这一制度的基点放在公民平等权利的基础上，应当看到对于公民的团结以及民主政体的稳定性来说是具有根本性意义的问题。不过，哈贝马斯所提出的问题仍然值得考虑。这个问题是，通过在基础性位置而选择建构的正义社会制度，是否对于未来可能的政治变革是开放性的？原初状态下的正义原则的选择，选择能够激发起人们最为广泛的正义感以及依此所建构社会基本制度，并非意味着我们这样的正义基本结构就没有在历史中发生变化的可能。但这样的变化仍然需要看到，即如果在政治演变过程中，有偏离其正义的基点——公民的平等自由权利的话，重新回到基点就是必然的。罗尔斯说："个人和团体所达成的众多分散并看来公平的协议，经过长期的积累，其结果则非常可能会破坏自由和公平的协议所需要的背景条件。巨额的财富和财产可能积聚在极少数人手中，并且这些集中可能会破坏公平的机会平等和政治自由的公平价值等等。"[1] 当然还有政治腐败问题。西方以美国为代表的政治制度在2020年大选中所暴露出的种种深层腐败和选举舞弊问题，说明当代西方的民主制度仍面临着深刻的内在危机。罗尔斯意识到，在自由市场经济的条件下，财富分配的不平等有可能会达到更为严峻的程度，从而破坏自由平等的机会平等以及公民的基本权利的平等，但罗尔斯那时并没有意识到今天美国政治制度内在的危机、不过，就总的精神而言，只要公民的基本平等自由权利得不到现实制度的保障，社会变革的可能性就存在。罗尔斯并没有关闭这个大门。要让正义之光照亮人类历史的前程，保持社会基本结构的正义稳定性与应对有可能由于社会演化而产生的对于背景正义的破坏，从而准备需要进行的政治变革，这样两手都同样重要。

---

① ［美］罗尔斯：《作为公平的正义》，第85页。

目 录

CONTENTS

绪论　罗尔斯稳定性问题的提出

第一节　罗尔斯的困惑与稳定性问题研究的缘起

与大多数学者一样，笔者刚接触罗尔斯政治哲学理论时，并不认为他对稳定性问题的思考可以成为他对理论界的重要贡献之一。但一段时间以来，由阅读罗尔斯的著作及相关文献而产生的一些困扰使笔者的观念发生了转变。例如，罗尔斯为什么要罔顾历史事实断言"稳定性问题在道德哲学史上几乎没有被论及"①，这难道真的会是这位被誉为 20 世纪最伟大的政治哲学家犯下的一个低级错误吗？我们很难找出有力的证据来证明这一点，因为在罗尔斯的论著中，他几乎网尽了政治哲学史上所有关于稳定性的重要讨论。或者说，是罗尔斯背离了道德哲学中关于稳定性问题讨论的历史传统，进而独树一帜？这个观点似乎有些许道理，有学者就认为，罗尔斯稳定性讨论的核心是道德稳定性而非国家或社会稳定性。② 当然，也有学者认为罗尔斯关于稳定性的讨论实际上依然是对社会或国家稳定性的讨论，只不过它关涉的是一个乌托邦式的良序社会的稳定性。实际上，上述解释无法彻底消除我们的疑虑，更进

---

① John Rawls, *Political Liberalism*, New York：Columbia University Press, 1993, p. xvii.

② 周保松：《自由人的平等政治》（修订版），生活·读书·新知三联书店 2013 年版，第 155—160 页。关于这一问题的详细讨论，参见 Po Chung Chow, "Moral Stability and Liberal Justification：An Examination of the Notion of Stability in Rawls's Theory", Ph. D. dissertation, *London School of Economics and Political Science*, 2006。笔者并未完全接受周保松教授的观点，详见第四章、第五章对契合论及相关问题的讨论。

一步的问题是：（1）何以证明罗尔斯对稳定性问题的讨论涉及的是道德稳定性，而非国家或社会稳定性，又或者说不是两者兼而有之？（2）为什么罗尔斯对霍布斯式稳定性的驳斥并未明显地从国家或社会稳定性的视域出发，反而是企图从更深层次的道德动机系统的动态平衡出发，去思考两者之间的主要差异？罗尔斯到底想要表达什么？（3）有鉴于罗尔斯稳定性论题的最终目的依旧是阐释多元社会如何才能长治久安，那么，我们又如何能够将其与各种版本的国家或社会的稳定性区分开来呢？

　　随着对罗尔斯正义理论思考的进一步深入，这些困惑以更加系统的方式呈现出来。幸运的是，笔者偶然读到了罗尔斯最得意的门生塞缪尔·弗里曼撰写的一篇文章《契合性与正义之善》。在此文的一个注释中，笔者无比欣喜地发现："罗尔斯认为，契合论是他在《正义论》中做出的最富独创性的贡献之一，因而他非常困惑为什么这一观点没有引发更多的讨论。"[①] 在弗里曼看来，罗尔斯的这一说法本身就足以引起我们的重视。诚然，如弗里曼所言，《正义论》发表以来，在对这部著作汗牛充栋的理论评述与批判中，确实鲜见"关于正当与善的契合性［稳定性］论题核心特征"[②] 的讨论。甚至评论家们从来都未深入解读过罗尔斯著作中关于稳定性论题的讨论。周保松教授也如是说："有趣的是，在过去这三十多年浩如烟海的研究罗尔斯的文献中，稳定性问题几乎被完全忽略。"[③]

　　《政治自由主义》的发表扭转了这一状况。在那篇异常引人注目的导言中，罗尔斯这样写道："无疑，这些演讲的主旨和内容标示着这个理论的重大转变。……但要理解这些差异的性质和程度，必须要认识到它们是为了试图

----

① 在弗里曼与罗尔斯的谈话中，罗尔斯表达了这一观点。Samuel Freeman ed. , *The Cambridge Companion to Rawls*, Cambridge：Cambridge University Press，2003，p. 308.

② Samuel Freeman, "Political Liberalism and the Possibility of a Just Democratic Constitution", *Chicago Kent Law Review*, Vol. 69，April 1994.

③ 周保松：《自由人的平等政治》（修订版），生活·读书·新知三联书店 2013 年版，第 146 页。周保松教授罗列了几年来研究罗尔斯的专著，并指出"例如在讨论罗尔斯的几本专书中，完全没有触及此问题"。

消除内在于作为公平的正义中的一个严重问题而提出来的，即该理论第三部分关于稳定性的解释与全书的观点不一致。我相信，所有的差异都是消除这种不一致的结果。倘若不是如此，这些演讲与《正义论》的内容和结构在本质上是相同的。"① 伴随着这一理论转向，稳定性问题在作为公平的正义理论中的重要地位才开始逐渐引起学者们的重视，并随即产生了一些重要的讨论。

毋庸置疑，稳定性问题是理解罗尔斯正义思想前后转折过程中的一个重要的关键点。但即便是在《政治自由主义》出版之后，仍有一些学者坚信，罗尔斯把一个与道德证成没有太大关联的社会现实性问题引入正义理论的公共辩护中。此后，尽管有学者出于理论自觉站在罗尔斯的立场上，对产生上述问题及误解的原因做出解释，并试图进一步澄清罗尔斯稳定性证成的理论脉络及核心思想。但是，这些为罗尔斯稳定性论题所做的解释与辩护工作，从总体上来看始终停留在一个修修补补的层面上，且散见于各处，其系统性和深度都有待进一步地整理和挖掘。毫不避讳地讲，国内学界关于罗尔斯如此重要的稳定性论题的系统性研究成果不多，这一状况无疑略使人感到遗憾，且不利于我们从整体上思考罗尔斯作为公平的正义理论的思想架构及其理论贡献。对笔者而言，更为重要的问题是，当前学界关于稳定性问题的研究及相关批评无法解决笔者的上述困惑。这在一定程度上激发和敦促笔者不断地深入思考着先前那些问题。在这一阶段，它们以更加清晰而系统的方式呈现出来，即：

（1）罗尔斯在作为公平的正义理论中论证的"稳定性"究竟是什么意思，它与霍布斯政治哲学讨论的稳定性论题之间到底有何差异？

（2）罗尔斯为什么要提出稳定性问题，它在作为公平的正义观念的理论证成中扮演着什么角色？这一做法是否必要？

（3）罗尔斯在《正义论》阶段是如何证成作为公平的正义观念的稳定性的？

（4）罗尔斯后期在多大程度上，是出于什么理由放弃了作为公平的正义

---

① John Rawls, *Political Liberalism*, New York：Columbia University Press, 1993, p. xvi.

观念之正义论阶段的稳定性证成？他到底是放弃契合论这一理论策略本身，还是仅仅放弃了关于契合论的某些解释？

（5）在政治自由主义阶段，罗尔斯是如何证成政治的正义观念的稳定性的？这一阶段的证成与正义论阶段有何异同？重叠共识理念是否完成了它证成正义观念稳定性的理论使命？

第二节　深入研究罗尔斯稳定性问题的文献依据及研究方法

在关于罗尔斯稳定性问题研究的著作中，有些学者认为罗尔斯是社会选择论者，并试图从理性选择的视域出发进行研究，在他们看来，罗尔斯明确且不止一次地表明，"正义论是理性选择（rational choice）的一部分，且是特别重要的一部分"[1]。而另一些学者则坚定地认为罗尔斯是新康德主义者，并试图从道德自律的角度出发去阐释稳定性问题。在他们看来，罗尔斯的正义理论是以康德的自律概念为基础的，正如罗尔斯所言："我相信在康德看来，人是自由平等的理性存在者，当他行动的准则可能是作为对其本性最准确的表达而被他选择时，他就是在自律地行动……无知之幕使原初状态中的立约人完全是作为仅知道有关正义环境的知识的自由平等的理性人进行选择的。"[2]还有一些学者认为，罗尔斯作为一个政治哲学家试图解决政治生活中存在的集体行动等相关问题。在他们看来，集体行动问题涉及对人类理性的一种看法，而康德主义仅仅是其中的叙事之一。实际上，一个井然有序的正义社会必然要依赖公民理性偏好的大规模变化，正如罗尔斯在《政治自由主义》中描述的那样："［政治的正义观念］的基本理念被看作是隐含在民主社会的公共政治文化之中的……在一个民主社会中，有一种民主思想的传统，它的内容至少是为公民普遍熟悉和理解的一般常识。社会的主要制度及其被认为接

---

① John Rawls, *A Theory of Justice/-Rev. ed.*, Cambridge：Harvard University Press, 1999, p. 15.

② John Rawls, *A Theory of Justice/-Rev. ed.*, Cambridge：Harvard University Press, 1999, p. 222.

受的解释形式，被看作是隐含在这些共享的理念和原则的储备之中。"① 他们以此证明罗尔斯致力于一种不同于康德式的道德动机。当然，除了这三种主流视角之外，还有自我统一论等其他不同视角。

毫无疑问，无论是持哪一种观点，这些学者都如保罗·韦茨曼所说的那样，"是从作为公平的正义观念的某些事实（truth）出发的"②。然而，罗尔斯的正义理论，就像约翰·查普曼描述的那样，"拥有着哥特式大教堂那样的简单性与复杂性"③。任何试图仅仅从一个视角或一种传统去理解罗尔斯正义理论的做法都是片面的，他们也因此错失了全面理解这一理论及其稳定性问题的可能性。与他们不同的是，本书采取了"整体主义"的研究视域，试图以稳定性问题为主线，通观罗尔斯在其著作中对稳定性论题及其问题的论述、修正及辩护④，立足于"作为公平的正义自身的理论体系"去阐释罗尔斯眼中的稳定性问题，以期在上述不同视角的相互佐证之中，为罗尔斯提供一些理论辩护。在笔者看来，面对罗尔斯作为公平的正义理论这样一座宏伟壮丽的"哥特式教堂"，唯有从罗尔斯正义理论的整体思想及其理论框架去理解稳定性证成及相关问题的内在理路，并尽可能地综合分析罗尔斯在不同著作中的文本表述，进而精准地理解罗尔斯援引这些相关表述的目的，才能从根本上抓住罗尔斯关于正义社会稳定性的思想精髓。

一言以蔽之，本书致力于梳理罗尔斯关于稳定性问题各个思想阶段的重要线索，并在这一基础上回应相关批评，以期为罗尔斯正义理论的稳定性证成提供理论辩护。换言之，本书的写作目的是双重的：一方面是解释学式的，即立足于罗尔斯正义理论的所有著作及论文，将罗尔斯稳定性论题及问题本

---

① John Rawls, *Political Liberalism*, New York: Columbia University Press, 1993, p. 14.

② Paul Weithman, *Why Political Liberalism: On John Rawls's Political Turn*, New York: Oxford University Press, 2010, p. 20.

③ John Chapman, "Rawls's Theory of Justice", *American Political Science Review*, Vol. 69, No. 2, March 1975.

④ 罗尔斯的这些著作包括《正义论》《政治自由主义》《作为公平的正义新论》《罗尔斯论文全集》《政治哲学史讲义》及《道德哲学史讲义》等。

身考察清楚；另一方面则是辩护式的，即分析罗尔斯稳定性问题所面临的重要批评，继而以整体主义的视角为罗尔斯稳定性观念提供相关辩护。

第三节　关于罗尔斯稳定性问题的研究现状

除了深入研读罗尔斯相关的文献资料之外，准确地把握理论界对罗尔斯稳定性问题研究的现状，无疑对我们深入研究罗尔斯稳定性问题大有裨益。然而，在很长一段时期内，罗尔斯稳定性问题的研究普遍被国内外学者纳入国家或社会稳定性论题的讨论之中，且在大多数情况下被视为政治科学领域的问题。与之相比，将其看作一个政治哲学问题的文献反倒是一种非主流的观点。这是不是意味着：在不少研究者看来，罗尔斯稳定性问题只有在政治科学的思想背景中才能得到恰当的解释呢？

不得不承认的是，人们对稳定性论题那些先入为主的观念的影响是巨大而深远的，以至于当罗尔斯从道德哲学或政治哲学的视角论证作为公平的正义观念的稳定性时，会被一些学者顺理成章地视为关于国家或社会稳定性的研究。这其中，不乏哈贝马斯这样的当代政治哲学领域中的理论巨匠。在他那篇著名的评论《评罗尔斯的〈政治自由主义〉》中，哈贝马斯直言："通过重叠共识把普遍的正义理论与政治稳定性问题相联系，他与该理论的知识论地位妥协了。"① 他给出的理由是："因为罗尔斯把'稳定性问题'置于最显著的地位，重叠共识仅仅表达了这样一种功能上的用途，即正义理论由此可以平稳地促成社会合作的体制化……从可接受性和合法性的角度来看，重叠共识不再具有重要的意义，只是从现实接受的，也就是从维护社会稳定的角度来看仍然是重要的。"② 在哈贝马斯看来，罗尔斯在政治自由主义阶段试图用重叠共识为其稳定性问题进行辩护的做法完全是一种不必要的妥协。周保松对哈贝马斯的观点做了精辟的总结，他说："［哈贝马斯］认为罗尔斯将一

---

① ［德］哈贝马斯：《评罗尔斯的〈政治自由主义〉》，江绪林译，《哲学译丛》2001 年第 4 期。
② ［德］哈贝马斯：《评罗尔斯的〈政治自由主义〉》，江绪林译，《哲学译丛》2001 年第 4 期。

个与道德证成无关的现实问题引入到他的理论，不仅没有必要，而且会导致严重的道德妥协，甚至还犯了最基本的概念错误。"① 毋庸置疑，哈贝马斯对这个问题的态度不仅进一步强化了上述那些先入为主的观念的影响，而且在某种程度上为后来学者研究罗尔斯稳定性问题奠定了理论基调。

倘若我们说哈贝马斯是以一种"宏观叙事"的方式对罗尔斯稳定性论题做出论断的话，那么巴里则以一种"微观切入"的方式声援了哈贝马斯的观点。与哈贝马斯不同，巴里认为，稳定性问题从本质上是被当作一个秩序问题而被罗尔斯纳入对作为公平的正义观念的思考之中的。他在《罗尔斯及其稳定性的寻求》一文中这样说道："实际上，在政治哲学史中通常不使用'稳定性'这个词汇……但是我们要做的是将稳定性问题更名秩序问题（the problem of order），我们就会马上承认它是所有时代政治哲学的焦点问题——当然，特别是那些秩序出问题的时代。"② 在巴里看来，罗尔斯对良序社会的描述在两个阶段——正义论阶段和政治自由主义阶段——本质上是相同的。③ 然而遗憾的是，巴里认为罗尔斯后期经历了一个由康德式观念向霍布斯式的转变，因为他在某种程度上放弃了稳定性的道德论证，转而寻求一种整全理论之间的平衡，以此来实现社会秩序的稳定。④

与哈贝马斯和巴里站在同一个阵营中之中的还有著名的分析马克思主义创始人科恩。他坚信，从整体上而言，罗尔斯正义理论的核心问题在于他没有区分首要原则与人们实际选择的实践原则。在《事实与原则》一文中，科

---

① 周保松：《自由人的平等政治》（修订版），生活·读书·新知三联书店 2013 年版，第 145 页。

② Brain Barry, "John Rawls and the Search for Stability", *Ethics*, Vol. 105, No. 4, July 1995. 从字面看，巴里似乎认为秩序稳定性可以被纳入政治哲学的思考中，且被看作焦点问题。但是，倘若我们认真审视巴里的观点就会发现，这里所谓的秩序稳定性问题是被纳入道德证成的范畴之中的，他的上述论断是在这个前提下做出的。事实上，在巴里看来，如果罗尔斯放弃从道德上证成秩序的稳定性的话，这一问题就立刻转化成一个与道德证成无关的现实性问题。

③ 就此巴里给出了两个理由：一是《政治自由主义》第一讲第六节对良序社会的描述与《正义论》第九章开篇的描述完全一致；二是《正义论》中善的弱理论能够容纳各种完备性学说的要求。因此他认为，良序社会本身就是一个"政治的"而非"完备的"观念，这两个阶段本质上的改变仅仅是"辩护方式"而非"辩护内容"。

④ Brain Barry, "John Rawls and the Search for Stability", *Ethics*, Vol. 105, No. 4, July 1995.

恩这样写道："将正义的第一原则与规范社会的原则［实际的实践原则］结合起来，是［罗尔斯］正义理论的一个根本错误。"① 在他看来，正义原则必须与现实应用的实践性原则区分开来，这种根本的区分必须体现在道德原则的证成上。正义原则应该是什么，不应该以个体的实际选择为转移，更不以这一原则产生的实际后果作为评判标准。科恩以退为进地论证了他的观点，他说："罗尔斯正确地认识到：'任何调节事物的正确原则都取决于该事物的本质'，事实对规范原则（rules of regulation）的证成不可或缺。但规范原则必然缺乏根本性，他们不能告诉我们如何根据他们自身被评估的效果来评估这些影响。"② 科恩的上述观点源自他的一个信念，即"政治哲学作为哲学的一个分支，其输出是以实践为目的，但其重要意义并不限于这一实践目的……政治哲学的问题不是我们应该做什么，而是我们应该思考什么，甚至是在我们应该做什么与我们应该思考什么没有实际的差别的时候"③。

相较而言，那些忠于罗尔斯作为公平的正义理论文本的解读，也就是试图最准确地反应罗尔斯正义理论所持有的真实立场，并以此为前提对稳定性问题进行解读的学者，义正词严地站在罗尔斯的立场为他进行辩护。在这里，较早且比较重要的学者有拉里·克拉斯诺夫（Larry Krasnoff）和罗尔斯的学生萨缪尔·弗里曼。其中，拉里于 1998 年发表于《伦理学》的名为"罗尔斯政治自由主义中的共识、稳定性与规范性"一文回应了哈贝马斯对罗尔斯的批评。而弗里曼在其收录于《罗尔斯剑桥指南》的《一致性与正义的善》一文中澄清了巴里的质疑。在上述研究中，他们都试图立足于罗尔斯正义理论的思想背景及理论旨趣，分析罗尔斯稳定性证成的理论抱负。在拉里看来，

---

① G. A. Cohen, "Facts and Principles", *Contemporary Debates in Political Philosophy*, Thomas Christiano and John Christman, eds., Wiley-Blackwell, 2009, p. 36.

② G. A. Cohen, "Facts and Principles", *Contemporary Debates in Political Philosophy*, Thomas Christiano and John Christman, eds., Wiley-Blackwell, 2009, p. 36.

③ G. A. Cohen, "Facts and Principles", *Contemporary Debates in Political Philosophy*, Thomas Christiano and John Christman, eds., Wiley-Blackwell, 2009, p. 37. 值得一提的是 Jean Hampton 表达了相似的观点，在他看来，没有形而上学背景的稳定性证成只能沦落为一个现实的实践问题。

哈贝马斯及相关理论家认为罗尔斯强调重叠共识或稳定性问题以至于削弱了其正义理论的规范性力量，或认为罗尔斯放弃了其理论的规范性证成以追求一种纯粹的实践目的的观点是成问题的，它是完全不符合罗尔斯稳定性证成的文本事实的一种理论误解。拉里说："这种批评源自对罗尔斯理论中展现出来的稳定性观念及共识观念的一种误解，批评者们倾向于假设它们被立即全部展开以解决一个单一的纯粹的实践性问题。与之相反，我认为，它们是以连续的方式被展开的，即以一种反映针对实践性问题的发展的规范性态度的方式。只要我们能够以正确的方式引入这些观念，毫无疑问，重叠共识和稳定性也具有它们的自身的道德要求。"① 与拉里相呼应，弗里曼则对巴里在上文中所持有的观点做了深入细致剖析，指出了巴里之所以对罗尔斯产生误解的原因，并表明罗尔斯在根本上并不反对巴里关于人具有道德动机的观点，只不过在罗尔斯看来，契合论这一结构，相比于巴里的道德动机，能更好地聚焦他所面临的社会基本结构的正义问题。②

在上述这些著名的争论中，他们的观点尽管彼此各异，但都试图尽可能准确地捕捉罗尔斯作为公平的正义观念的理论精髓及思想脉络。必须承认的是，笔者从他们关于稳定性问题分析和针锋相对的理论争论中受益匪浅。但是，这个时期关于稳定性问题的讨论始终聚焦于稳定性的理论属性上，即它到底是道德证成不可或缺的一部分呢，还是仅仅是一个现实的实践问题。即便是他们当中有学者对该问题进行学理上的解读与分析，也仅仅局限于稳定性在作为公平的正义理论中的理论功能以及罗尔斯是如何完成其理论证成的。

罗尔斯稳定性问题的系统性研究来自周保松、弗里曼以及韦茨曼。在《自由人的平等政治》一书的第五、六章，周保松区分了道德稳定性与社会稳定性。在他看来，倘若罗尔斯能够较好地将两者区分开来，哈贝马斯对其理

---

① Larry Krasnoff, "Consensus, Stability, and Normativity in Rawl's Political Liberalism", *The Journal of Philosophy*, Vol. 95, No. 6, June 1998.

② Samuel Freeman, "Congruence and the Good of Justice", *The Cambridge Companion to Rawls* Samuel Freeman, ed., Cambridge: Cambridge University Press, 2003, pp. 281–285.

论的误解就会迎刃而解。弗里曼在其撰写的《罗尔斯》一书以"作为公平的正义的稳定性"为题的章节中，重点阐释了罗尔斯稳定性问题的理论内涵及其转向的根源，并针对罗尔斯稳定性问题所遭遇的重要质疑给予了回应。与前面的那些研究成果相比，韦茨曼在其《为什么是政治自由主义——关于罗尔斯的政治转向》一书中非常详细且极具说服力地分析了罗尔斯后期之所以转向的前因后果。在他看来，无论是正义论阶段的契合论，还是政治自由主义阶段的重叠共识，罗尔斯的所有努力都在于解决集体行动中的"囚徒困境"问题。韦茨曼倾向于罗尔斯完成了他的理论使命，在一定程度上证成了一个不同于霍布斯和奥古斯丁式的民主自由的正义社会内在稳定的可能性。毫无疑问，韦茨曼的上述研究是系统而深入的，但令人遗憾的是，他似乎完全没有注意到罗尔斯正义理论的场域。正如乔治·克劳斯科（George Klosko）在评论中所说的那样："罗尔斯心目中的政治典范的良序社会是一个民主社会，韦茨曼却错误地将其解释为无限制的自由民主社会……他的错误在于，在面对现实政治时，韦茨曼认为良序社会是替代权威政治体系的一种唯一的选择。"① 与此同时，在克劳斯科看来，"韦茨曼的另一个错误在于他对现存社会的内在稳定性和强迫稳定性做出了明显的区分，只有软化这种差别，我们才能理解被看作普遍的民主社会的运作"②。

整体而言，弗里曼与韦茨曼两位哲学家对稳定性问题的关注似乎满足于一种"考据式"的解释，其重心放在帮助罗尔斯解释契合论上，且他们理论焦点在于关注作为公平的正义观念的思想发展及其成就。因此，在他们的理论研究中，稳定性问题仅仅是他们这项宏大工程中的一个环节。所以说，在为罗尔斯正义理论进行辩护时，他们或多或少地忽视了罗尔斯理论的部分"事实"。正如乔恩·加特霍夫（Jon Garthoff）所说："尽管罗尔斯政治哲学的

----

① George Klosko, "Rawls Weithman and the Stability of Liberal Democracy", *Res. Publica*, Vol. 21, September 2015.

② George Klosko, "Rawls Weithman and the Stability of Liberal Democracy", *Res. Publica*, Vol. 21, September 2015.

研究近年来在学界取得了很大的进展，特别是萨缪尔·弗里曼和保罗·韦茨曼出色的工作，但公允地说，罗尔斯的稳定性观念并没有得到充分的重视。"①事实上，确实有一些重要的问题，特别是罗尔斯式稳定性具有的哲学意义，如稳定性思考在证成正义原则中的作用、稳定性与公平社会合作理念及理性道德人格理念之间的建构关系以及罗尔斯对正义观念"相对稳定性"的阐释没有得到应有的重视。

　　尽管国内学术界对罗尔斯问题的研究相对而言起步较晚，但最近几年来，也不乏高质量的研究成果。其中，对稳定性问题最系统、最具创建的研究成果之一要属龚群在 2017 年发表于《学术月刊》的《正义社会的稳定性问题》一文。在这篇文章中，龚群首先指明了稳定性问题在罗尔斯正义理论中的重要地位，继而讨论了罗尔斯先后在《正义论》与《政治自由主义》对稳定性问题的两种不同的论证，并澄清了当下学界对重叠共识的异议。在他看来："正义社会的稳定性问题是罗尔斯正义理论中的重大问题……在《正义论》中，罗尔斯从道德的稳定性即正义感这一维度进行了充分的论证，认为以公平正义原则为核心的社会基本结构能够得到道德心理学意义上的正义感的稳定性支持；然而，当他意识到现代民主社会理性多元的事实之后，在继续坚持道德正义感作为正义社会的正义原则稳定性的必要条件之外，提出和论证了重叠共识作为正义社会稳定性支持的关键因素之一。"② 董礼在 2012 年发表于《哲学研究》之《关于罗尔斯稳定性思想的考察及其批判》一文，在阐释罗尔斯稳定性思想论证过程的同时，重点考察了理论界对罗尔斯稳定性问题的"批判"，其中包括罗尔斯两部著作之间的关系、稳定性在罗尔斯理论中的作用，以及哈贝马斯与罗尔斯关于稳定性问题与重叠共识之间的重要争论。杨伟清在 2007 年发表于《学术月刊》之《罗尔斯正义理论中的"稳定性"问题》一文，重点从学术史上考察罗尔斯稳定性问题的特征，指明了它与霍布斯式社会稳定性、密尔式稳定性的异同。在他看来，"罗尔斯的稳定性模式

---

① Jon Garthoff, "Rawlsian Stability", *Res. Publica*, Vol. 22, October 2015.
② 龚群：《正义社会的稳定性问题》，《学术月刊》2017 年第 3 期。

与霍布斯和密尔截然不同，关注的是良序社会的稳定性，是出于正当理由的稳定性，其核心指向的是正当与善的融合性论证，其论证的关键在于阐明正义之善，但他的稳定性考察也存在着缺陷，没有说明应该如何权衡稳定性与道德理论建构的其他标准"①。姚大志在 2001 年发表于《开放时代》之《打开"无知之幕"——正义原则与社会稳定性》一文，重点分析了"正当的优先性""公共理性"及"重叠共识"，指出了罗尔斯正义理论从"正义的可欲性"到"正义的可行性"的变化。② 此外，在他 2009 年发表于《天津社会科学》之《重叠共识观念能证明什么？——评罗尔斯的政治自由主义》一文中，及 2010 年发表于《中国人民大学学报》之《从〈正义论〉到〈政治自由主义〉——罗尔斯的后期政治哲学》一文，重点讨论了罗尔斯前后两个阶段解决稳定性论题核心观念的变化③，以及罗尔斯后期对这一问题的反思、修正和回应。④ 顾肃在 2009 年发表于《马克思主义与现实》之《从伦理到政治建构主义——罗尔斯政治哲学的思想逻辑基础》一文中认为："罗尔斯在论述有关社会政治体制的正义、平等、自由和其他根本范畴和原则时，借鉴并发展了康德的伦理建构主义。这是介于伦理实在论和道德相对主义之间的一种学说。罗尔斯在《正义论》中构建两个正义原则和在《政治自由主义》中论述社会稳定性的道义基础时，分别论述了伦理的与政治的建构主义……反映了罗尔斯政治哲学思想的逻辑发展线索和方法论基础。"⑤

本书的研究在进路上最为接近弗里曼和韦茨曼所做的工作。不同的是，笔者专注于罗尔斯稳定性观念的研究，试图对稳定性及其在作为公平的正义理论中的地位做出更完整的理解。一方面，在正义原则的理论证成中，在互

---

① 杨伟清：《罗尔斯正义理论中的"稳定性"问题》，《学术月刊》2007 年第 4 期。

② 姚大志：《打开"无知之幕"——正义原则与社会稳定性》，《开放时代》2001 年第 3 期。

③ 姚大志：《重叠共识观念能证明什么？——评罗尔斯的政治自由主义》，《天津社会科学》2009 年第 6 期。

④ 姚大志：《从〈正义论〉到〈政治自由主义〉——罗尔斯的后期政治哲学》，《中国人民大学学报》2010 年第 1 期。

⑤ 顾肃：《从伦理到政治的建构主义——罗尔斯政治哲学的思想逻辑基础》，《马克思主义与现实》2009 年第 3 期。

相竞争的正义观念中，相对稳定性的判断具有决定性的裁决作用；另一方面，相对稳定性的力量源自作为公平的正义观念的内容的正义性。这是贯穿罗尔斯正义观念稳定性证成始终的核心线索。在笔者看来，弗里曼过于注重"学理阐释"，而韦茨曼又过分关注"现实问题"。本书以二人的研究成果为基础，围绕罗尔斯的理论著作及相关论文中关于稳定性问题的思想资料展开讨论，尽可能从多个角度展现罗尔斯正义理论的"哥特式教堂"之稳定性风貌。

第四节　本书的核心问题及研究路径

作为公平的正义观念的稳定性是本书研究的核心问题。围绕这一问题，本书将先后考察作为公平的正义观念之稳定性的基本内涵，证成方式、后期思想转变及其理论意义。在笔者看来，只有厘清稳定性与正当性，正义感、契合性以及重叠共识之间的关系，才能准确地识别出"稳定性"在罗尔斯作为公平的正义理论谱系中的地位及其作用。也只有这样，我们才能理解罗尔斯的正义观念之稳定性在政治哲学概念地图中的丰富内涵及独特意义。

本书将提出并讨论罗尔斯稳定性证成中的主要问题，考察围绕这些问题引发的一些最有影响力的观点。这一讨论的起点始于罗尔斯的一个有悖于哲学常识的困惑：稳定性问题在道德哲学史上一直较少受到哲学家的重视。一个自然而然的问题是，罗尔斯为什么要发出这样的感慨呢？其作为公平的正义观念之稳定性论题是在什么样的问题意识和历史背景中提出的？它与道德哲学史中所讨论的秩序或社会稳定性之间到底有什么样的异同呢？这将是我们在第一章考察的重点内容。

假设我们承认罗尔斯对良序社会之稳定性的讨论不同于道德哲学史中关于秩序或国家稳定性的讨论，那么，这种不同在其理论的公共证成中表现在哪些方面呢？或者，是不是就像批评者所理解的那样，他将一个与道德证成无关的现实性问题引入了哲学理论的证成中而不自知呢？这正是稳定性在罗尔斯正义理论的公共辩护中的地位问题，也将是我们在第二章中要讨论的问题。

如果我们承认稳定性证成是作为公平的正义理论证成不可或缺的一部分，那么，罗尔斯是如何完成这一理论证成的？与理性主义传统不同的是，罗尔斯从不避讳正义感在正义理论证成中的重要作用，在他看来，个体是否能够获得一种按照正义原则行事的正义感是证成正义观念及与之相关联的良序社会之内在稳定的关键。那么，这是否意味着罗尔斯有意无意地为情感主义留下了一些解释空间呢？正义感或者说道德情感在作为公平的正义理论中的份额是否真如有些学者所理解的那样，足以与理性主义平分秋色，这是一个亟待探讨且影响重大的问题。这些问题构成了我们第三章讨论的核心。

当然，有人或许会问，既然个体具有属己的人生计划，具有对美好生活的追求，那么他为什么一定要按照正义感行事呢？特别是当个体对美好人生计划的追求与他的正义感发生冲突时，他为什么一定要将按照正义原则行事的欲求视为规制他理性生活计划的最高序欲求，并赋予其绝对的优先性呢？这就是我们第四章的主题：契合论。

就个体为什么要按照正义原则行事这一论题，在政治自由主义阶段，罗尔斯的理论思考为什么要发生根本性转变？在现代多元价值观并存的社会合作中，重叠共识这一理念是否能够完成其理论使命，最终证成作为公平的正义观念之良序社会的稳定性呢？这是我们第五章要讨论的问题。

作为本书的主体部分，这几个章节向我们展示了罗尔斯稳定性证成概念地图中的重要问题：正当性、正义感、契合论、重叠共识。纵观全书，尽管本书力图首先在"阐释"而非"批判"的层面上进行工作，但即便是概念阐释或澄清也依旧处在各种批判之中。

第一章　正义秩序与稳定性

　　稳定性或许是罗尔斯政治哲学中最为根本同时又是最为含混的概念之一。说其根本，是因为在罗尔斯看来，对稳定性的追问是作为公平的正义理论证成中不可或缺的要素。他说："除非在第一阶段选择的原则能在第二阶段被显示有足够的稳定性，否则对正义原则的论证便未完成。"① 说其含混，是因为不仅罗尔斯对作为公平的正义观念的稳定性的文本解释常常语意不清，而且他对稳定性论题的理解前后也出现了不一致②，这导致的直接后果是罗尔斯理论中的稳定性论题非常容易被人误解。因此，对罗尔斯语境中的"稳定性论题"的探究，就显得格外重要。

　　在《政治自由主义》的前言中，罗尔斯说，"我之所以说令人惊奇，是因为稳定性问题③在道德哲学史上一直很少受到人们的重视……"④ 然而他的这一论断表面上看起来与我们的哲学常识并不相符。我们知道，自古希腊开始，政治哲学家们就一直在为秩序的稳定性提供着各种理论辩护，霍布斯在其理

---

　　① John Rawls, *Political Liberalism*, New York：Columbia University Press, 1993, p.14.

　　② 罗尔斯对稳定性的描述中出现了观念稳定性、心理稳定性、道德稳定性、社会稳定性等众多文本解释且散落在各处，在其著作中没有对其理论中所使用的稳定性概念进行界定，这引起了众多误解和批评。周保松在其《自由人的平等政治》第五章论述"正当性与稳定性"时明确指出这一问题，且认为这是导致众多批评的根本原因。参见周保松《自由人的平等政治》（增订版），生活·读书·新知三联书店 2013 年版，第 147 页。

　　③ 罗尔斯经常使用稳定性问题来表述这一论题，在笔者看来，这样表述让我们容易将它的论题与他在后期著作中所说的稳定性论题出现的问题相混淆，因此，笔者用稳定性论题来表述罗尔斯对稳定性相关问题的讨论，以示区别。

　　④ John Rawls, *Political Liberalism*, New York：Columbia University Press, 1993, p. xvii.

论巨著《利维坦》中，更是专门讨论了如何维持秩序的稳定性这一问题。因而，秩序的稳定性论题无论如何也不应该被看作一个新的理论问题，罗尔斯何以发出这样的感慨呢？这一点让人困惑不已。

事实上，倘若仔细研读政治哲学史我们就会发现，在罗尔斯之前，稳定性论题的内涵通常被政治哲学家们理解为如何维持社会秩序稳定性或国家稳定性，因而它更多地被认为政治科学领域应该思考的策略性问题，而非道德哲学领域中所探讨的规范性问题。当《政治自由主义》出版之后，就有一些学者批驳罗尔斯，认为他将一个与道德证成完全不相关的实践问题——政治科学领域中的策略性问题——引入哲学论证之中，不仅没有必要而且可能会导致非常严重的理论退却。① 持这种观点的学者或多或少地是从这种传统的理论视阈出发的。无疑，社会秩序的稳定性这一实践面向是人类政治生活中非常重要的问题，但在笔者看来，专注于此的讨论都在某种程度上忽视了稳定性论题的根本。罗尔斯对稳定性研究的独特贡献在于，他是从政治哲学的高度去审视规范着政治秩序的正义观念的内在稳定性，因而，其理论的重心在于探讨维持秩序稳定的内在力量，而非仅仅着眼于讨论如何通过外部强力去维持社会稳定。就像罗尔斯在《政治自由主义》中所论证的那样，稳定性问题的实质在于，作为公平的正义如何能够产生出充分的自我支持的力量。② 也就是说，尽管罗尔斯也关注如何维持秩序的稳定性这一问题，但他更关注的是正义观念如何能够产生一种自我支持的力量，并以此作为社会秩序稳定的基础。因而，对罗尔斯上述感慨更贴切、更准确的理解应该是，正义观念的稳定性力量即正义观念"是否能够产生出自我支持的力量"③。这一问题在道德哲学史上较少受到哲学家的重视。

本章的核心问题是讨论作为公平的正义观念稳定性的内涵及性质，基本

---

① 持此类观点的学者包括哈贝马斯、巴里、科恩等人，详细讨论见绪论。

② John Rawls, *Justice as Fairness: a Restatement*, Cambridge: Harvard University Press, 2001, p. 181.

③ John Rawls, *Political Liberalism*, New York: Columbia University Press, 1993, p. 142. 这一观点散见罗尔斯对稳定性讨论的文本中。罗尔斯在讨论观念的稳定性及良序社会的稳定性时都有提及。可参见《正义论》第六十九节、《作为公平的正义》第五部分及《政治自由主义》第四讲第二节。

结构如下：第一部分梳理了政治哲学史上正义秩序及其稳定性问题讨论的起源及其发展，阐明不同历史时期正义秩序的特征以及维持它们稳定性途径；第二部分阐明了罗尔斯正义理论构建的基本要素——公平社会合作体系理念，理想的道德人理念和良序社会理念，以此勾勒出罗尔斯稳定性论题的理论论域及其限定；第三部分解释了罗尔斯稳定性的对象、性质以及阻碍秩序稳定的关键因素。

第一节　秩序与稳定性

在分析作为公平的正义的稳定性及其性质之前，我们首先有必要回顾一下哲学史上不同的时期对这一问题的讨论，这将有助于我们更清晰、更系统地理解罗尔斯稳定性论题的重要性及特点。总体而言，在中世纪之前，正义秩序及其稳定性的基础是外在的，主要依赖于宇宙的前定和谐及上帝意志，政治哲学的主要目的与自然形而上学、神学联系在一起。而在启蒙以后，正义秩序及其稳定的基础逐渐由外在转向内在，主要表现为个体的自愿同意或认可。

一　自然秩序与稳定性

古希腊的正义与秩序是同生共源的，服从宇宙秩序即正义。"正义"在《荷马史诗》中是通过神话谱系来描述的，正义女神狄科（Dike）与忒弥斯（Themis），她们一起帮助宙斯来维持宇宙秩序。正如当代政治哲学家麦金太尔所言，"'dike'和'themis'在古希腊日常言谈的使用中，绝大多数都以宇宙秩序本性为前提"[①]。在古希腊人的眼中，宇宙（κοσμος）的创生就是从混沌中产生秩序，万事万物都按照其自身的秩序生长消亡，和谐统一。宇宙的本意就是秩序，正义在他们看来就是众神（人）及万物应该按照宇宙既定秩

---

① 　龚群：《古希腊神话中的正义之辩》，《社会科学战线》2017 年第 3 期。

序行事，各安其位，各司其职。诗人赫西俄德在《工作与时日》中这样描述："要倾听正义，不要希求暴力……追求正义是明智之举，因为正义最终要战胜强暴。"① 所以说，在这一时期，正义被理解为按照宇宙秩序行事，遵从自然（必然）秩序就是遵从正义，违反自然（必然）秩序就是"强暴"。

公元前 374 年，正义秩序及其稳定性的这种内在关系以更清晰、更系统的方式出现在雅典公民柏拉图撰写的《理想国》中。在这本人类文明史上最早且最为重要的哲学著作中，柏拉图试图系统地回答"什么是正义"这一问题。在《理想国》第一卷中，柏拉图（苏格拉底）在相继批驳了"正义就是欠债还钱""正义就是以利待友、以害待敌""正义即强者的利益"等的观点之后，提出了他著名的关于城邦与灵魂构造的对比学说。在他看来，只有在一个正义的城邦中才能清楚地知晓什么是正义。

简要回顾这一思想梗概是有助益的。在柏拉图看来，正义的城邦中有三个阶层：统治者、护卫者及生产者。统治者为城邦制定法律和政策，协调与其他城邦的关系；护卫者执行法律与政策，抵抗外敌入侵；生产者生产生活资料，满足城邦的需要。根据这三个阶层的特性及其关系，在柏拉图看来，城邦的智慧完全依赖于城邦统治者的智慧，其勇敢对应着护卫者的勇敢，其节制在于城邦三个阶层有序和谐，城邦的正义在于城邦各个阶层各安其位，不去干涉或僭越他人的工作。与城邦的三个阶层对应，柏拉图认为，一个人的灵魂也有三个部分：理性、精神和欲求。理性对应于统治者，其功能在于谋取城邦的整体利益；精神对应的是城邦的护卫者，它的使命是贯彻执行理性的命令；欲求相对于城邦的生产者，其功能在于提供所需之物，个人的正义秩序就是遵守灵魂中三个部分的安排，各安其分，和谐统一，以此使心灵处于安宁之中。

概言之，尽管在柏拉图哲学中已经出现了从古希腊人神一体的宇宙秩序转向探讨城邦中的人类秩序的端倪，但他的讨论依然是以宇宙本体的前定和

---

① ［古希腊］赫西俄德：《工作与时日》，张竹明译，商务印书馆 1991 年版，第 7 页。

谐为基础的——个人的正义以城邦的正义为前提、城邦的正义以宇宙秩序为前提。这表明，柏拉图并没有摆脱希腊早期的自然主义色彩。①

相较而言，亚里士多德对正义的探讨更具现代意义。他将正义区分为一般正义（universal justice）和特殊正义（particular justice）。一般正义着重讨论公民与城邦之间的关系，要求公民的行为必须合乎于法律。而特殊正义主要讨论城邦中公民之间的关系，包括分配正义和矫正正义。毋庸置疑，亚里士多德勾勒出现代政治哲学的基本框架，并为正义秩序提供了典范性思考路径。首先，亚里士多德第一次从概念上明确地区分了自然正义与约定正义（conventional justice）；其次，亚里士多德第一次将政治秩序的稳定性问题与最佳政体关联起来；第三，亚里士多德第一次将法制、自愿认可和公共利益这些因素引入政治正义的讨论之中。其中，亚里士多德最具开创性的贡献是，他对正义秩序的讨论跳出了古希腊早期自然正义的思考框架，开始将体现人类自主自愿的约定正义这一要素纳入对秩序的思考之中。换言之，亚里士多德勾勒出的正义秩序包含两类：一类是自然正义，作为外在规范普遍有效且不以人的思考为转移，另一类是约定正义，蕴含着习俗、公共利益及自愿等因素，人类自觉意志被纳入秩序的思考之中。

尽管亚里士多德在讨论正义秩序时提出了"约定的正义"（conventional justice）这一"人为秩序"的主观视阈，但它依然奠基于客观自明的自然秩序并且以此为前提。在他看来，只有符合自然正义的政体才是最正义的政体，进而也是最稳定的政体。需要理解这一点并不困难，无论是好的政体——君主制、贵族制及共和制，还是坏的政体——僭主制、寡头制和民主制，在亚里士多德哲学中都是自然生长出来的结果，而非人为构建的产物，它们必然指向最终的目的——宇宙万物的自然秩序。所以说，它们不以人类自主的意志为转移，也不需要人类自觉地行动。正义是秩序的德性，人类只需要认识

---

① 例如，在柏拉图看来，人是用不同的材质铸造的，有些人铸造时加入黄金，因而本性是统治者；有些人铸造时加入白银，因而本性是护卫者；从事生产劳动的农民及工商业者，他们是由铁和铜铸造的。且这三种质料铸造的人应当恰当地安放在城邦三个阶层之中，不能僭越。

到自然秩序，然后按照自然秩序安排行事，做到不逾矩、不僭越，这就是正义而稳定的秩序。反之，则既不正义也不稳定。

此时，人类只是自然神圣目的的工具，并在充当工具的过程之中来实现自我完善。在古希腊世界中，人类的僭越是城邦不稳定的根源。换言之，在城邦中，就应该由那些知晓秩序是什么以及如何来获得这一秩序的人来统治，他们按照其本性——如哲学王或贵族——就适合担任统治者，其他人则也因其本性而成为被统治者，这样的城邦就是正义的城邦，也是最稳定的城邦。

二　神圣秩序与稳定性

中世纪基督教思想家们继承了古希腊哲学家对正义秩序的思考方式及思想脉络，同时又做出了重要的改造，在这一时期，正义秩序与人类自主性之间的张力开始慢慢凸显出来。

奥古斯丁用柏拉图思想重新武装了基督教教义，使其成为一个更加完整的体系。与柏拉图不同的是，奥古斯丁的理论兴趣主要集中在彼岸世界而非此岸世界。在他看来，上帝统领的彼岸世界——上帝之城——是完满而永恒的；与此相对，人类活动的此岸世界——地上之城——则是残缺而短暂的。奥古斯丁在《上帝之城》中说，"有两种城市，一种是坏人的城市，一种是正义者的城市"①。在他看来，此岸世界中的政治秩序仅仅是人因为原罪而不得不做出的约定，用以维持这个"坏人的城市"的秩序，因此根本无法以此秩序来实现人类道德的目的，所以此岸世界的秩序毫无正义可言。奥古斯丁认为，上帝之城才是正义的源头和最终目的。上帝之城的秩序是神圣的，它以敬畏上帝为前提，从至圣者这一源头开始，溢出灵性世界、宇宙、国家、人、动植物以及无机物，它是一个从高到低的等级序列。其中，每一个等级都因其本体论意义上的"源头"而存在质的不同。万物来自这一源头，又将复归于这一源头，以此来寻找生活的目的和意义。在这种神圣秩序中，罪恶并不

---

① ［古罗马］奥古斯丁：《上帝之城》（第一卷），王晓朝译，人民出版社2007年版，第66—67页。

在于存在等级，而在于对其源头的背叛与堕落。① 在奥古斯丁看来，只有服从上帝并与其结为一体，使维持世俗秩序的自然法遵循上帝创立的永恒法律的要求，世俗秩序才可能重新获得正义。

在阿奎那之前，规范世俗秩序的自然法主要来自上帝的启示，它是对上帝永恒法的确认，人类只有通过信仰才能达成。换句话说，人类理性及其世俗生活在神圣秩序中丝毫没有用武之地。阿奎纳扭转了这一局面，他将基督教早期的神启自然法改造成凝结了人类理性及自然本性的理性自然法。阿奎那认为，上帝的理性使宇宙秩序得以永恒完整。在这个体系中，无论处于哪个等级，都有其独特的价值及位置，每一物种都按照其本性而活动，也都因其所处的恰当的地位而实现着上帝目的。上帝既然赐予了人类理性，人类运用上帝赐予的理性便不是对上帝的违背或背叛，反而是顺从上帝的旨意。阿奎那描述了一个包括四个层次的法律体系，其中包括永恒法、神法自然法和人法。永恒法是支配宇宙体系的最高法，是上帝创造宇宙和管理的计划，也是万物的生存法则。人类通过上帝的启示获得神法——《圣经》中的戒律，通过上帝在其身上安置的理性获得自然法——参与永恒法创造的规则，并由此获得人法。阿奎那这一划分的重要意义在于人的理性开始参与规则（或法）的创造，正义秩序开始与人的理性发生某种根本关联。

总而言之，中世纪思想家对秩序与正义的探讨尽管出现了许多现代元素，但总体没有超出古希腊整体论的框架。在他们的神圣秩序中，上帝创造了一个容纳万物的等级体系，较低等级为较高等级的目的服务。其中，人的目的就是实现在终极目的中的角色，按照永恒法、自然法的要求去行事。维护这一神圣秩序本身就是正义所在，人的僭越是不正义、不稳定的根源。尽管在中世纪后期，"人类本性"对秩序独特性已经初见端倪，上帝面前人人平等的信念也开始深入人心，但个体的自主（理性）表达依然没有获得独立的根源性地位。

---

① 包利民：《古典大序的变异：从希腊罗马到基督教政治理念的交替》，《学海》2001 年第 6 期。

三 人为秩序与稳定性

启蒙之后，自然秩序与人为秩序之间的张力日益凸显，以上帝或超自然力量为基础的目的论观念逐渐被边缘化，人生而平等自由的观念渐入人心。这些转变敦促人们开始重新审视秩序与正义之间的关系。此时，社会秩序不再被看作一种自然而然的结果，自然秩序在本体意义上也不再被视为天然正义的，政治秩序自身的正当性开始需要经受来自人类理性的审查。①

近现代政治哲学家对正义秩序及其稳定性的研究主要沿着两种不同的进路：一种是"发生的证成"（emergent justification），另一种是"目的的证成"（teleological justification）。② 前一种进路是根据秩序发生的限制性要素去证成，如自然、天命、上帝、血脉以及后来的人类理性等，它主要关注秩序的来源及谱系；后一种方法是根据秩序所能实现的东西去证成，它更关注的是秩序的效用及其能够达成的目的。也就是说，"发生的证成"侧重制度是如何产生及其限制性条件这一问题，而"目的的证成"主要关注秩序能够为人提供什么好处。③ 在现代政治哲学中，这两种证成进路的侧重点构成人类美好生活的两个不同要素，一个是理性自主；另一个是福利效用。在"发生的证成"进路中，个人理性自主选择是秩序正义的证成要考虑的第一原则；而在"目的的证成"进路中，最大化地实现幸福是秩序正义证成的首要原则。社会契约论者更强调前者，效用主义者则更突出后者。

社会契约论者认为，社会是机械的人为的集合，它是由处在"自然状态"中的自由平等的个体自愿同意的契约组建起来的，大抵沿着两个方向向前发展，一个是洛克式自愿主义传统——强调思想自由和良心自由；另一个是康

---

① 需要澄清的是，古典秩序正义只需要人类认知和描述，其规范性基础在于形而上学的基础或历史传统。现代秩序正义需要人类理性证成，这种证成主要依靠概念和逻辑的限定。在某种程度上，古典秩序正义"目的的证成"和"发生的证成"是一致的，两者共存于一个框架之中。

② David Schmidtz, "Justifying the State", *Ethics*, Vol. 101, No. 1, October 1990. 大卫·施密茨在这里主要讨论的是国家证成，笔者认为它同样适用于正义秩序的证成。

③ 周濂：《现代政治的正当性基础》，生活·读书·新知三联书店 2008 年版，第 25—33 页。

德理性自愿主义传统——强调平等的自由。① 归根结底，社会契约论的理论精要是自愿主义，即平等个体的自愿选择，因此个人的自主性是其证成政治秩序的阿基米德点。

与契约论者的视角不同，效用主义者思考的核心问题是个体"为什么要同意"建立政治秩序。他们认为，在任何情况下，正义的政治秩序都应该满足最大多数人的最大幸福。尽管不同效用主义者对"效用"内涵的理解不同，如快乐、幸福、欲求以及偏好的满足等，但无论是快乐、幸福还是偏好的满足，都代表了人类在现实生活中希望自由追求的东西。正如与边沁不同，密尔还认可快乐之外的其他价值，密尔的观点是，在不伤害他人的情况下，每一个人应该拥有最大限度的自由。在他看来，这是公共理性的要求。当然，密尔是从人作为不断进步的永恒存在物的终极利益来思考和解释效用的。效用主义的基本结构包括三个基本论点：苦乐原理、效果论和效用原则。② 在政治哲学史上，效用主义最大的吸引力在于它满足我们的直觉：第一，人的福祉是重要的；第二，道德规则必须依赖其对人的福祉的后果而受到检验。③

总而言之，在近代政治哲学的理论证成中，人为秩序的公共证成至少要包含两个要素，一个是它必须基于个体的自主选择；另一个是它必须能够满足个体对自身福祉的追求。正像我们看到的那样，这两点共同构成了罗尔斯思考作为公平的正义的理论出发点。

---

① 霍布斯在《利维坦》中指出，在没有国家的自然状态下，人性使其不可避免地卷入战争之中，由于人大致拥有相同的力量和技能，他们彼此之间随时都可能将对方置于死地。在这种境况中，个人出于对死亡的恐惧和对福祉的追寻，同意建立政治秩序并将自我统治的权利让渡给主权者。与霍布斯一样，洛克也将自然状态作为其理论的出发点，在他看来，自然状态中的个体生而自由平等，人人都是自己的国王，因而正义的政治秩序只能建立在人民同意的基础上。与霍布斯不同的是，洛克认为，仅仅通过证明在政治秩序下的生活比自然状态下的更好——建立秩序符合个人的福祉——是不够的，政治秩序的证成必须建立在自主个体的同意的基础上。当然，卢梭也是从自然状态出发，但他主要关注的问题是社会中不平等，他认为，为了避免这种不平等，契约必须建立在公共意志的基础上。因此，他更强调个人平等的政治自由以及公共生活的价值。参见周濂《现代政治的正当性基础》，生活·读书·新知三联书店 2008 年版，第 25—33 页。

② 龚群：《对以边沁、密尔为代表的功利主义的分析的批判》，《伦理学研究》2003 年第 4 期。

③ ［加］金里卡：《当代政治哲学》，刘莘译，上海译文出版社 2011 年版，第 12 页。

第二节　良序社会与稳定性

罗尔斯终其一生都在思考这样一组问题，一个正义的制度安排如何可能？① 在他看来，只有生活在正义的社会中，人才能过上值得过的生活。这个正义的社会——罗尔斯称为良序社会——不仅旨在促进每一个社会成员的旨趣②，且调节每一个成员的行为。换言之，生活在良序社会的事实意味着其成员都具有一种按照正义原则的要求行事的强烈欲求。他说："既然一个良序社会是持久的，它的正义观念就可能稳定：当制度（由这个观念规定的）是正义的时候，参与这些社会安排的个体就会获得一种相应的正义感，以及一种尽自己最大的努力维护这种制度的欲求。"③ 在罗尔斯眼中，如果一种正义观念倾向于产生的正义感相较于另一种正义观来说更加强烈、更能克服那些破坏性倾向，由它所规制的制度将会产生更弱的做不正义的事情的冲动和诱惑，那么这一观念相比于后者就具有更大的稳定性，由此规制的良序社会就是更稳定的社会。

一　公平的社会合作的理念

要理解罗尔斯的社会正义事业，需要从他对社会秩序的基本看法入手。在《作为公平的正义》第二节中，罗尔斯写道，公民并不将他们的社会秩序视为一种不变的自然秩序，也已经不将其视为一种可由宗教学说或等级观念来加以辩护的制度结构……它通常被看作一个合作体系。④ 在他看来，"直觉

① ［美］涛慕斯·博格：《罗尔斯：生平与正义理论》，顾肃等译，中国人民大学出版社2010年版，第2页。

② 关于罗尔斯著作中 interest 的翻译，国内学界通常译作"利益"。但这一译法笔者认为并不能够涵盖罗尔斯文本中 interest 蕴含的全部含义，且容易引起误解。在罗尔斯的文本中，interest 的指向是个人的欲求，这一欲求包含了利益，也包含了信仰、理想等。

③ John Rawls, *A Theory of Justice/-Rev. ed.*, Cambridge：Harvard University Press, 1999, p. 398.

④ John Rawls, *Justice as Fairness：a Restatement*, Cambridge：Harvard University Press, 2001, p. 6.

的观念是：每一个人的幸福都依赖于社会合作体系，没有这种社会合作，任何人都不可能过上满意的生活。因此，利益的划分应当能够使每个人都自愿地加入到合作体系中来……"① 由此，我们可以清楚地知道，社会被罗尔斯看作公民之间的合作体系，它至少具有两个任务：一个是必须使所有人都能过上幸福满意的生活，另一个是其利益划分应该让所有人都能够自主自愿地加入社会合作体系。那么，接下来的问题是，什么样的社会合作体系才能实现这一愿景呢？

在正式展开对这一问题的讨论之前，我们不妨再看看罗尔斯在《正义论》开篇对社会合作体系及其基本特征的描述，他说："……这个社会是由个人组成的或多或少自足的联合体，他们彼此在相互关系中承认特定的行为规范的约束力，且在很大程度上依此行事。"② 紧接着，罗尔斯进一步解释说："尽管一个社会是基于互利的合作冒险事业，但它的典型特征既包含利益一致，也存在利益冲突。利益一致在于社会合作能使所有人都过上一种比独自生存更好的生活，利益冲突则在于人们不会对由社会合作产生的更大利益的分配无动于衷，为了追求自身的目的，他们都希望获得更大的份额而不是更小份额。因此，就需要一系列原则来指导人们在各种决定利益分配的社会安排中进行选择，以达成一份恰当的分配协议。这些原则就是社会正义原则……"③ 也就是说，在一个由个体自愿组成的自足的社会合作中，一方面，利益一致使个体具有参与社会合作的意愿；另一方面，利益冲突又使个体具有背离社会合作的可能。因此，就需要一套正义原则来调节个体之间的利益冲突，以消除社会合作中的对立因素，不断增强其社会合作的意愿。此时，上述问题就转换为，到底什么样的正义原则才能堪此大任呢？

为了回答这些问题，罗尔斯考察了在哲学史上占据支配地位的效用主义及其各种变体。他说："事实上，存在这样一种思考社会的方式，它使人们容

---

① John Rawls, *A Theory of Justice/-Rev. ed.*, Cambridge：Harvard University Press, 1999, p. 13.

② John Rawls, *A Theory of Justice/-Rev. ed.*, Cambridge：Harvard University Press, 1999, p. 4.

③ John Rawls, *A Theory of Justice/-Rev. ed.*, Cambridge：Harvard University Press, 1999, p. 4.

易认为最理性（rational）的正义观是效用主义。"① 在罗尔斯看来，效用主义的思路是这样的，即我们也许会自然而然地认为，如果一个人能够根据当下的情况权衡利弊——牺牲眼前较小利益以获取长远的相对比较大的利益——以实现他的利益最大化。那么，社会也完全应该依照相同的效用原则来安排。正如一个人的幸福是由其生命中不同的欲求的满足构成的，社会的幸福也是由组成社会的不同个人的欲求体系的满足构成的，个人以追求最大幸福为目标，那么社会也应该以推进其成员的幸福净余额为目标。经过这样的思考，人们自然就获得了效用原则，且将这样的安排看作自明的。

暂且不论效用主义中效用通约及其度量中存在的问题，在罗尔斯看来，效用主义最为根本的问题在于它允许社会为了最大多数人的最大利益牺牲少数人的权利与自由。之所以会产生这一结果，在于效用主义的理论出发点和最终原则之间存在着逻辑的不一致。效用主义从个人自由出发，主张幸福对每个人都是重要的，且对每个人都是同等重要的。但反过来，它的第一原则即效用原则又允许国家或社会为了最大多数成员的最大幸福而牺牲一小部分人的福祉。由此，罗尔斯认定，效用主义对个人自主以及个人平等的承诺是不可信的。在他看来，一个社会是由目标各异的众多个人组成的，如果我们承认这是人类社会的基本特征，且能够认真地对待个体之间的多样性，那么，我们就必定不会选择效用原则作为调节利益冲突的正义原则。

这样，问题就变得清楚一些了。既然社会是由个人组成的一个完全自足的合作体系，那么，其中每一个成员都应该是平等自由的——具有平等的自由，那就不能因为社会或某些个人的更大的"效用"或"幸福"而牺牲其他人的权利与自由。更进一步来说，即社会应该平等地对待每一个人，同等地尊重每一个自主个人对福利的追求，构成了罗尔斯正义理论思考的立足点。在《作为公平的正义》开篇，罗尔斯说，在作为公平的正义理论的诸多理念中，"最根本的理念是社会作为一个世代相继的公平的合作体系"②。这种社

---

① John Rawls, *A Theory of Justice/-Rev. ed.*, Cambridge：Harvard University Press, 1999, p. 20.

② John Rawls, *Justice as Fairness：a Restatement.* Cambridge：Harvard University Press, 2001, p. 5.

会合作理念不同于仅仅为了达成某些集体目的而有效组织起来的相互协调活动，它包含了两个根本的要素："一个是公平合作条款的观念①，也就是每个合作者都会合理性地（reasonably）同意的条款，假定他人也将同样如此。公平合作条款阐明了互惠性与相互性：依照某种适当的参照标准，所有参与者都必须受益且分担共同的负担，社会合作的这个要素我称之为合理性的理念（the Reasonable）。社会合作的另一个要素对应着理性的理念（the Rational），即每个合作者的理性旨趣，也就是他们作为个体希望促进的旨趣。"② 实际上，这两个要素本质上源自罗尔斯的另一个基本理念，即理想的道德人格。倘若我们想要透彻地理解罗尔斯关于公平社会合作体系这一理念，那么我们就必须深入到罗尔斯对理想的道德人格这一观念的讨论中去。

二 理想的道德人观念

罗尔斯关于"人的观念"的设想不同于自然科学、社会科学以及人类学等学科对人的解释，它是一种蕴含着人的本性理论及社会一般性事实③的规范性的概念。④ 这一观念服务于公平社会合作体系这一根本理念。罗尔斯认为，人性的众多方面都可以被甄别出来并赋予其重大意义，如亚里士多德的"政治人"、效用主义的"经济人"，洛克式的"自由人"以及康德式的"道德

---

① 关于公平社会合作条款，罗尔斯在《作为公平的正义》第八节中有这样一段论述："存在着许多阐述社会合作的核心理念的方式……公平合作条款是由自然法决定的，而自然法或者被看乍神法，或者被认为是由先验的、独立自在的道德秩序确立的，而这种道德秩序据说是通过理性直观到了解的。这些决定合作条款的方式无法通过演绎推理的论证来加以拒斥……它们是被历史条件和民主公共文化排除出去的，而这些历史条件和民主公共文化在现代立宪政体中需要一种政治的正义观。"此段话表明，罗尔斯对公平社会合作体系的建构是建立在对现代立宪政体的反思之上的，这一概念辩护依赖于人理性的反思平衡这一方法。

② John Rawls, "Kantian Constructivism in Moral Theory", *The Journal of Philosophy*, Vol. 77, No. 9, September1980.

③ John Rawls, "Kantian Constructivism in Moral Theory", *The Journal of Philosophy*, Vol. 77, No. 9, September1980. 需要特别说明一点，即罗尔斯关于人的观念虽然不同于社会学、心理学等学科中关于人的解读，但在罗尔斯看来，他解释的人的观念的基本特征是与上述学科中讨论的人的解释是相融的。

④ 罗尔斯认为，自古希腊以来，在哲学与法学中，人的观念一直被理解为某个能够参与社会生活，或在社会生活中发挥作用，因之能尊重和践行社会各种权利和义务的概念。

人"，到底哪些"本性"能够对人具有终极性的规定意义，这取决于我们所持有的观念。

在作为公平的正义中，社会被看作基于互利的合作体系，与之对应，个体就被看作能够基于互利而参与社会合作的成员，这就要求他们有能力且有意愿充分地参与社会合作，并且能够尊重他们之间的纽带以及关系。在这一基础上，罗尔斯建构了他的道德人的观念。罗尔斯认为，在作为公平的正义中，"道德人的特征就是拥有两种道德能力以及拥有两种最高序的旨趣（highest-order interest）去掌握和运用这两种能力：第一种能力是有效的正义感能力，也就是理解、应用和践行正义原则的能力。第二种道德能力是形成、修正和合理性地（rational）追求善观念的能力"①。也就是说，从公平合作体系这一整体来看，个体能够且愿意参与社会合作体系，最根本的原因是他具有发展善观念和制定公平合作条款的能力。具体来说，一方面，个体基于善观念的能力形成的善观念——理性生活计划——使彼此具有进行社会合作的欲求，愿意加入并选择正义原则。另一方面，个体基于正义感能力形成的公平合作条款，确保他们彼此能够理性地（reasonable）进行社会合作，认可并践行公平的合作条款。②

与此同时，罗尔斯认为，发展和运用这两种道德能力被道德人看作两种最高阶的旨趣。他说："说这些旨趣是'最高阶的'，即正如一种道德人的模型观念所界定的那样，这些旨趣被认为是处于最高的主导性地位和切实会起作用的。这意味着，只要进入与这些旨趣的实现相关的环境，它们就会主导这样的人的慎思和行为。"③ 在罗尔斯道德人的模型观念中，除了上面提到两种最高阶的旨趣之外，个人还具有实现自我善观念这一高阶旨趣，"善观念产

---

① John Rawls, "Kantian Constructivism in Moral Theory", *The Journal of Philosophy*, Vol. 77, No. 9, September1980. 其中，它内在地包含着运用反思平衡修正正义原则的能力。

② 闫笑：《罗尔斯原初状态中立约人的特性——作为公平的正义与利己主义》，《道德与文明》2016 年第 4 期。

③ John Rawls, "Kantian Constructivism in Moral Theory", *The Journal of Philosophy*, Vol. 77, No. 9, September1980.

生了驱动各派的第三种旨趣：尽最大可能保护和推进他们的善观念的高阶旨趣……这是一个高阶但并非最高阶的旨趣"①。

正是基于这种道德人格，罗尔斯认为，每个人都是平等自由的。② 在他看来，人与人之间平等的基础就在于他们都拥有必要的道德能力，以使其能够充分参与社会合作。具体来说，一方面他们有能力理解和服从公平合作条款；另一方面他们是形成有效主张的自生之源。因此，他们在社会合作中具有平等的地位，他们的判断在选择正义原则的过程中具有同等的道德分量，这一点不因其自然禀赋、社会背景以及相应的谈判能力有所改变。那么，人又在什么意义上是自由的呢？罗尔斯认为，个体的自由体现在以下两个方面：一是个人将他们自己视为各种有效主张的自证之源，只要他们的善观念不和社会公平合作条款相冲突，他们就可以自由确立、修正和改变自己的生活计划；二是个人不需要将自己与任何特殊的善观念及终极目标必然联系在一起，他们自己可以运用自己善观念的能力自由地形成、修改自己的善观念。总而言之，只要一个人具有充足的理智，能够在社会合作中扮演自己的角色并发挥作用，那么，在社会合作中，他就必须被看作一个平等的自由人。③

三　良序社会及其稳定性

在一个世代相继的公平的社会合作体系中，每一个人都因其道德人格

---

①　John Rawls, "Kantian Constructivism in Moral Theory", *The Journal of Philosophy*, Vol. 77, No. 9, September1980. 在这一道德人的观念中，个体的欲求结构包含着两个层次，除了具有发展道德能力这一最高阶的旨趣外，个体还具有实现自我善观念的高阶旨趣。关于这部分的讨论，可参见拙文《罗尔斯原初状态中立约人的特性——作为公平的正义与利己主义》，《道德与文明》2016 年第 4 期。

②　有学者认为，罗尔斯的道德人格是建立在康德式的学说之上的，毋庸置疑，罗尔斯确实曾在后期的著作《道德理论中的康德式建构》中表达过，他关于人的观念建立在康德的自由平等的理性人的基础上，且将这一点看作其理论转向《政治自由主义》的关键因素。但笔者认为，罗尔斯完全可以采取本书这一解释方式，以避免这一解释上的问题。事实上，罗尔斯在《作为公平的正义》中对"公民"的解读证实了他关于人的解读可以沿用这种方式。假如是这样的话，那么罗尔斯的《正义论》与《政治自由主义》之间的关系问题似乎就变得清晰一些。这个问题我们留待之后的章节进行讨论。

③　有学者认为，罗尔斯的道德人格没将有残疾人士、植物人等这类特殊人群包含在内。这一批评单从人的观念来看是有道理的。然而，罗尔斯是在社会基本结构的普遍正义问题中提出这一论断的。在他看来，对于这类人的特殊安排应该是在具体政策法规的范围内的，属于慈善救助的讨论范畴。

而自由平等，这两种理念将我们自然而然地带入到之前的基本问题：公平合作条款应该如何确立？进言之，就是用什么样的正义观念规范社会秩序，既能确保个体在社会合作中的平等和自由，又能够增进其所有社会成员的福祉。

罗尔斯借助"原初状态"这一代表装置——为自我澄清和公众澄清的目的而设计的思想实验——来探讨这一问题。他沿用了契约论传统，认为公平的社会合作条款必须是由平等自由的个人就社会合作原则所达成的协议来确立。然而，公平合作体系的基本结构可能会被个人因偶然的社会或自然因素而具有的议价能力所扭曲，由此罗尔斯设置了"原初状态"。在原初状态中，每个人都处在无知之幕背后，他们不知道自己的社会地位、宗教信仰、自然禀赋及运气等特殊信息，只知道关于人类社会生活的一般事实。罗尔斯认为，在这种情况下，由个体在候选的正义观念中理性地选择最能够体现并维持公平合作精神的正义原则。他坚信，处于原初状态中的人最终会选择正义二原则：第一原则是每个人对最广泛的基本自由都有一种平等的权利，且这种自由与其他人的基本自由相容。第二原则是社会和经济的不平等应该这样安排：使它们（1）适合于最少受惠者的最大利益；（2）地位与职务向所有人开放。① 其中，第一原则被罗尔斯称为平等自由原则，第二原则被罗尔斯称为公平机会原则和差别原则。在社会合作体系中，这两个词典式排序的原则被用于社会基本结构，以分配权利和义务，调节利益和负担。

以作为公平的正义观念之正义原则为基础，罗尔斯提出了他关于良序社会的观念，即"一个社会，当它不仅旨在推进它的成员的利益，而且也有效地接受一种公共的正义观调节时，它就是一个良序社会"②。根据罗尔斯的解释，良序社会具有以下三个特征：（1）每个人都接受，也知道他人接受相同的正义原则；（2）基本的社会制度普遍地满足正义原则，且这一点广为人知；

---

① 罗尔斯在《正义论》在第 11 节、第 13 节以及第 46 节中分别给出这一原则的不同表述，其中略有差别。引文中的表述以第 46 节为准。

② John Rawls, *A Theory of Justice/-Rev. ed.*, Cambridge：Harvard University Press, 1999, p. 4.

（3）在正常情况下，个人（公民）都具有一种行之有效的正义感。[①]在他看来，一个良序社会就是受它的公共正义观调节的社会，这一事实使得生活在其中的大多数成员都具有一种按照正义原则行事的强烈愿望，从而抑制其做各种不正义的事情的冲动和诱惑，克服破坏正义秩序的倾向。他坚信，这样的社会将是持久的，且规制其基本结构的正义观念是稳定性。罗尔斯的基本观念是："一个正义观念，倘若他倾向于产生的正义感较之另一个正义观念更强烈，更能克服破坏性倾向，并且它所支配的制度产生更弱的做不正义的事的冲动和诱惑，它就比后者具有更大的稳定性。"[②]

需要特别强调的是，罗尔斯认为："一个正义观念的稳定性依赖于其成员各种动机之间的平衡：即它培育的正义感和它鼓励的目标必须在正常情况下能够战胜不正义的倾向。"[③]之所以会得出这样一种判断，其原因在于罗尔斯接受了这样一种普遍观念。在这种观念中，人类本性被看作具有这样的特征，即如果个体已经在正义的制度下生活且获益，他就将获得正义行事或按照制度行事的欲求。[④]由此来看，一个正义观念在心理上是否符合人类的基本倾向，是其稳定与否的决定性因素。在罗尔斯看来，良序社会之成员的动机平衡依赖于正义观念与善观念的契合性。倘若我们能够证明按照正义行事之欲求可以成为个体理性生活计划的调节因素，那么做正义的事就是我们善的一部分。在这种情况下，正义观念和善观念就是一致的，个体动机之间就能够达成平衡。这样，作为公平的正义观念从整体上来看就是和谐的。

实际上，上述思想更清楚地反应在罗尔斯设置的公平的社会合作体系的基本理念及其相互关系上。在作为公平的正义观念中，最基本的理念是社会作为一个世代相继的公平的社会合作体系的理念。[⑤]正如我们前文中所论述的，这个核心理念是通过自由平等的道德人的理念和良序社会的理念建立起

---

①　John Rawls, *Justice as Fairness*: *a Restatement*, Cambridge：Harvard University Press, 2001, pp. 8 – 9.

②　John Rawls, *A Theory of Justice/-Rev. ed.*, Cambridge：Harvard University Press, 1999, p. 393.

③　John Rawls, *A Theory of Justice/-Rev. ed.*, Cambridge：Harvard University Press, 1999, p. 398.

④　John Rawls, *A Theory of Justice/-Rev. ed.*, Cambridge：Harvard University Press, 1999, p. 399.

⑤　John Rawls, *Justice as Fairness*: *a Restatement*, Cambridge：Harvard University Press, 2001, p. 5.

来的。① 在罗尔斯的政治建构中，道德人两种旨趣的最终统一并非任意的或人为的，它并不取决于理智的机巧；与之完全相反，它是实践理性自身的要求，是规范的或理性的，是自由平等的道德人在知晓关于世界的一般事实和道德心理原则的情况下集体选择的结果。也就是说，作为公平的正义观念之所以能够在良序社会中产生自我支持的力量，其根本原因在于它能更有效地维持个体动机系统的平衡，更符合人类的道德心理法则。在这个意义上，我们说，相比于传统的正义观念，它更具稳定性。

当然，不同于基于外部强力的外在稳定性，这种稳定性是一种基于正义观念理性建构之动机平衡的内在稳定性。其中，正义观念的内在稳定性是良序社会稳定的关键因素，这是罗尔斯对政治哲学中稳定性论题的独特贡献之一。

第三节　罗尔斯式的稳定性及稳定性问题

在作为公平的正义理论中，稳定性的讨论一直以来饱受诟病。这一方面源于稳定性通常被看作政治科学讨论的实践问题，另一方面源于罗尔斯正义理论中对稳定性解释带有含混性。因而，在进一步深入讨论罗尔斯理论中的稳定性问题之前，我们首先需要弄清楚罗尔斯理论体系中稳定性的概念以及它与基本理念之间的相互关系，并在此基础上明确罗尔斯的稳定性论题的问题指向。

一　稳定性的内涵：系统内在的动态平衡

稳定性概念多用于自然科学领域，通常指的是一个系统内部变量或多或少地处于一种平衡的状态。我们说一个系统是稳定的，从严格意义上来讲，是指在没有外力干扰的情况下该系统能够一直保持当下的平衡状态而不发生任何改变。除了这种静态的稳定性，还有一种动态的稳定性，即系统处于一

---

① John Rawls, *Justice as Fairness: a Restatement*, Cambridge: Harvard University Press, 2001, p. 5.

种动态的平衡之中，具体而言，即当系统遭遇冲击时，其内部结构的各种变量能够产生一种力量，这种力量将在一段时间内消除不平衡的倾向，使系统恢复到先前的平衡状态。在这种动态平衡中，系统到底在多大程度上是稳定的，取决于其结构中各要素产生的支持系统力量的大小。

罗尔斯是在第二种意义上讨论稳定性的。他说："我使用的稳定性概念实际上是亚稳定性概念：如果一种平衡是稳定的，即是说，在系统受到干扰而偏离平衡时，系统的所有可变因素又恢复到它们的平衡值上去；一个亚稳定的平衡指的是部分可变因素回到它们的平衡结构中。"[1] 与此相对，当体系中一种偏离平衡的力量过大时，体系就无法维持其平衡结构，从而变得不稳定。罗尔斯认为，一种正义观念是否稳定，取决于生活在以此观念为主导的社会中的个人是否能够产生出一种有效的正义感。也就是说，在良序社会中，尽管人类活动的各种主客观因素可能使得个体的行为偏离正义制度，但有效的正义感能够在一段时间内纠正这种偏离，以使系统复归于先前的平衡状态。在他看来，良序是一种平衡状态，是因为在良序社会中没有来自合作体系内部的压力来扰乱关于普遍正义的共识。[2]

因此，罗尔斯认为，"稳定性问题的实质在于，作为公平的正义如何能够产生出自我支持的力量"[3]。在他看来，倘若他关于公平社会合作体系的理念、道德人的理念、良序社会的理念既是可欲的也是可能的话，那么他以此为支点建构出的正义原则就会展现出对个体的吸引力，因而该观念就能获得一种自我支持的力量。在此基础上，由正义原则规制的社会也会相应地获得其成员的认可和忠诚，展现出自我强化的稳定性。[4] 它不同于那些用外力维持系统平衡的外在稳定性，是一种内在的稳定性。罗尔斯说："稳定性问题不是这样

---

① John Rawls, *A Theory of Justice/-Rev. ed.*, Cambridge: Harvard University Press, 1999, p. 400.

② Jon Garthoff, "Rawlsian Stability", *Res. Publica*, October 2015.

③ John Rawls, *Justice as Fairness: a Restatement*, Cambridge: Harvard University Press, 2001, p. 181.

④ 在罗尔斯看来，比起强制权力的胁迫，个体对一种共有的通常有效的正义感，以及共同体成员之间的友谊和互信的关系的公共认知，可以达到相同的效果。John Rawls, *A Theory of Justice/-Rev. ed.*, Cambridge: Harvard University Press, 1999, p. 435.

一个问题，即设法使反对这种观念的人来接受它，或按照它来行动，如果有必要的话，辅之以有效的制裁，似乎一旦我们确信这种观念是有道理的，那么任务就是找出强加这种观念的方法。"① 因此我们可以说，在罗尔斯的正义理论中，正义观念的稳定性之独特性在于它是一种源于内部的自我支持的力量，由此建立的良序社会的稳定与否的关键在于其成员是否能产生一种有效的正义感。在罗尔斯看来，这种稳定性既不同于霍布斯式的以外部主权者的威胁产生的外在的稳定性力量，也不同于柏拉图式的高贵谎言而产生的经不起反思的稳定性力量。为了便于讨论，我们将罗尔斯式的稳定性称为自我支持的内在稳定性②，将后两种统称为基于强力胁迫（欺骗等）的外在稳定性。

政治社会保持稳定性的方式，要么是基于规范社会基本原则的正义观念的自我支持，要么是基于暴力机关的强力胁迫（欺骗等）。罗尔斯认为，基于暴力机关的强力胁迫（欺骗等）来维持社会或政治稳定性多属于政治科学的研究范畴，基于规范社会基本原则的正义观念产生的自我支持的力量来维持社会或政治稳定性的研究属于政治哲学领域。然而令人遗憾的是，学术界有相当一部分学者并没有注意到罗尔斯所做的这种区分，进而无视罗尔斯式稳定性的独特性，将其与基于强力胁迫（欺骗等）的稳定性混为一谈，致使其驳斥罗尔斯将一个完全与道德证成无关的实践问题引入哲学的论证之中。③ 我们相信，对罗尔斯式稳定性特征的进一步阐释将有助于澄清这一误解。

二 作为公平的正义观念的稳定性

之所以会出现关于稳定性的误读，罗尔斯自己也并非毫无责任。在作为

---

① John Rawls, *Justice as Fairness: a Restatement*, Cambridge: Harvard University Press, 2001, p. 186.

② 罗尔斯特别强调，这种稳定性不是一种简单的力量平衡，他说，"稳定性的这一特征突出地表现为一种重叠共识与一种临时协定之间的对比，后者的稳定性取决于各种相对力量之间的偶然情形和平衡"。John Rawls, *Political Liberalism*, New York: Columbia University Press, 1993, p. 148.

③ 持此类观点的学者有：Jurgen Habermas, "Reconciliation through the Public Use of Reason: Remarks on John Rawls's Political Liberalism", *The Journal of Philosophy*, Vol. 92, March 1995. Brain Barry, "John Rawls and the Search forStability", *Ethics*, Vol. 105, No. 4, July 1995; G. A. Cohen, "Facts and Principles", *Philosophy and Public Affairs*, Vol. 31, No. 3, 2003。

公平的正义理论中，"心理稳定性"①、"观念稳定性"（也被称作共识稳定）、"社会稳定性"这几组概念常常被罗尔斯交替使用，且并未专门对这些概念及其逻辑关系进行解释和说明，这就容易诱使人们将作为公平的正义理论的稳定性论题与人们习以为常的国家稳定性或社会稳定性混为一谈。当然，他对稳定性论题的表述在多处呈现出模糊性②，也是产生上述误读又一诱因。

要理解上述三种概念及其相互关系，理解作为公平的正义观念"自我支持的力量"是关键点。保罗·韦茨曼认为，当"罗尔斯试图证明作为公平的正义是内在稳定的时候，他试图表明的是，这些制度联合起来将会产生出它们自我支持的力量"③。在韦茨曼看来，罗尔斯作为公平的正义观念的应用对象是社会基本结构，而基本结构的核心又是主要的社会政治经济制度。那么，某些制度——如残暴的刑法制度——之所以能够存在，或大量被应用，正是因为满足这一观念的制度不能产生出自我支持的力量。由此反推，依赖于这种观念的制度稳定性就不是内在的，而是通过施加外力维系的，因此它不是罗尔斯意义上的良序社会的稳定性。从韦茨曼的理解来看，作为公平的正义观念是否能够产生出"自我支持的力量"，是社会制度能否产生出这种力量的关键。也就是说，在罗尔斯的正义理论中，社会基本结构或社会制度稳定性的基础是作为公平的正义观念能产生出自我支持、自我延续的力量。

既然正义观念产生自我支持的力量是确保社会基本结构稳定或制度稳定的核心，那么，这种自我支持的力量源自何处呢？罗尔斯对心理稳定性阐释

---

① 也学者将其称作动机稳定性。在罗尔斯的理论中，除了相互冷淡之外，他没有像霍布斯、休谟那样对个体行动的动机进行预设。他对动机的考虑仅仅立足于人类主观条件这一整体视野，也是在这个意义上罗尔斯说他的道德心理学是哲学的而非心理学的。

② 在稳定性的论证中，罗尔斯一方面将其描述为正义原则证成中不可或缺的一部分："在其他条件相同的情况下，原初状态中的人愿意选择更加稳定的正义原则……"（TJ，398 rev.）另一方面，罗尔斯又将稳定性论题解释为："在第三部分，我们将深深作为公平的正义是否是一个可行的观念。这促使我们提出稳定性问题……"（TJ，508 rev.）类似的说法参见 TJ 441。这两点表明，罗尔斯对稳定性论题似乎存在两种不同的认识。本书认为，如果能够理解罗尔斯对两种类型稳定性的区分，我们就可以解决这一困难，找到其中的内在关联。这也是我们本小节要讨论的主要问题。

③ Paul Weithman, *Why Political Liberalism：On John Rawls's Political Turn*, New York：Oxford University Press, 2010, p. 45.

可以回答这一问题。罗尔斯认为，在社会合作中，个体是同时具有善观念和正义感的理性合作者，在其欲求结构中的善观念和正义感对其行动均具有规范力量，且两者会时不时地表现出一种张力。一方面，每个人都具有专属的身份认同及社会依恋，这将在很大程度上决定个体美好生活的愿景。另一方面，个体生活的社会合作要得以维系，必然要求每一个个体按照公共的正义原则行事。只有将个体欲求系统中的两种规范性力量维持在恰当的平衡之中的正义观念，才可能获得一种来自个体自我支持的力量。在作为公平的正义观念中，社会公平合作条款的目标就是使这两种力量在个体欲求系统中保持平衡状态，以实现个体生命的繁荣；以此类推，只有每个人的欲求系统都能够保持一种平衡状态，才能够形成一个基于自我支持的、长治久安的良序社会。这样来看，罗尔斯从道德心理学上来审视作为公平的正义观念是否具有心理稳定性就显得尤为重要。托马斯·内格尔在《平等与偏倚性》中对政治制度问题域的理解让我们能够更清楚地认识到这一点，他说："我不想首先把它作为一个关乎个人与社会之间的关系问题，而是在本质上和根源上将其当作关于每一个个体与其自身之间的关系来处理……政治理论的伦理基础，必须被理解为源于每一个个体当中两种立场的分离，这两种立场分别是个人性（personal）与非个人性（impersonal）。后者代表集体的种种要求并赋予它们在每一个个体面前的影响力……因此，我们每个人都通过私人的与公共的道德而对他人的要求保持敏感。"① 也就是说，作为公平的正义能够平衡每个人"个人性"与"非个人性"的两种立场，使其能够保持在一种相互性的心理结构之中，是其稳定的基础。

罗尔斯以效用主义为例解释了导致个体心理不稳定的情况，他说："边沁既坚持古典效用主义的效用原则，又接受个体心理利己主义学说。如果人们仅仅追求自己的利益是一条心理学原则的话，他们就不可能具有一种有效的正义感……人们只能被个人的或团体的利益所说服……在这个观念中，最终

---

① ［美］托马斯·内格尔：《平等与偏倚性》，谭安奎译，商务印书馆2016年版，第4—5页。

的利益一致完全是人为的，它取决于理智的机巧，人们把遵循制度体系仅仅看作是实现他们自己利益的一个手段。"① 在这种正义观念中，效用原则与个人的动机之间发生背离——个体动机以心理利己主义为出发点，结论却是可能因大多数人的最大效用而牺牲自我利益，在罗尔斯看来，这种个体心理结构是矛盾的，不可能处于平衡之中，因而也不可能产生出自我支持的力量。由此罗尔斯证明，效用主义作为一种正义观念是不稳定的，以此观念为基础建立的社会秩序也不可能是内在稳定的。罗尔斯说："如果某一观念失去稳定性，那么，想要实现这一观念的企图就是徒劳的。"②

与效用主义相比，罗尔斯认为，作为公平的正义理论使个体具有相对稳定的心理结构，因为"它对我们的理性来说是明晰的，与我们善是一致的，并且根植于一种对自我的肯定而不是否定之中"③。在他看来，作为公平的正义观念蕴含且不断加强着个体之间的互惠观念，它使个体的"个人性"和"非个人性"立场处于一种动态平衡之中。更进一步来说，它一方面能满足个体实现自我善观念的欲求；另一方面又能确保每一个人都具有平等地发展自我善观念的机会和条件。因此，作为公平的正义观念符合个体道德心理发展的三个原则，能够获得个体的支持和信赖——自我支持的力量。总之，正义观念能够使个体的欲求结构趋于平衡，因而个体必然自愿维持和遵守正义原则——且随着时间的推移，这种自我支持的力量会愈加强大，以此为基础的良序社会也必然具有强大的内在稳定性。

一言以蔽之，在罗尔斯的理论体系中，社会秩序的稳定性主要源于正义观念的稳定性，正义观念的稳定性又是建立在个体欲求结构的心理稳定性基础之上。无论是对正义观念自身的稳定性来说，还是对社会秩序的稳定性而言，正义观念能够在个体道德心理中产生出自我支持的力量——正义感是稳定性论题的核心。也正是在这个意义上，我们说罗尔斯式的稳定性并不是一

---

① John Rawls, *A Theory of Justice*/-Rev. ed. , Cambridge：Harvard University Press, 1999, p. 399.

② John Rawls, *Justice as Fairness*：*a Restatement*, Cambridge：Harvard University Press, 2001, p. 81.

③ John Rawls, *A Theory of Justice*/-Rev. ed. , Cambridge：Harvard University Press, 1999, p. 437.

个社会实践性问题，它与正义理论的规范性证成直接相关。

三　不稳定性倾向与罗尔斯的稳定性问题

是否可以这样认为，一旦正义观念的稳定性得到证成，它就将成为一种一劳永逸的道德成就。也就是说，倘若建立在作为公平的正义观念之上的良序社会获得了一种基于观念的自我支持的内在稳定性，那么，这是否意味着良序社会就完全不需要保罗·韦茨曼所说的"刑罚制度"？[①]

从罗尔斯对心理稳定性、观念稳定性、社会稳定性及其相互关系的讨论中来看，他似乎给出了一个肯定的回答。在作为公平的正义观念中，能够平衡个体"个人"与"非个人"倾向的正义原则具备足够的自我支持的力量，在以这种观念为公共正义观的社会中，理论上应该无须任何"外力"来维持社会稳定性。然而，在别处罗尔斯似乎又给出了另一种回答。他说："即使在一个良序社会中，为了社会合作的稳定性，政府的强制权力在某种程度上也是必须的……虽然在一个良序社会中，制裁是不严厉的甚至可能是不需要强加的。"[②] 这一论述又表明，罗尔斯对内在稳定的正义观念是否能够产生内在的社会稳定持有一种怀疑态度，进而将外在的稳定性力量——这种与道德证成无关的问题——纳入考量之中。

要消除上述疑虑，我们需要从两种不稳定倾向谈起。首先必须明确的第一个问题是，这两种不稳定倾向指的是良序社会中个体可能会出现的心理不稳定倾向。罗尔斯说："在一个良序社会中，'公民一般具有一种有效的正义感'，这一共识是一笔伟大的社会财富，它有助于正义社会安排的稳定，然而当孤立的问题已经被解决，用于产生公共利益的广泛的公平体系已经存在时，仍然有两个引起不稳定的倾向。"[③] 到底如何理解罗尔斯所说的这两种不稳定

---

　　① 在保罗·韦茨曼看来，只要出现了这种制度，就证明正义观念不能产生出自我支持的力量。详见 Paul Paul Weithman, *Why Political Liberalism: On John Rawls's Political Turn*, New York: Oxford University, 2010, p. 45。

　　② John Rawls, *A Theory of Justice/-Rev. ed.*, Cambridge: Harvard University Press, 1999, p. 211.

　　③ John Rawls, *A Theory of Justice/-Rev. ed.*, Cambridge: Harvard University Press, 1999, p. 295.

的倾向呢？有学者认为，此处罗尔斯所说的两种不稳定性倾向"都是关于社会稳定的，重点是如何避免社会合作中可能出现的失序混乱和不和谐"①。只要我们能够正确地理解罗尔斯论述的心理稳定性、观念稳定性及社会稳定性之间的关系以及罗尔斯稳定性论题的重心，就马上能够看到这种判断是武断的。事实上，罗尔斯试图说明的是一种心理的不稳定性倾向。也就是说，即使良序社会中的成员能够产生有效的正义感，依然可能会出现两种不稳定的倾向，根源在于个体的欲求结构中的两种规范力量——善观念和正义感——总是处在一种动态的平衡之中。然而，这并不意味着这两种规范性力量之间的张力彻底消失了，正如人性不可能被修正一样。

具体来看，罗尔斯赞同霍布斯②对社会合作中两种不稳定性的倾向的分析，一个是顺风车的倾向；另一个是对他人的忠诚担忧的倾向。③ 就前一种倾向而言，罗尔斯说："从自我利益的观点来看，每个人都想减少他份内的职责，他在任何情况下都从公共利益中获得好处，尽管它缴纳的税款的边际社会值比花费在他身上的边际值大得多，也只有其中一小部分反过来增加他的利益。这种根源于自我的倾向会导致第一种不稳定性。"④ 也就是说，在社会合作中，每个人希望争取自己的利益，因而会出现这样一种可能，个体一方面享受集体带来的利益；另一方面逃避自己的职责，这是个体在用正义观念平衡自己的欲求时可能会产生的状况，它被罗尔斯称为"顺风车倾向"。与之相伴，个体的这种倾向又会引发一个群体之间的信任问题，即个体会合理地猜疑他人在享受合作利益的同时是否也履行了相应的职责。罗尔斯说："甚至有正义感的人们对一个合作体系的服从也是基于这样一种确信：别人也要尽

① 周保松：《自由人的平等政治》（增订版），生活·读书·新知三联书店2013年版，第159页。
② John Rawls, *A Theory of Justice/-Rev. ed.*, Cambridge: Harvard University Press, 1999, p. 211.
③ 许多学者是从"顺风车问题"和"囚徒困境"的问题出发去分析这两种不稳定性，他们是从社会稳定的纬度进入问题的讨论，如萨缪尔·弗里曼、保罗·韦茨曼、周保松等。本书从两种人性倾向出发去分析这一问题，究其缘由，罗尔斯正义理论稳定性问题的论旨在于观念的稳定性，而观念的稳定性又是以人类的心理倾向为基础的，因此这样讨论是基础，有助于我们更深刻地理解该问题，且以此为基础有助于理解罗尔斯语言中看似"矛盾"的论点。
④ John Rawls, *A Theory of Justice/-Rev. ed.*, Cambridge: Harvard University Press, 1999, p. 296.

一份他们的职责。由于这一点，当公民相信或者合理性地怀疑他人不会尽职责时，他们就会想方设法躲避作为自己的一份贡献，这种对别人忠诚的担忧倾向于导致第二种不稳定性。"① 在罗尔斯看来，这两种不稳定的心理倾向在任何社会中都可能存在，良序社会也不例外。尽管良序社会中个体的正义感欲求能够有效地缓解两种不稳定性，但必要的制度保证也是不可或缺的。

内格尔关于个人与非个人立场之间的关系的深刻剖析印证了罗尔斯的观点，他说："作为一个心理问题，对一个人自己的生活过得怎样的特殊关切是不可能消除的，除了非同寻常的情形以外，它甚至也不能被降至最低。无论非个人立场的不偏不倚的、平等主义的价值可能多么强有力，它们都要由直面个人观点之不可还原性的制度与行为系统来实现，这种个人的观点总是伴随在非个人立场的左右，无论后者可能多么发达。"② 个体行为系统中的个人性和非个人性的立场之间的关系就决定两种不稳定倾向存在的必然性，这是正义的固有特性。慈继伟在《正义的两面》也表达了相似的观点，他说："有条件性是正义秉性的固有特征；社会无法消除这一条件性，而只能改变其表现形式，使人们的正义行为乃至正义动机具有无条件的表象及相应的社会效果。"③ 在慈继伟看来，无论如何改变其形式，正义感的"无条件性"终究只是一种道德假象，它并不能彻底改变正义的秉性，使个人遗忘正义的相互性条件。

因此，即便是在有正义观念规范的良序社会，它也必然需要"惩罚制度"以维持正义的相互性。但与其他正义观念，如效用主义不同的是，作为公平的正义观念用来维持稳定性的主要力量是源于个体自我支持的内在力量——正义感——而非外在的惩罚制度的压力。外在的制度只是用来为彼此心灵的"秩序"做出必要担保，正如罗尔斯说："在一个良序社会中，必需的惩罚无

---

① John Rawls, *A Theory of Justice/-Rev. ed.*, Cambridge：Harvard University Press, 1999, p. 296.

② ［美］托马斯·内格尔：《平等与偏倚性》，谭安奎译，商务印书馆2016年版，第20页。

③ 慈继伟：《正义的两面》（修订版），生活·读书·新知三联书店2014年版，第4页。

疑是温和的，也许不需要使用。"① 此外，它也是罗尔斯在多处论述中将稳定性称为"相对稳定性"的原因，这一方面表明正义观念的稳定性不是无懈可击的理想的静态稳定；另一方面又为正义观念自身的反思平衡打开了更广阔的理论视野。总之，罗尔斯稳定性论题的核心在于正义观念基于自我支持的力量的相对稳定，这一稳定性在正义观念反思平衡的过程中动态发展、螺旋上升。

第四节　小结

人类思考秩序正义与稳定性问题由来已久，从宇宙自在的自然秩序、上帝旨意的神圣秩序，再到以假定某种人性或社会演进规律的人为秩序，哲学家们经营着各种"正义之源"，他们想要借此找出理由，以证明某些政治秩序构想是真的、好的和正义的。因而，从古希腊到近现代，正义秩序的根据往往是由形而上学、神学、社会契约、公共效用等理论来提供，一旦某种理论被视为"正义"的，那么维持其稳定性就是理所当然的事情。哲学家们要么诉之于强权胁迫，要么诉之于"高贵的谎言"。

罗尔斯从一个根本不同的方向出发，追问政治秩序是否能够获得共同体成员的共识——基于对自身权利和利益的理性思考，只有获得了成员的共同认可，这种政治秩序才被看作正义的。罗尔斯的观点是，在这样的社会合作中，对个体权利与利益的认定诉诸公共的理由，它超越了个体的身份、地位、偏好、利害和运气。这种基于公共理由的公平合作条款一方面确保了个体自主的主观面向，另一方面兼顾了公共规范的客观面向。以此为前提，罗尔斯围绕公平社会合作体系的理念、理想的道德人的理念构建了良序社会。在他看来，良序社会自身之所以会产生最好的政治秩序，原因在于良序社会中规范社会的公共的正义观念自身能够产生一种自我支持的内在力量，它可以代

---

① John Rawls, *A Theory of Justice/-Rev. ed.*, Cambridge：Harvard University Press, 1999, p. 237.

替由强力胁迫（欺骗等）的外在力量来维持正义秩序的稳定性。在作为公平的正义理论中，罗尔斯表明，这种自我支持的稳定性的内在力量源于个体的心理稳定性——个体的欲求系统的内在平衡状态。

当然，在罗尔斯看来，个体的心理稳定性也并非一劳永逸地处于特定的静态结构之中，正义的秉性决定着它只能保持在一种动态的平衡之中。正如安内特·拜尔所言："关于正义起源的说法首先是要澄清正义的发明旨在解决什么问题。一俟我们认为，正义所要解决的问题是人们对可易手之物的吝啬，那么解决方案的大致轮廓也就清楚了。"① 也就是说，如果人们都不关心自己的善观念，那么正义概念就失去了存在的基本条件，变为仁慈或者仁爱领域中讨论的问题；相反，如果人们不可能具有丝毫的正义感，那么正义概念同样因为失去主观条件而变成利己主义讨论的问题。所以说，就正义的概念而言，正义处在两种动机的交汇处，只有使两者处在一种相对的动态平衡中的正义观，才能平衡个体这两种不同方向的动机，使个体心理保持一种动态平衡。当然，动态的平衡并不意味着个体的欲求结构中的两种规范力量——善观念和正义感——之间的张力彻底消失，正如人性不可能被修正一样。也正是基于此，罗尔斯认为，相互性的惩罚制度也是必要的，尽管它发挥的作用可能是微弱的。

在作为公平的正义理论中，罗尔斯对正义观念稳定性的论证包含两个阶段：前一阶段是正义论阶段，后一阶段是政治自由主义阶段。在前一个阶段，罗尔斯主要从正当与善的契合性和个体道德心理学两方面来论证；而后一阶段的重心则转向基于公共理性的重叠共识理念。对于这一转变的性质，学界众说纷纭。有学者认为，罗尔斯后一阶段的论证是对前者的颠覆和取代，两种观点存在着根本的不一致。也有学者认为，罗尔斯后一阶段的论证是对前一阶段的补充，两个阶段是一个完整的体系。那么，就这一转向而言，究竟是罗尔斯在稳定性论题上的理论失误，还是存在着更深层次其他原因？对这

---

① 参见慈继伟《正义的两面》（修订版），生活·读书·新知三联书店 2014 年版，第 69 页。

一问题的回答将贯穿本书始末。笔者认为，只有厘清罗尔斯理论中稳定性与正当性、正义感、契合论以及重叠共识之间亲缘关系，才可能标识出"稳定性"在罗尔斯政治哲学谱系中的地位，也唯有如此，才能澄清并回应学界对罗尔斯稳定性论题的质疑。在具体考察罗尔斯稳定性证成的各个部分之前，我们首先讨论稳定性与证成性之间的关系，以期从整体上审视稳定性在公平正义概念地图中的地位及作用。

第二章 公共证成与稳定性

　　政治哲学家一般都倾向于认为，政治哲学的任务在于从真确（true）的前提出发，逻辑上不矛盾地推演出或从事实中归纳出一套普遍适用的、最完美的、最真确的规范理论。当代分析马克思主义代表人科恩对这一特征的论断可谓是一针见血，他说："对于政治哲学来说，问题并非是我们应该怎么做，而是我们应该怎么想，即使我们应该如何想并不会带来任何实践上的改变。"[①]倘若这一观点是可信的话，那么，罗尔斯在完成了正义原则的理论证成之后，应该说就已经完成了其理论建构的全部工作。然而，令人疑惑的是，他为什么非得冒着被批判的风险，多此一举地论证作为公平的正义观念的稳定性——作为公平的正义观念能够获得自由平等的公民的认可或成为公民们重叠共识的中心？罗尔斯似乎完全没有这样做的必要。对该问题的思考，必然关涉到罗尔斯对政治哲学的一种深层次的理论思考。这种更深层的理论思考可以被看作一种对作为公平的正义观念公共证成（public justification）的理论思考、一种实践性的思考。正如罗尔斯所言："'作为公平的正义'的目的是实践的而非形而上学或认识论意义上的。"[②] 在他看来，这一实践的承诺要求作为公平的正义观念的证成必须涵盖两个相辅相成面向，一个是寻找并阐明潜在于常识之中被广泛共享的正义原则和观念；另一个是证明自由平等的理性公民能够合理地接受这一原则。

---

　　① G. A. Cohen, "Facts and Principles", *Philosophy & Public Affairs*, Vol. 31, October 2003.

　　② ［美］罗尔斯：《罗尔斯论文全集》（上），陈肖生等译，吉林出版集团有限公司 2013 年版，第 445 页。

　　具体而言，罗尔斯对作为公平的正义观念做出的实践的承诺，本质上是对当代自由民主国家面临的正当性（legitimacy）① 危机的一种回应。在罗尔斯看来，潜藏于自由民主社会公共文化中的自由和平等观念之间存在着显而易见的冲突，使得人们在制度应该以何种方式处理这一问题上无法达成共识。这种冲突是一种源于自由主义阵营内部的深刻冲突，罗尔斯曾借用贡斯当对"现代人的自由"和"古代人的自由"的区分来描述这一冲突。所谓"现代人的自由"，源于洛克传统，主要强调公民的各种自由权，特别是思想自由和良心自由，以及与此相应的权利的优先性；与之相对，"古代人的自由"继承卢梭传统，将优先权赋予平等的政治自由及公共价值。在罗尔斯看来，简单地延续这两种分庭对抗传统中的任何一种自由都不可能令人满意，因而我们必须以某种方式找到一种对自由与平等以及它们相关的优先权问题的恰当的阐述，这是一个方面。另一方面，就何为美好生活，在现代自由主义社会中存在着相互竞争的道德、哲学和宗教观念，个体持有的整全观念② 呈现出一种不可通约地多元化的特点。这种多元化特征是"持久的自由制度下实践理性长期产生作用"③ 的一个必然的结果，它为正义原则或正义观念的证成提出了更加严峻的挑战。为此，罗尔斯认为，要回应当代国家的正当性危机，一方面必须公共证成自由与平等以及它们相关的优先权问题；另一方面必须争取持有不同整全观念的公民的支持与认可。唯有从上述两方面入手，才可能完

---

　　① 关于 legitimacy 的翻译为"合法性"还是"正当性"，学界看法不一。从词源上来讲，它源于拉丁文 legitimus，其词根 lex 和 leg 的含义是"法"和"根据法"，由此大部分学者将该词翻译为"合法性"。然而，"法"在中文语境中常常对应着"刑法""惩罚"，它丢失了西方语境中"法"的概念中原有的超越的、客观的道德维度，而可能仅仅被误解为法律实证主义的工具。在西方语境中，legitimus 常常与 justification，validity 等概念相联系，由此，笔者认为"正当性"这一翻译更符合罗尔斯的语境。关于这一问题的进一步讨论，可参见周濂《现代政治的正当性基础》，生活·读书·新知三联书店 2008 年版，第 7 页。

　　② 这一概念在罗尔斯著作中对应的英文是"comprehensive doctrine"或"comprehensive conception of the good"，它指涉人生理想——个人品格、友谊、家庭和共同体关系的理想，以及包括其他更多能指导我们行为并限制我们整体人生的理想时，它便是整全的。详见 John Rawls, *Political Liberalism*, New York：Columbia University Press, 1993, p. 13。

　　③ John Rawls, *Political Liberalism*, New York：Columbia University Press, 1993, p. 135.

成其政治哲学这一实践面向的特殊使命。

罗尔斯的政治哲学正是围绕上述工作展开的。作为公平的正义观念的理论证成包含了两个阶段，"在第一阶段，制定出一种无政治立场（当然是道德的）适合于社会基本结构的观念。只有这样做且我们临时获得了它的内容——它的正义原则和理念，在第二阶段，才能提出作为公平的正义是否足够稳定的问题。如果不能如此，它就不是一种令人满意的政治观念，那么它就必须以某种方式加以修正"①。由此来看，倘若在第一个阶段获得的正义原则无法经受住第二阶段的稳定性检验，那么，就不能说其正义原则完成了公共证成。

理解这两个阶段的证成及它们之间的相互关系，是理解罗尔斯作为公平的正义理论公共证成的关键，也是理解罗尔斯为什么从《正义论》转向《政治自由主义》的主要线索。本章以罗尔斯的著作为基础，勾勒出其公共证成的理论框架及思想脉络。在第一部分，笔者将阐明罗尔斯对政治哲学公共证成的理解，指出罗尔斯式政治哲学的公共证成必须包含稳定性检验的原因及其理论的实践性特征，即作为公平的正义既非形而上学意义上的，也非认识论意义上的，它是诉诸公民实践理性的一种现实主义的乌托邦；第二部分厘清罗尔斯正义、正当性、稳定性、公共证成性等概念以及它们在罗尔斯政治哲学概念地图中的相互关系，并就西蒙斯和哈贝马斯关于罗尔斯是否能用"理性理由"替代"实质理由"这一疑问进行了回应；第三部分主要阐述罗尔斯在两个阶段中阐释稳定性论题的主要思路，就学界对两部著作的关联及稳定性问题何在的分歧进行澄清。

第一节　一种实践的政治哲学

作为公平的正义是一种实践的正义观，它的目的是实践性的而非形而上

---

①　John Rawls, *Political Liberalism*, New York：Columbia University Press, 1993, pp. 140 – 141.

学或认识论意义上的，其公共证成是自由平等的理性公民彼此之间的活动，它诉诸人类理性——实践理性与理论理性——的权威。这种权威不同于传统意义上的理解，仅仅表明一种努力地以可信的方式向他人陈述自己的观点和理由，以便他人能够合理地对这些观点和证据做出判断。作为公平的正义的公共证成是一个理性的多向反思平衡的过程，是一种主体间的集体的证成。在罗尔斯看来，哲学家在正义观念的公共证成中不具有任何特殊的权威，他仅仅是也只能是公民中的一员。

一　罗尔斯式政治哲学的使命：现实主义的乌托邦

政治哲学的使命是什么？一直以来，政治哲学家们莫衷一是。罗尔斯在《政治哲学史讲义》中曾用"现实主义的乌托邦"[1]来描述他对政治哲学的理解。他说："我们要追问的是，在相当有利但仍有历史局限——现实社会的法律和趋势——的条件下，一个正义的民主社会将会是什么样？"[2]这一论断不仅框定了罗尔斯政治哲学的界限，而且表明作为公平的正义理论既不可能是书斋里缔造的"理想国"，也不会是为回应现实政治需要而精心谋划的"权宜之计"。罗尔斯希望建立的正义理论，既能涵盖对理想政治的追寻，又不乏其现实可行性的考虑。

众所周知，就这一问题，学院派政治哲学家给出的答案被罗尔斯称为柏拉图式的，他们主张政治哲学的使命应该是寻找关于正义和公共善的真理，继而由掌握这类真理的个体——哲学王或先驱者——将其转化为特定的制度安排。其中，掌控真理的个体不仅拥有"认识"真理的权利，而且还掌控着"执行"真理的权威。在这种理论中，真理是否能够被公民或臣民自由地理解和接纳，以及现实政治生活的条件及其局限性完全不在学院派

---

[1]　John Rawls, *Lectures on the History of Political Philosophy*, Cambridge: Harvard University Press, 2007, p. 11.

[2]　John Rawls, *Lectures on the History of Political Philosophy*, Cambridge: Harvard University Press, 2007, p. 11.

思想家的考虑之列，他们的理论抱负仅仅是建立一个虚无缥缈、无拘无束的"伊甸园"。他们在躲避世俗生活影响的同时也让个人的日常政治生活变得毫无必要。与柏拉图式的学院派观点针锋相对的是政治现实主义者的思考，他们认为，无须政治哲学提供任何帮助，只要完全立足于日常政治生活的现实条件之上，这场巨大的政治游戏自身就可以运转得很好。在他们看来，只要着眼于当下政治的需要，日常政治就能创造出更具活力、更健康的公共生活空间。

　　无论是柏拉图式的，还是现实主义的，都不可能恰当地定义自由主义政治哲学的使命。在罗尔斯看来，当代自由主义政治哲学的任务是"尝试仅仅从那些存在于宪政民主社会的政治制度以及关于这些制度诠释的公共传统的基本直觉理念那里，把应用于民主社会的'作为公平的正义'这种政治性的正义观念开列出来"①。他的观点是，自由主义的政治哲学应该被视为"民主社会文化背景的一部分"②。正如那些在民主社会中长期被频繁讨论并继续得到讨论的经典文献——如洛克《政府论》、密尔的《论自由》以及美国《独立宣言》、林肯的"葛底斯堡演说"等—— 一样，它们应该日渐成为公共智慧的一部分，并最终演变成社会基本理念的源泉。罗尔斯认为，"作为一般性背景文化的政治哲学，在为根本性的政治原则和政治理想提供活水源头方面，发挥着不可替代的作用"③。尤为重要的是，它们以某种方式在不同程度上影响着人们对宪法及公共秩序的理解和阐释，并且表达出了自由民主社会中人们最为珍视的政治价值。当然，它们不是对政治价值进行的定义，而仅仅是施以某种暗示。这正是作为公平的正义的理论抱负，罗尔斯说："我将思考关于政治的这样一种政治观念：它试图对这些价值作出理性（reasonably）、系

---

① John Rawls, *Collected Papers*, Samuel Freeman ed., Cambridge：Harvard University Press, 1999, p. 390.

② John Rawls, *Lectures on the History of Political Philosophy*, Cambridge,：Harvard University Press, 2007, p. 3.

③ John Rawls, *Lectures on the History of Political Philosophy*, Cambridge：Harvard University Press, 2007, p. 3.

统的和连贯的解释，试图弄清楚这些价值应该如何被组织起来以便应用于基本政治和社会制度。"①

　　总之，在罗尔斯看来，作为一般性背景文化的政治哲学，应该是一种现实主义的乌托邦，其使命在于探索人类政治实践的可能界限。② 他一方面诉诸民主自由社会的理想理念——理想的道德人格和公平社会合作体系；另一方面又考虑到人类社会的基本条件和人性这样一些基本事实的局限，使作为公平的正义既能够仰望人类政治生活的乌托邦理想，同时又立足于人类政治实践的限制条件，由此它突破了学院派理想的道德理论与现实主义者现实的政治理论之间的鸿沟，并将两者有机地联系起来，以至于其正义理论既涵盖了对理想政治的追寻，同时又不乏对现实可行性的考虑。这构成了作为公平的正义独特的理论特质——立足于现实民主政治以及个人的道德心理条件，最大可能地建构一个良序社会。这一独特的理论特质要求罗尔斯作为公平的正义必须完成双重的理论目标，一个是在人类社会生活中那些深刻的价值冲突背后努力挖掘人们潜在的道德共识；另一个是探讨宪政民主社会中的公民是否愿意理性地认可和赞同这些判断。前者被称为正义原则的逻辑证成，后者被称为正义原则的稳定性检验。在作为公平的正义的公共证成中，两者相辅相成，缺一不可。

二　罗尔斯式政治哲学的公共证成：实践理性

　　作为公平的正义是一种实践性的正义观，它的目的是实践的而非形而上学或认识论意义上的。③ 从这一基本立场出发，罗尔斯希望绕开真理问题，以及存在于实在论和主观主义之间有关道德和政治价值的地位问题的争论，通过重新塑造传统契约论，获得一种可行的客观性正义观念，并在实践的、反

---

　　① John Rawls, *Lectures on the History of Political Philosophy*, Cambridge：Harvard University Press, 2007, p. 6.

　　② John Rawls, *Justice as Fairness*：*a Restatement*, Cambridge：Harvard University Press, 2001, p. 4.

　　③ 参见罗尔斯《罗尔斯论文全集》（上），陈肖生等译，吉林出版集团有限公司 2013 年版，第439—447 页。

思的、平衡的基础上完成对协议的公共证成。

在罗尔斯看来,这种客观可行的正义观念的公共证成是自由主义的核心议题。他在《政治哲学史讲义》的导论中曾对此有过清晰的描述,他说:"尽管著作家们对自由主义的论题有不同的看法,但其核心要素肯定是:一种正当的政体,它的政治和社会制度对所有公民——对每一个和所有人——都是可证成的,通过诉诸他们的理性(reason):理论的和实践的。此外,对社会制度的证成原则上必须被每个人所了解,且对生活在其中的人来说都是有理据的。一个自由主义政体的正当性依赖这种证成。"① 仔细分析上文我们便会发现,与历史上政治哲学家对公共证成的理解——为观念、原则或主张提供理论上的依据——相比,罗尔斯式的公共证成更强调"诉诸理性:理论的和实践的",以及"必须被每个人所了解"。在他看来,这种具有实践特征的公共证成既不同于启蒙之前的各种权威主义式证成——诉诸自然主义、形而上学或神圣宗教中的各种"超验实体"来证成道德或政治权威,理性的功能就是去认识和把握这一超然实体的规律;也不同于启蒙之后科学主义式的证成——诉诸理论理性的权威,将政治原则的公共证成看作一种逻辑推演或归纳总结的科学探究。

作为公平的正义的"公共证成不仅是有理据的推理,而且也是向他人表达出来的论证:它从我们接受,并且认为他人也可以合乎情理地予以接受的前提出发,正确地推导出我们认为他人也可以合乎情理地予以接受的结论"②。尽管它在一定程度上需要理论理性提供相关的知识,但这种证成不能被简单看作从一系列列出的或自明的前提——即使是真的——出发,然后运用理论理性去进行行之有效的逻辑推理,进而获得一种"真理"式的道德或政治原则。在他看来,把公共证成单纯看作理论理性的运用,根本无法就人们在政

---

① John Rawls, *Lectures on the History of Political Philosophy*, Cambridge: Harvard University Press, 2007, p. 13.

② John Rawls, "The Idea of Public Reason Revisited", *The University of Chicago Law Review*, Vol. 64, No. 3, December 1997.

治实践中形成的那些深刻的价值冲突提出任何恰当的解决办法，也不可能填平人类道德或政治生活中事实与价值之间的鸿沟。因此，要完成正义原则的公共证成，罗尔斯的观点是，必须在诉诸理论理性的同时，也诉诸人们的实践理性。

那么，实践理性这一概念应该如何理解呢？罗尔斯批判地继承了康德观点，将其解释为理性的（reasonable）与合理性的（rational），前者指称实践理性的经验运用；后者指称实践理性的纯粹应用。[①] 在对理性的解释中，罗尔斯对康德的概念做了限定，他说："出于正义观念的目的，我赋予理性（reasonable）的理念以一种更具有限制性的意义，并把它首先与提出和尊重公平之合作条款的意愿联系起来，其次，把它与认识道判断的负担的结果之意愿联系起来。"[②] 与理性的概念相对，合理性的理念被罗尔斯视为"主体在追求自己目的时具有的判断能力和慎思能力，……用于人们如何采取、认定这些目的和利益，也适用于人们是如何给予这些目的和利益以优先性的"[③]。其中，理性对应着个体的正义感，合理性对应着个体的善观念，两者共同构成了理想的道德人格，缺一不可。在他看来，一个不具有善观念的理性主体缺乏参与社会合作的动力和敏感；相反，一个不具有正义感的合理性主体不具有参与社会合作的基本能力和态度。就理想道德人格中理性与合理性的关系而言，罗尔斯认为"合理性与理性被看作两个互不相同且各自独立的基本理念……两者之间不存在任何推导，尤其是不能认为可以从合理性中推导出理性来"[④]。在公平正义理论中，理性与合理性都是公平合作体系的基本要素，它们分别联系着理想道德人格中不同的道德能力，相互依存且互为补充。罗尔斯对实践理性的这种解读，是将其理论与传统意义上的合理性选择（rational choice）理论区别开来的重要标志，也是将其理论与霍布斯理论区别开来的

---

① 笔者按，纯粹实践理性运用对应于定言命令，经验实践理性运用对应于假言命令。

② John Rawls, *Political Liberalism*, New York：Columbia University Press, 2005, p. 49.

③ John Rawls, *Political Liberalism*, New York：Columbia University Press, 2005, p. 50.

④ John Rawls, *Political Liberalism*, New York：Columbia University Press, 2005, pp. 51 - 52.

关键因素。①

如果作为公平的正义理论是期望个体运用特定的方法达成理性的（reasonable）目的，那么，对正义原则的证成则主要是关于实践理性而非理论理性的。在罗尔斯的正义理论中，正义原则公共证成的唯一方法是，自由平等的理性而又合理性的个体从共享的前提出发能够合情合理地接受这一原则。公民实践理性是唯一的审判者，当然，这并不意味着这种实践理性必然正确无疑，具有不可错性，罗尔斯当然也承认，人们在运用实践理性的过程中可能因为"理性判断的负担"②而出现或多或少的错误和不一致。然而，他认为，这一问题可以通过个体彼此之间广义及狭义的反思平衡来克服，以使个体的判断越来越趋同。

在这个祛魅的时代，无论是高贵的谎言还是自明的法则，都不可能从根本上承担起正义原则的证成理由这一角色。正当的秩序或国家的证成只能诉诸自由平等的公民的一致同意。当然，也只有公民彼此可以有理有据地接受正义原则或秩序，才能赢得人们的忠诚。总而言之，一个获得证成的正当的政治秩序，"它赖以成立和运行的基本原则是公共证成的，以至于不存在一个你据之可以提出拒绝理性（reasonable）的基础"③。

三　罗尔斯式政治哲学的对象：自由平等的理性公民④

理解罗尔斯式政治哲学的应用对象及其主旨，将有助于我们更加准确地把握"作为公平的正义"作为现实主义乌托邦的使命以及实践理性在公

---

①　霍布斯的理论模型是典型地从理性推导出合理性的模型，一切道德原则都是利己的个人从自我善观念出发推导而来的。

②　此处是对这一概念的广义运用，它除了包括罗尔斯所说的因为许多偶然未知的因素之外，还包括可能因知识和能力的限制而产生的错误判断。

③　［美］托马斯·内格尔：《平等与偏倚性》，谭安奎译，商务印书馆2016年版，第35页。

④　罗尔斯用自由平等的理性人来描述原初状态中的立约者，这一概念的英文表述"rational agent"容易使人们将其看作一个自私自利的理性人——霍布斯式的立约者。但倘若我们注意罗尔斯对"理性人"的限定，即原初状态这一理想条件，我们就能够发现它与霍布斯式理性人之间的差异。罗尔斯式的理性人是一个同时具有正义感和善观念的道德人。

共证成中的地位。在《政治哲学史讲义》开篇，罗尔斯写道："我们首先要问，政治哲学的受众是谁……在宪政民主社会①中［政治哲学］的受众是谁?"② 紧接着，他以自问自答的方式给出了"所有公民"这一近似政治正确的标准答案。那么，接踵而来的问题是，到底是"谁"在向公民证成正义原则呢? 是主权者还是政治哲学家? 或者是主权者借助政治哲学家"知道"的权利来向所有公民证成? 这些看似合理的设问在罗尔斯的理论建构中恐怕都是站不住脚的。

有学者认为，政治哲学赋予了政治哲学家某种知道的权利（claim to know），而这种知道的权利就是一种统治的权利，或者它可以被主权者转化成一种统治的权利。在罗尔斯看来，这一认识或论断是完全错误的。至少在民主宪政国家是这样，政治哲学完全不具有这种权威③，更不可能将这种"知道的权利"转化为"统治者的权威"。当然，世界历史上或当下现实的政治国家可能曾经上演或正在上演这种类似的情况，但这绝不可能是罗尔斯式的政治哲学。罗尔斯的观点是："政治哲学只意味着政治哲学传统，在民主社会中，这种传统是由著作家和他们的读者共同建构的……是他们共同生产并且珍视的政治成果，而且最终总是要由选民来决定是否将他们的理念转化为基本制度。"④ 由此来看，在罗尔斯的眼中，道德和政治哲学家并不比其他公民具有更多理性权威，因而也不可能具有更多权利。也正是在这种意义上，罗尔斯说："一种接受并捍卫宪政民主之理念的政治哲学，不能被视为一种所谓的理论……就像科学领域中的某些科学家那样。对关于正义和共同善的根本真理或合理的理念，或对其他根本理念，政治哲学不拥有

---

① 罗尔斯的观点是，政治哲学的受众会因为社会的不同而改变，这一问题的关键取决于受众所在社会的基本结构及其所面临的紧迫问题。

② John Rawls, *Lectures on the History of Political Philosophy*, Cambridge：Harvard University Press, 2007, p. 1.

③ John Rawls, *Lectures on the History of Political Philosophy*, Cambridge：Harvard University Press, 2007, p. 2.

④ John Rawls, *Lectures on the History of Political Philosophy*, Cambridge：Harvard University Press, 2007, p. 2.

任何特权。"① 倘若一定要说政治哲学家在某些方面具有优越性的话，那么，也仅仅是哲学家通过反思与研究，有可能更敏锐、更深刻、更系统地阐释了这些基本理念，以此来澄清公民们对民主政体的一些共同的判断。哈贝马斯准确地把握住罗尔斯对政治哲学的这一理解，他说："罗尔斯的目标是重构存在于他所在社会的政治文化及其民主传统中那些直观的根基。"② 然而，必须明确的是，哲学家仅仅是公民中的一员。

回到我们上面的问题，到底是"谁"在向民众进行公共证成呢？虽然罗尔斯在其理论著作中从来没有就这一问题给出过明确的答案，但我们还是可以从他对正义原则的公共证成中发现一些蛛丝马迹。在罗尔斯那个著名的思想实验中，正义原则是由处于无知之幕背后的自由而平等的理性人在平均效用主义正义观、直觉主义正义观以及正义原则之中进行理性选择的结果，唯有获得立约人彼此之间的一致同意，否则正义原则不可能得到有效证成。由此来看，作为公平的正义的公共证成似乎可以看作发生在自由平等的理性人之间的一种证成。然而，在宪政民主社会中，我们是否还可以说，正义原则的证成归根结底是自由平等的公民彼此之间就他们合作的规范原则进行公共证成呢？罗尔斯给出的答案是肯定的。在他看来，原初状态是他以一种可信的方式就正义问题为人们提供一种慎思框架，公民们随时随地可以进入这一"代表装置"，就正义原则或他们关心的重大制度问题向彼此进行证成。当然，尽管这一代表装置是哲学家以理论的形式呈现出来的，但这绝对不能被看作哲学家们的慎思取代了公民们实践理性而具有独特权威，哲学家的任务仅仅提供了一种工具，以帮助公民在分歧背后寻找它们共享的共识。因此，正义原则的公共证成是由哲学家与公民们共同完成的，他们共同建构并生产政治成果，共同选择是否将其转化为社会基本的制度安排。"在作为公平的正义

---

① John Rawls, *Lectures on the History of Political Philosophy*, Cambridge: Harvard University Press, 2007, p. 1.

② ［德］哈贝马斯：《评罗尔斯的〈政治自由主义〉》，江绪林译，《当代哲学》2001 年第 4 期。

中，不存在任何哲学专家。"① 只要公民们愿意，他们任何时候都可以自由地进入原初状态这一代表装置进行理性慎思，以实现正义原则的慎思证成。

　　然而，即使借助原初状态这一理想的条件能够成功地避免正义原则的公共证成演变成一场公民之间的"鸡对鸭式"的自说自话，也能够成功地避免各方因谈判能力的差异而产生的权利的不对等，且正义原则在自由平等公民彼此之间公共证成也能成功地实现，这也不代表罗尔斯就可以将其与秩序或国家的正当性等同起来，正义、正当性毕竟是处于不同的讨论域中的两个问题。正如约翰·西蒙斯（John Simmons）曾经在《证成性与正当性》中尖锐地指出："即使我们不能明确地看到罗尔斯将证成性问题与正当性问题简单地混淆在一起，至少也能明显地看到他明确地缩小了用以支持证成性主张的理论根据与用以支持正当性主张的理论根据的差距。"② 对此我们有必要深思，究竟是罗尔斯混淆了两个概念呢，还是它们之间存在着更深层的理论关联？在回答这一问题之前，我们首先要探讨在罗尔斯理论中，正义、正当性、稳定性及证成性彼此之间的概念联系，以及它们如何被纳入罗尔斯式的公共证成理论之中的。

第二节　正义、正当性、稳定性与公共证成性

　　倘若不理解正义、正当性、稳定性相互之间的关系，以及它们在作为公平的正义的公共证成中的作用，就不可能抓住罗尔斯公共证成的理论精髓，更不可能理解稳定性问题为什么在其体系中具有如此不可或缺的地位。

一　正义与正当性

　　在乔纳森·沃尔夫看来，政治哲学讨论的出发点可以归结为两个问题：谁得到了什么以及谁说了算。第一个问题涉及物质利益的分配，以及权利和

---

① John Rawls, *Political Liberalism*, New York. : Columbia University Press, 1993, p. 427.

② Simmons, "Justification and Legitimacy", *Ethics*, Vol. 109, No. 4, July 1999.

各种自由的分配；第二个问题则涉及另一类重要价值（good）的分配——政治权力。这种权力包括对别人下命令的权力，以及强迫他人服从的权力。① 套用政治哲学的术语，前者涉及的是正义问题，后者涉及的是正当性的问题。当代著名的罗尔斯研究者波顿·德雷本（Burton Dreben）认为："罗尔斯的第一部著作《正义论》的主题是正义……，第二部著作《政治自由主义》的主题是正当性。"② 尽管将《政治自由主义》的讨论议题看作正当性并非毫无争议，但将正当性看作《政治自由主义》的理论出发点也并不为过。

在德雷本看来，正当性之所以成为《政治自由主义》的主题，归根结底源于罗尔斯本人认识到《正义论》中存在一个致命的缺陷："当谈论正义的本性时，至少不是仅仅提出正义论就足够了，你还需要指出为什么你所建立的这套理论是稳定的……"③ 罗尔斯在《政治自由主义》平装本导论中的论述一定程度上为德雷本的判断提供了佐证，他说："与《正义论》相比，［政治自由主义］确实存在一些重要的差异。但要理解这些差异的性质和程度，就必须视之为源自于力图解决作为公平的正义中的一个严重问题，即《正义论》第三部分关于稳定性的说明与全书的整体观点不一致。我相信，所有的差异都是为了消除这种不一致的结果。"④ 由此来看，《政治自由主义》的所有讨论是为了解决《正义论》公共证成中关于稳定性的问题提出来的，它是对《正义论》的进一步补充和更正，两者在本质上是一样的。罗尔斯在《政治自由主义》中展开的关于正当性的讨论，其目的是服务于正义论的公共证成。然而，有些学者就因此质疑罗尔斯，认为他没有注意到正义与正当性讨论的问题域，甚至在某种程度上将两者混为一谈。

诚然，罗尔斯对正义的判定与对正当性的检验标准和方法，从表面上来

---

① ［英］乔纳森·沃尔夫：《政治哲学导论》，王涛等译，吉林出版集团有限公司 2009 年版，第 1 页。

② Burton Dreben，"On Rawls and political liberalism"，*The Cambridge Companion to Rawls*，ed.，Samuel Freeman，Cambridge：Cambridge University Press，p. 317.

③ Burton Dreben，"On Rawls and political liberalism"，*The Cambridge Companion to Rawls*，ed.，Samuel Freeman，Cambridge：Cambridge University Press，p. 317.

④ John Rawls，*Political Liberalism*，New York：Columbia University Press，1993，p. 137.

看确实存在许多共同之处。通过上节的讨论我们知道，在罗尔斯眼中，一个原则是否正义，关键在于它是否能够在自由而平等的理性人之间实现公共证成，即获得自由平等的理性人的认可。罗尔斯对"权威之普遍结构的正当性问题"① 的讨论沿用了相同的程序和方法，他说："这一问题的背景是我们永远把公民看作理性的、合理的自由而平等的……作为自由平等的公民，我们必须按照什么样的原则和理想才能把自己看作是在行使这种权力呢……"② 罗尔斯进一步说："政治自由主义对这一问题的回答是：只有当我们对政治权力的运用符合宪法——该宪法的根本要素，是我们可以理性地期许自由平等的公民按照为他们共同人类理性可以接受的那些原则和理性认可——的时候，它才是充分恰当的。这就是自由主义的正当性原则。"③ 由此来看，他对正义与正当性的判断似乎都是源于"是否能够获得自由平等的理性而又合理性的公民的认可"这一条件。难道罗尔斯真的犯下了一个这样低级的错误，混淆了正义与正当性这两个政治哲学中的基本概念？

要厘清这一问题，恐怕还是得从罗尔斯正义理论作用或主题入手。在《正义论》中，罗尔斯专门在一节中限定了正义原则的适用范围。他的观点是，"正义的首要主题是社会基本结构，或者更准确地说，是分配基本权利和义务、决定社会合作产生的利益分配的主要社会制度……政治宪法和主要的经济和社会安排"④。由此来看，在作为公平的正义理论中，正义原则是用来规范主要的社会制度的。因此，罗尔斯所讨论的正义问题主要关乎社会建制的正义问题——正义原则是用来评判国家或制度正当的标准，因而它与政治正当性问题的讨论域具有不可避免的重叠性。一个能够被看作正当的国家或秩序，在罗尔斯看来，必须是由自由平等的公民选择的正义原则规范的国家或秩序。也就是说，公民彼此证成正义原则逻辑上是在先的，检验国家或秩序正

---

① John Rawls, *Political Liberalism*, New York：Columbia University Press, 1993, p. 137.

② John Rawls, *Political Liberalism*, New York：Columbia University Press, 1993, p. 137.

③ John Rawls, *Political Liberalism*, New York：Columbia University Press, 1993, p. 127.

④ John Rawls, *A Theory of Justice/-Rev. ed.*, Cambridge：Harvard University Press, 1999, p. 6.

当性在后，两者同源并生。也正因为上述原因，在作为公平的正义的公共证成中，正义与正当性之间确实存在着一种更为密切、更为根本的内在关联。

但即使是这样，我们也不能武断地认为罗尔斯就混淆了正义与正当性这两个概念。事实上，在《答哈贝马斯》一文中，他注意到了这两个概念之间的差别。他说："……一如我们可能认为'正当性'与'正义'是一回事。但只要我们稍加反思，就会发现两者并不相同，一个正当的国王或王后可以通过正义而有效的政府进行统治……但即使这是正当的，也不必然是正义的。"① 在他看来，国王统治的正当性仅仅涉及某些关于他们家族的事实，是根据那些已经确立的法则和传统而获得的。因此，这里的正当性更多地关涉程序问题②，只要符合某种正当的程序，其结果就被视为正当的，而这一程序产生的结果却不一定是正义的。原因在于，程序或程序得以订立的"法则或传统"自身还存在一个正义与否的问题。只有在正义原则或法则限制下订立的正当程序，才可能产生实质的正义结果。而正义关涉的正是那些"已经确立的法则或传统"正义与否的问题。在这个意义上，罗尔斯说："正当性是一个比正义弱一些的概念，它给可行的行为所施加的约束也更弱一些……"③

罗尔斯一方面准确地阐明了正义与正当性这两个评价性概念之间差别，另一方面又正确地把握住了这两个观念之间的内在关联。他说："民主决策和民主法律之所以是正当，并不是因为它们是正义的，而是因为它们是按照一种为人们接受的正当程序而正当地制定出来的。尤为重要的是，具体规定着这一程序的宪法即使不是完全正义的，也应该是足够正义的，但是它也可能不是正义的但依然是正当的，假如按照环境和社会条件来看它是足够正义的话。"④ 罗尔斯认为，完全可能出现这样的结果，即正当的程序根本没有办法产生正义的结果，而且这种不正义的结果又反过来侵蚀这一正当性程序本身。正是

---

① John Rawls, *Political Liberalism*, New York：Columbia University Press, 1993, p. 427.

② 这是传统的观点，哈贝马斯梳理了西方政治哲学史上正当性的三个阶段，依次为"血脉""谱系"以及"产生的限制性条件"，国家政府的正当性正是通过程序上的合理途径获得的。

③ John Rawls, *Political Liberalism*, New York：Columbia University Press, 1993, p. 428.

④ John Rawls, *Political Liberalism*, New York：Columbia University Press, 1993, p. 428.

出于这一担心，罗尔斯希望通过理性的公共证成来填平正义与正当性之间的鸿沟。在他看来，鉴于人类生活的状况及理性的负担的限制，在社会基本结构中，人类不可能制定出"分蛋糕"① 式的完美程序正义——正义的程序必然产生正义的结果，正如民主宪政中司法制度不能完全避免不使一个犯罪的人逍遥法外一样。在大多数情况下，人们只能通过给予程序正义以某种限制，以期从中获得实质的正义结果。他说："鉴于所有人类政治程序的不完善性，不可能存在任何相对于政治正义的纯粹程序，也没有任何程序能够决定其实质性内容。因而，我们永远都依赖于我们的实质性正义判断。"② 需要指出的是，这种实质的正义判断既不是空穴来风，也不是绝对真理，它始终扎根于对宪政民主精神的理解和把握，在这个意义上，罗尔斯认为他（哲学家）的工作仅仅是提供一种代表装置或思想实验，将公民已经接受的观念展示出来，以帮助公民在分歧背后探寻他们之间的共识。

尽管罗尔斯式正当性根源在于公民实质的正义判断，但他也不苛求国家或秩序的正当性必须完全符合正义原则的要求。在他看来，只要限制在合理的范围内，政治权威的公共证成就能够在多元社会中具有相互冲突的理性整全观念的公民之间得到实现。他说："在政治生活中的各种冲突和分歧使得全体一致不可能或断然无望时，正当性理念就能赋予一种适当的决策程序以权威性。"③ 当然，在罗尔斯看来，由实质正义判断限定的程序是正当的，它就不可能过于不正义。

二　正当性与公共证成

要理解正义与正当性之间的内在关联，至关重要的是理解罗尔斯正义理论中正当性与公共证成之间关系。罗尔斯真正关心的是宪法根本或正义原则

---

① 分蛋糕机制即让分割的人最后去拿，以保证公平分配。在罗尔斯看来，社会生活的复杂性使得这一分配模式既不可欲，也不可能。

② John Rawls, *Political Liberalism*, New York：Columbia University Press, 1993, p. 429.

③ John Rawls, *Political Liberalism*, New York：Columbia University Press, 1993, p. 429.

正当性问题，它希望以此解决良序社会内部稳定性问题。具体来说，即在民主宪政国家，要满足什么样的条件，国家才能正当地使用权力，并要求公民服从它的统治呢？就这一问题，罗尔斯不接受马克斯·韦伯对正当性做出的"信念解释"①，即只要被统治者相信服从某种权力关系是正当的，这种统治就是正当的。② 他认为，政治正当性的重点不是人们实际上具有什么信念，而是这信念本身是否能够得到可接受的理性证成。也就是说，当政治观念能够被充分证成时，要求公民服从以此政治观念为主导的权力关系才具有正当性。

罗尔斯的上述观点遭到约翰·西蒙斯尖锐的批评，他说："即使我们不能明确地看到罗尔斯将证成性问题与正当性问题简单地混淆在一起，至少也能明显地看到他明确地缩小了用以支持证成性主张的理论根据与用以支持正当性主张的理论根据的差距。"③ 在西蒙斯看来，指向国家的特定习惯或美德的公共证成是一回事，而指向国家之于任何特定主体的权利的本质的正当性则是另外一回事。公共证成一个对象意味着证明它或是理性审慎的，或是在道德上可以接受的，因而它并不反映国家与具体个人之间的真实关系。而正当性则不同，国家正当化的唯一方式是诉诸个体的实际认可，因而它是国家与个人关系的现实写照。由此，西蒙斯认为，罗尔斯从证成国家或秩序的特性——保护公民的权利和自由的必要条件，推论出国家或秩序的正当性——有权力实施统治，这中间存在着推论上的断裂。④

西蒙斯对罗尔斯的这一批评体现了自愿主义传统中两种进路之间的对立。罗尔斯继承了康德理性主义契约论的进路，强调理性主体的公共证成是赋予宪法根本或正义原则正当性的根源，与之相对立的是，西蒙斯赞同的洛克式自愿主义的思路——主张唯有通过主体自我意志的真实同意才能够赋予国家或秩序以正当性。在罗尔斯看来，契约的约束力不在于我们的真实意志，而

---

① 被统治者具有积极的信念、态度、认知或其他赞成的态度。
② 周保松：《自由人的平等政治》，生活·读书·新知三联书店 2013 年版，第 149 页。
③ Simmons，"Justification and Legitimacy"，*Ethics*，Vol. 109，No. 4，July 1999.
④ Simmons，"Justification and Legitimacy"，*Ethics*，Vol. 109，No. 4，July 1999.

在于该理论对立约环境的描述以及提出的实质理由，是否能够说服我们，并促使我们接受最后的结论。① 进一步来说，宪法根本或正义原则之所以是正当的，在逻辑上不是因为它获得了认可所以才说它是理性的——具有好的理由；恰恰相反，正是因为它是理性的——具有好的理由，所以它才可能获得认可。由此来看，西蒙斯的批评本质上可以被还原成这样一个问题，即公民有好的理由的同意是否能够获得公民的实际上的同意呢？

　　在讨论这一问题之前，我们首先需要思考罗尔斯为什么要将正当性与证成性"混淆"在一起，是不是他一定要做出西蒙斯式的区分。众所周知，罗尔斯将自己的问题域限定在民主宪政国家中宪法根本和基本正义原则正当性问题之中，国家起源这一洛克式的核心问题不在其讨论的范围内。他讨论的重心在于国家或秩序的特性，西蒙斯也注意到了这一特点，他说"罗尔斯式的契约论者挑选的是国家的最好形式，而不是国家自身"②。因此，我们可以恰当地说，罗尔斯期望解决的是民主宪政国家内部的正当性问题，这是一个方面。另一方面，基于罗尔斯的民主宪政的讨论域，个体在罗尔斯的理论中被天然视为自由平等的公民，生入其中，死出其外，"我们不能自由地离开我们的政治社会"③，因此，"我们"只需要通过契约来选择规制国家或社会的正义原则，而非证成国家。因而正当性问题自然而然地从为什么需要国家或秩序转换为什么样的国家或秩序是最好的形式。鉴于上述论题的限定，在罗尔斯的理论中，是否能够获得公共证成与是否认可这一问题在某种程度上融合在了一起。

　　一个更加重要的问题是，西蒙斯似乎没有注意到正当性与正义证成之间的内在关联。尽管罗尔斯也承认，正当性是一个比正义弱的概念，因而它给可行的行为所施加的约束也更弱一些。但是，与西蒙斯相比，他更加看重正当性与正义证成性之间的实质性关联而非它们之间区别。自正当性的特征演

① 周保松：《自由人的平等政治》，生活·读书·新知三联书店 2013 年版，第 150 页。

② Simmons, "Justification and Legitimacy", *Ethics*, Vol. 109, No. 4, July 1999.

③ John Rawls, *Justice as Fairness: a Restatement*, Cambridge: Harvard University Press, 2001, p. 20.

变成哈贝马斯所描述的第三个层面之后，即"……既然终极的根据不再可能获得，证成的形式条件自身就获得了正当化的力量。理性协议自身的程序和假设前提就成为原则"①。只要政治权力符合某种特定的程序，它就具有正当性。但这一程序化的正当性讨论可能会产生严重违背正义的结果，进而侵蚀政治权力的正当性。因而，在正当性与正义的证成性之间，需要某种实质性的关联。

此外，罗尔斯还有一个担心，即西蒙斯所主张的洛克式的个体自愿，其背后的理由始终停留在私人理由的范围之内，因而政治决策极容易演变成个体之间的利益计算，政治过程将成为一种基于竞争优势的权宜之计，因而变得毫无道德基础可言。在罗尔斯看来，从公民共享的前提出发②，通过公共理性证成，不但可以避免上述恶果，且能最终转变为自由平等的公民之间的"重叠共识"。当然，澄清了罗尔斯之所以"混淆"正当性与证成性之间的原因，也不等于罗尔斯的公共证成就高枕无忧了，他还是应该回应西蒙斯那个本质的质疑：公民"有好的理由的同意"是否能够获得"公民的实际上的同意"？倘若我们能够正确地理解罗尔斯理论中正当性与稳定性之间的关系，这一问题将会不攻自破，迎刃而解。

三　正当性与稳定性

问题最好从哈贝马斯与罗尔斯那一场著名的哲学争论开始。哈贝马斯站在康德式自愿主义立场上对罗尔斯提出了与西蒙斯相似的质疑，他说，"罗尔斯应该更加清晰地区分证成问题（questions of justification）和接受问题

---

① 可参见周濂《现代政治的正当性基础》，生活·读书·新知三联书店 2008 年版，第 7 页。

② 在罗尔斯看来，公共证成不同于证明，也不同于说服。"证成是对那些不同意我们意见的人们，或者当我们自己犹豫不定时对自己所做的说明。证成假定了人与人之间或我们自己内部的意见存在某种冲突，去寻求说服别人或我们自己关于我们的诉求和判断的基础的原则的合理性。证成是被设计来用理性调节不同意见的，它首先是由参与讨论的各方所接受的共同意见开始的。理想的方式是，向一个人证成一种正义观念，就是从我们共同认可的前提出发提供证明正义原则的证据，这些原则又将产生许多与我们深思熟虑的判断一致的结论。"John Rawls, *A Theory of Justice*, Cambridge：Harvard University Press，1999，p. 508.

（questions of acceptance）以及可接受的证成（justified acceptability）与实际接受（actual acceptance）的问题"①。具体而言，罗尔斯将自己的理论建构分为两个阶段，第一阶段是在原初状态这一代表装置中获得要证明的原则；在第二阶段，得到证明原则需要被置于公共讨论之中去。在哈贝马斯看来，第二个阶段在多元社会条件下表现出来的"这种多少有些模拟真实状况的交谈，是不能按照在正义社会的前提下获得自我稳定的可能性的同样方式并入理论之中。因为现在是公民自己在证成由原初状态中的立约各方发展起来的前提"②。这表明，哈贝马斯这一质疑的核心在于罗尔斯是否能够依照良序社会的稳定性问题的讨论方式来实现其第二个阶段的理论证成。他说："使我困扰的是，罗尔斯认为可接受性的检验与在论及秩序良好社会自我稳定的潜在能力时所采用的一致性检验属于同一个类型。"③ 哈贝马斯认为，面对具有多元价值观的有血有肉的真实个人，理论的可接受检验的结果必须是未曾决定的。

国内一些学者似乎并未准确地把握住哈贝马斯这一批判的靶心。在他们看来，哈贝马斯之所以会产生上述质疑，原因在于罗尔斯在其正义理论的描述中存在严重矛盾，一方面，罗尔斯多次表明，稳定性是公共证成的一部分，没有重叠共识，便没有稳定性，也没有正当性。另一方面，罗尔斯又说，稳定性只关心可行性（feasibility）问题④，不对证成有任何影响。在他们看来，倘若罗尔斯将稳定性问题区分为道德稳定性和社会稳定性，这种理论困境就可以得到避免。⑤

---

① 参见［德］哈贝马斯《评罗尔斯的〈政治自由主义〉》，江绪林译，《当代哲学》2001 年第 4 期。

② ［德］哈贝马斯：《评罗尔斯的〈政治自由主义〉》，江绪林译，《当代哲学》2001 年第 4 期。

③ ［德］哈贝马斯：《评罗尔斯的〈政治自由主义〉》，江绪林译，《当代哲学》2001 年第 4 期。

④ 在笔者看来，对稳定性做出道德稳定性和社会稳定性的区分在作为公平的正义理论中并非那么必要。原因在于，罗尔斯稳定性问题讨论的核心是正义观念的稳定性，为了论证或检验正义观念的稳定性，它才将良序社会的稳定性纳入讨论之中。在罗尔斯看来，它对正义观的可行性产生重要影响。因而周保松教授所区分的社会稳定性问题在罗尔斯的理论证成中并不是讨论的议题，假如一定要说罗尔斯关心这一问题，那么这种关心也仅仅是在良序社会的意义上进行的。

⑤ 周保松：《自由人的平等政治》，生活·读书·新知三联书店 2013 年版，第 160 页。国内学者大多赞同周保松教授对这一问题的看法，并以此为基础展开讨论。在笔者看来，倘若能够理解罗尔斯稳定性概念的内涵及推演逻辑——从观念的稳定性到良序社会的稳定性，上述区分似乎也并非必不可少。

事实上，哈贝马斯不仅深入地理解罗尔斯理论的目标，而且完全清楚稳定性问题在其理论证成中的作用。他说："罗尔斯的目标是重构潜藏在民主宪政社会政治文化传统中那些直观的根基，但这种重构的努力绝不仅仅是对当下美国政治文化这一偶然传统的解释学的澄清，因而他推理出来的正义原则必须要重新接受检验，以论证它是否能够在一个多元社会中获得认同。"① 在哈贝马斯看来，"如果我们能够正确地理解罗尔斯，他并不希望以这种方式在正当性问题和稳定性问题之间做出区分。当他肯定其他正义概念的政治性的时候，他的意图是取消可通过正当性论证的接受和实际接受之间的区别"②。上述引文清楚地表明，哈贝马斯完全清楚罗尔斯的意图，将正当性与稳定性看作其正义理论公共证成中密不可分的组成部分，上述因罗尔斯表述出现的困难似乎在哈贝马斯这里没有造成严重的影响。

哈贝马斯真正的问题是，当罗尔斯肯定正义概念的政治性时，将其作为自由平等公民之间公开且自愿的政治契约的基础概念时，他能否取消通过正当性论证的理性接受和实际接受之间的区别。哈贝马斯认为，倘若这两者之间的鸿沟无法跨越，那么重叠共识就仅仅表达了"一种功能上的用途"，即"从可接受和正当性的角度来看，重叠共识就不再具有重要意义，只是从现实的接受，也就是从维护社会稳定的角度看来仍然是重要的"。③ 罗尔斯在《政治自由主义》第九讲"答哈贝马斯"中反映了这一点，他说："哈贝马斯认为我的观点是想承担一种更具雄心的工作。因为我想为民主社会的社会基本结构系统阐述一种真正的正义观念，这一观点的全部内容都包含了根本的实质性观念，这就产生了更多问题，而这些问题只有真实参与者的实际商谈才能决定。"④

从表面来看，哈贝马斯与上述西蒙斯对罗尔斯的批评似乎异曲同工。然

---

① ［德］哈贝马斯：《评罗尔斯的〈政治自由主义〉》，江绪林译，《当代哲学》2001 年第 4 期。

② ［德］哈贝马斯：《评罗尔斯的〈政治自由主义〉》，江绪林译，《当代哲学》2001 年第 4 期。

③ ［德］哈贝马斯：《评罗尔斯的〈政治自由主义〉》，江绪林译，《当代哲学》2001 年第 4 期。

④ John Rawls, *Political Liberalism*, New York：Columbia University Press, 1993, p. 380.

而，一旦我们澄清他们三者是在何种意义上使用"接受"或"同意"，问题就会变得更加清楚一些。西蒙斯式的同意是基于个人的实际同意，每个人基于对自身而言好的理由去接受，但这种理由一般而言是私人意义上的，因而它更多关注个体的动机。与西蒙斯不同，哈贝马斯和罗尔斯所谓的接受，是基于主体之间的好的理由，它有赖于全体公民的公共理性，这种公共理由更多关注是否对主体具有规范性力量。当然，尽管哈贝马斯与西蒙斯出于不同的理由，但他们关注的问题是一致的，即罗尔斯意义上的因好的理由达成的"理性同意"是否能够转换或取代公民"实际同意"。

很显然，罗尔斯正义理论《政治自由主义》的全部重心都是在探讨这样一个问题。实际上，奥尼尔对罗尔斯的观点有过一个准确而中肯的分析。他说："罗尔斯的公共理性理念以其公民共享一种政治身份的自足而民主的社会观念为前提，这一事实解释了为何他不需要太关注公共理性动机性观念和模态观念的鸿沟，在一个封闭的民主社会里，理性的公民只要有可能，的确会愿意寻求并遵守安排其根本生活的共享的原则和标准，这一点没有什么好奇怪的，这正是作为一个民主社会的公民的含义之所在。"① 在他看来，公民有好的理由的同意涉及的是规范性的问题，而公民的实际同意涉及的是动机性的问题，罗尔斯之所以能够跨越"理性同意"与"实际同意"这道理论上的巨大鸿沟，其根本原因在于他建构正义理论的基本理念——自由平等的道德人格及社会公平的合作体系的理念。在奥尼尔看来，"罗尔斯的公共理性观念以一个自足的、民主社会观念为前提，该社会的公民分享了一种政治认同，这一事实可以解释他为何不需要对公共理性的动机观念和观念间的差距给予多少关注"②。众所周知，罗尔斯将自己的理论限定在让很多自由主义哲学家感到沮丧的自由民主宪政国家之中，其公共证成的对象也被限定在认同宪政

---

① 陈肖生：《合理性与政治合法性——罗尔斯的自由主义政治合法性原则探究》，《政治思想史》2011 年第 3 期。

② 陈肖生：《合理性与政治合法性——罗尔斯的自由主义政治合法性原则探究》，《政治思想史》2011 年第 3 期。

国家中自由平等的基本价值的个体之间。在这种限定中，罗尔斯预设了一种特殊意义上的公民同伴，他们具有民主社会中公民同伴共享的认同感。在这个意义上，我们认为，自由平等的道德人格这一理念自身的内涵就能够消解在正义原则的公共证成中个体规范性同意与动机性同意之间的张力，这也正是罗尔斯能够将正当性问题融入或消解到正义原则的证成性之中的原因所在。

当然，哈贝马斯也并非全然忽视了罗尔斯对道德人格的这一限定。但在他看来，"作为道德人格的公民概念需要一种先天的论证"①。就这一问题，罗尔斯在对他的回应中坚决否认了这一观点，他说："哈贝马斯认为政治自由主义的个人观念超出了政治哲学界限。……我否认他的这些看法。在政治自由主义中，个人的哲学观念被自由而平等的公民的政治观念所代替。"② 然而，这一同义反复式的回应颇让人感到奇怪。唯一合理的解释是，罗尔斯认为自由平等的公民是不言自明的。要理解这一点，除了理解罗尔斯的理论限定——作为公平的正义仅仅是民主宪政传统中的一种政治正义的观念，我们恐怕还是要回到公共理性的证成方法中去认识。

"理性的最高标准是普遍而广泛的反思平衡"③，在真理和理性缺位必然产生理性负担的前提下，罗尔斯的观点是，理性的反思平衡能够成为一种道德共识或道德"真理"有效性的检验标准。他说："反思的平衡类似于这一检验标准，即使我们永远无法达到最后一点，我们也可以在这样一种意义上不断接近这一点，这就是，我们的理想、原则和判断通过讨论将变得对我们而言更加合情合理（reasonable），且我们认为它们的基础比以前更为牢固。"④ 正是在这个意义上，自由平等的道德人格在他看来是更加可靠的知识，足以充当自由民主传统中进行政治观念讨论的前提。在罗尔斯看来，只要诉诸人类理性的权威，"文字著作就可以成为持续进行的公共讨论的一部分，直到这

---

① ［德］哈贝马斯：《评罗尔斯的〈政治自由主义〉》，江绪林译，《当代哲学》2001 年第 4 期。

② John Rawls, *Political Liberalism*, New York：Columbia University Press, 1993, p. 380.

③ John Rawls, *Political Liberalism*, New York：Columbia University Press, 1993, p. 384.

④ John Rawls, *Political Liberalism*, New York：Columbia University Press, 1993, p. 385.

种讨论最终消失——《正义论》与其他著作一样，也最终会成为这种公共讨论的一部分"①。总而言之，罗尔斯认为，道德人格是在民主宪政传统中找到的最坚实的基础，它经得起个体理性反思的平衡的检验，因而能够不断摆脱知识的负担，成为正义理论的出发点和理论前提。

第三节　公共证成中的稳定性问题

作为公平的正义理论的公共证成被罗尔斯旗帜鲜明地划分为前后两个阶段，前一个阶段以《正义论》为核心；后一个阶段以《政治自由主义》为核心。在《正义论》及其修订版中，罗尔斯借助于高度抽象的社会契约论的方法——原初状态——展现出其正义理论的基本框架以及核心观点。《正义论》出版之后，一举成为政治哲学领域无法绕过的理论巨著，在引起当代著名的哲学家关注的同时，也招致无数批评。在不断回应这些批评的基础上，罗尔斯重新思考和发展了自己的正义理论，并最终出版了《政治自由主义》。在《政治自由主义》导言中，罗尔斯明确地提出，后者主要是为了解决《正义论》中关于稳定性论题出现的问题而提出来的，他说："……要理解这些差异的本性和程度，就必须将其看作为了消除内在于作为公平的正义的一个严重问题时产生的差异……《正义论》第三部分关于稳定性的解释与全书的观点并不一致。"②

在这一小节，我们主要阐述罗尔斯在两个阶段中阐释稳定性论题的主要思路，指出所谓的稳定性问题的关键所在。此外，我们还将就学界对两部著作的关联及稳定性问题何在的一些分歧进行澄清，以期为后面各个章节的讨论扫清障碍。

一　稳定性证成——《正义论》阶段

在《正义论》中，罗尔斯花费了三分之一的篇幅来考察作为公平的正义

---

① John Rawls, *Political Liberalism*, New York：Columbia University Press, 1993, pp. 383 – 384.

② John Rawls, *Political Liberalism*, New York：Columbia University Press, 1993, pp. xvi – xvii.

的稳定性证成这一论题。在他看来，一个长治久安的良序社会，是由正义原则调节的社会的应有之义。就稳定性是如何被保障的这一问题，罗尔斯在《正义论》中给出了两个并列的解决方案，一个是第八章"正义感"；另一个是第九章"正义的善"。在第八章中，罗尔斯从道德心理学的角度阐明了个体在良序社会中如何获得一种稳定的正义感这一问题。在他看来，正义感就是"通常有效的强烈地按照正义原则行事的欲求"[1]；而在第九章中，罗尔斯则从根本上论证了正当与善的契合性问题。

罗尔斯将其正义理论的证成分为两个阶段，在第一阶段中，原初状态的目标是使个体在理想的条件下选择一种相较而言最好的正义原则，这些原则能够确保每一个个体的切身利益，而不论个体可能的心理状态。当然，在这一阶段，稳定性因素也将成为个体选择正义原则时考虑的因素之一。到了第二阶段，当无知之幕打开之后，个体开始集中考察所选择的正义原则是否稳定的问题，他们开始关心具体的道德心理法则，审视在良序社会——正义制度之下成长起来的人们是否能够发展出一种充分而稳定的正义感，以使他们愿意按照正义原则行事，且具有努力维护这一正义制度的欲求。在罗尔斯看来，"当制度（按照这个观念规范的）是正义的时候，参与这一社会安排的人们就会获得一种相应的正义感和尽他们自己的努力来维护这种制度的欲求"[2]。他进一步说："我们力图表明，如果可以有某些具体规定一种理性的人类心理学和正常的人类生活条件之假定的话，那些在正义的基本制度成长起来的人，就能够获得一种足以保证这些制度稳定的正义感和理性忠诚……他们的正义感足以抵制各种非正义的倾向。"[3] 倘若一个正义观念倾向于产生的正义感，比另一个正义观念更加强烈，能够更好地克服那些破坏性倾向，它就比后者具有更大的稳定性。他的观点是："一个正义观念的稳定性依赖于各种动机之间的平衡；它培育的正义感和它鼓励的目标必须在正常情况下能胜过不正义

---

① John Rawls, *A Theory of Justice/-Rev. ed.*, Cambridge：Harvard University Press, 1999, p. 498.

② John Rawls, *A Theory of Justice/-Rev. ed.*, Cambridge：Harvard University Press, 1999, p. 398.

③ John Rawls, *A Theory of Justice/-Rev. ed.*, Cambridge：Harvard University Press, 1999, p. 435.

的倾向。要估价一个正义感观念以及由它规范的良序社会的稳定性，人们就必须考察这些相反的倾向的相对力量。"①对于罗尔斯的这一证成，我们将在本书第三章进行详细考察。

对稳定性的另一证成关涉作为公平的正义和理性的善是否相一致的问题。在罗尔斯看来，如果一种正义观念与个体之间的善观念经常发生冲突，那么，个体在此正义观念规制的社会中就很难形成稳定的正义感，因而这种正义观念也很难发展出一种自我支持的稳定性力量。只有在一种正义观念与个体的善观念相融的时候，该正义观念才可能获得一种相对稳定的力量。为了确保个体的"善"观念相融于作为公平的正义，罗尔斯引用了康德式道德人格以及亚里士多德原则。一方面，基于康德式的道德人格，个人合理性的善是一种自主的善，同时，按照正义原则行事表达了我们作为平等自由人的本性，因而是更为根本的善。另一方面，基于亚里士多德原则，个人合理性的善具有一种向上的力量，它驱动人类自发地不断追求更高级的善。在罗尔斯看来，正义原则与个体理性的善是一致的，他说："一个良序社会成员欲求正义地行动，而不是别的，满足这种欲求是他们善的一部分。"② 对这一问题的探讨，将在本书第四章进行。

二 稳定性证成——《政治自由主义》阶段

在《政治自由主义》中，罗尔斯将作为公平的正义理论发展为一种"中立"的政治正义的观念。罗尔斯认为，在《正义论》阶段中，作为公平的正义是站在一个整全的学说的基础之上，这一点与《正义论》的整体观点之间存在严重的不一致，因而他希望通过《政治自由主义》纠正这种不一致，进一步完善对作为公平的正义的公共证成以使其前后融贯。

在罗尔斯看来，现代民主多元社会中的公民因诸多合乎理性的宗教学说、哲学学说和道德学说而产生了深刻的分化，一个正义稳定的社会要想长治久

---

① John Rawls, *A Theory of Justice/-Rev. ed.*, Cambridge: Harvard University Press, 1999, p. 398.

② John Rawls, *A Theory of Justice/-Rev. ed.*, Cambridge: Harvard University Press, 1999, p. 498.

安，必须获得这些具有不同整全观念的理性公民的公共认可。他认为，如果将其建立在对某一种整全学说认可的基础之上，这显然不符合现代多元社会的事实。因而，罗尔斯将自己的理论重心转向回答这样一个更加尖锐的问题："对于那些认可基于某一宗教权威——如教会或《圣经》——的人来说，如何可能让他们也坚持一种支持正义民主政体的合乎理性的政治观念?"① 更何况，事实是并非所有整全学说都认同自由主义，因而这一问题更进一步地转化为持有这些整全学说的公民能够基于正当理由而与一种自由主义的正义观念相融合。在罗尔斯看来，任何一种道德学说都不可能成为一种正义观念，唯有将作为公平的正义发展为一种"立宪民主政体中的一种政治的正义观念"②，它才有可能在持有多元理性的整全学说的公民之间形成重叠共识。这就要求它既认肯各种相互冲突的宗教的和非宗教的合乎理性的整全学说，同时又能够在它们之间达成一致，成为公共政治讨论理想的共同基础。在罗尔斯作为公平的正义观念的这一转换中，作为拥有道德人格及充分道德行动能力的个人的理想被转换成了自由民主宪政传统中的公民理念，他们彼此之间有着一种政治关系。这种政治关系具有鲜明的两个特点，一个是其关系属于社会基本结构内部的关系，公民只能生入其中，死出其外；另一个是它是一种自由平等的公民关系，"他们作为一个集体性实体来行使终极的政治权力"③。正是基于这种考虑，罗尔斯已经不再试图通过道德同意来论证其政治正义的稳定性，而转向多元主体的"重叠共识"。

在罗尔斯看来，这种重叠共识不同于基于利益考量的临时协定。正如博弈论中所讨论的那样，临时协定是具有不同观点的人在公共协商的过程中，审慎地寻找他们之间可能达成的利益平衡，这种平衡完全建立在"谈判能力"或"威胁力量"的基础上，所以说它毫无道德基础可言，而"重叠共识的目

① John Rawls, *Political Liberalism*, New York：Columbia University Press, 1993, p. xxxvii.

② John Rawls, *Political Liberalism*, New York：Columbia University Press, 1993, p. xxxiz.

③ John Rawls, *Political Liberalism*, New York：Columbia University Press, 1993, p. 136.

标即政治的正义观念，它本身就是是一个道德观念"①。进一步来说，它是在道德基础上被人们认可的，即在认同公平社会的合作体系和公民观念的基础上的一种认可。正如罗尔斯所说："重叠共识不只是一种对接受某些建立在自我利益和群体利益只基础上的权威的共识，或者只是对服从某些建立在相同基础上的制度安排的共识，所有认可该正义观念的公民都从他们自己的整全观念出发，并基于其完备性观点所提供的宗教根据、哲学根据和道德根据来引出自己的结论……他们真诚坚持的根据决定着他们认肯的本性。"② 就重叠共识及相关问题，我们将在之后的第五章专门进行讨论。

三　两部著作的关系及稳定性问题何在

自《政治自由主义》出版之后，如何理解罗尔斯《正义论》与《政治自由主义》这两部著作之间的关系，便成了学术界争论的问题之一。一种看法是，罗尔斯政治自由主义阶段的论证是对前者的颠覆和取代，两部著作之间存在着根本的不一致；另一种看法是，罗尔斯后一阶段的论证是对前一阶段的补充，两个阶段是一个完整的体系，二者之间没有实质性的对立。

布赖恩·巴里（Brian Barry）是第一种观点的杰出代表。巴里认为，按照罗尔斯整全学说的判定标准，《正义论》一开始就应该被看作一种"政治的正义观念"而非一种"整全性学说"。一方面，罗尔斯自己解释的《正义论》中存在的问题——"作为公平的正义"作为一种整全学说或依赖于整全学说的观点是站不住脚的。在巴里看来，罗尔斯写作《政治自由主义》的真正原因在于对稳定性问题解决方案的不满，他说："我接受罗尔斯的断言，《政治自由主义》的独特之处源自一种对正义观念稳定性的关心。……就稳定性问题，在《正义论》与《政治自由主义》中它是以同样的方式被理解的，即寻求实际存在的按照正义行事的动机。"③ 巴里之所以认为《政治自由主义》不

① John Rawls, *Political Liberalism*, New York：Columbia University Press, 1993, p. 147.
② John Rawls, *Political Liberalism*, New York：Columbia University Press, 1993, p. 147.
③ Brain Barry, "John Rawls and the search for stability", *Ethics*, Vol. 105, No. 4, July 1995.

同于先前的《正义论》，关键因素在于罗尔斯用以解决稳定性问题的方案发生了实质性的转变，从最初关注"自主"转而关注"秩序"。他甚至怀疑，后期的罗尔斯经历了一个由康德向霍布斯的转变。[①] 他说："关于稳定性的意义，罗尔斯看起来改变了他的观点……我们寻求一种非霍布斯的稳定性。但是，如果非霍布斯的稳定性无法达到？……惩罚的手段就在社会合作体系中发挥着较大的作用。"[②]

与第一种观点相比，大多数学者支持第二种观点，这一观点以托马斯·希尔为代表。希尔认为："《政治自由主义》是《正义论》的补充，而非替代。《政治自由主义》提供解决这个问题的方案，并不是反对或彻底修订作为公平的正义的内容，而是重构它和以新的方式介绍它。"[③] 在希尔看来，两部著作之间的改变完全是论证方式上的改变，罗尔斯在《政治自由主义》中将"作为公平的正义"理论更具限制性以及更温和地表达为一种"政治正义观念"，他的目的是希望赢得具有各种宗教、哲学和道德确信的人们之间的广泛的重叠共识。希尔说："我们乐于承认，将作为公平的正义解释为一种政治观念，而非一种整全学说，是在解决问题的正确方向上前进了一步。"但是，由于罗尔斯关于稳定性论题的证成与《正义论》阶段的基本思路是一致的，很难说《政治自由主义》提供的方案完成了他的任务。[④]

上述两种观点都是在忠实罗尔斯文本的基础上做出的。其分歧点集中在罗尔斯关于稳定性问题的解决方案性质是否发生了实质性的改变，即从"契合论"到"重叠共识"之间的跨越是辩护方式的改变还是辩护内容的改变。就这一问题，笔者更倾向于赞同希尔的观点，认为无论是罗尔斯将作为公平的正义限制在一种"政治的正义观"范围内，还是为了稳定性证成所提出的

---

① 巴里的这一观点得到了库卡塔斯和佩蒂特的支持，在《正义论及其批评》一文中，他们说："他的正义观点，不再联系自主或个性，而是秩序。"详见 Kukathas, Chandran, and P. Pettit, "Rawls: A Theory of Justice and Its Critics", *New Serbian Political Thought*, Vol. 86, 1990。

② Brain Barry, "John Rawls and the search for stability", *Ethics*, Vol. 105, No. 4, July 1995.

③ Hill T. E., "The Stability Problem in Political Liberalism", *Pacific Philosophical Quarterly*, 1994.

④ 就罗尔斯稳定性证成是否成功的问题，我们将在本书最后一章进行讨论。

"重叠共识"，都仅仅是证成方式上的改变，如果一定要说内容上发生了某些变化，那么也仅仅局限在更清楚地将其思想呈现出来。然而，就罗尔斯这一转变是否完成了他的任务这一问题，这一结论将在最后给出。

另一个需要特别说明的问题是，罗尔斯解释的促使他从《正义论》转向《政治自由主义》的稳定性问题到底是什么？到底是因为作为公平的正义是一个整全观念而不可能得到民主宪政国家的公共认可，还是作为公平的正义的稳定性证成过于依赖康德式的道德人格而不能为他们所认可？罗尔斯在这个问题上的语意含糊给我们的理解造成了一些困难。就这一问题，基于罗尔斯将《政治自由主义》中公民与社会合作的概念严格限定在自由民主社会中的一个政治正义的观念，我们认为一个比较恰当的解释是两者兼而有之。当然，这并不是说罗尔斯早期的工作不是以此为基础的。正如保罗·韦茨曼所言："作为公平的正义早期和后期的区别，并不是说后者是从那个世界开始的，而前者不是，它们的区别在于他从自由民主文化中汲取的东西不同。在他早期的作品中，这是一种伦理而不是形而上学的人的概念，它可以进一步描述为他要思考的理性公民之间的争论对象。而在他后来的作品中，他清楚地表明，他从政治文化中汲取的人的概念是一种特殊的政治概念。"[1] 然而，比较幸运的是，无论我们倾向于哪一种解释，似乎都不会对我们接下来的讨论产生实质性的影响。

第四节　小结

尽管哲学家力图在概念分析与建构层面工作，但每一个哲学家都必然处于具体的时代洪流之中，他不可能彻底摆脱这种实践的依附性。当然，乌托邦式的协作是愉快的，它可能会提出一种最值得欲求的方案，但它终归只能身居高阁之中。罗尔斯深知其中的道理所在，将"作为公平的正义"的思考

---

① Paul Weithman, *Why Political Liberalism: On John Rawls's Political Turn*, New York: Oxford University Press, 2010, p. 11.

严格地限制在民主宪政的文化传统之中。

罗尔斯以潜藏在民主宪政传统背后共识——公平社会的合作体系的理念以及理想公民的理念——为其理论的出发点，诉诸人类理性——实践理性和理论理性的权威，在自由平等的公民之间公共证成其正义原则。在罗尔斯看来，这种正义理论的目标既非认识论意义上的，也非形而上学意义上的，而是一种实践意义上的正义观。不同于传统意义上的证成，作为公平的正义的公共证成是一个理性的多向反思平衡的过程。其证成力量源于以一种可信的方式向他人陈述自己的观点及其理由，以使他人能够合理地对这些观点和证据做出判断。在作为公平的正义理论中，正义、正当性与稳定性之间具有密不可分的内在联系。罗尔斯正义理论的目标促使其将正义与正当性融合在其公共证成性之中，当然，这并不代表罗尔斯并未注意到它们之间的差别，只不过比起它们的差别，罗尔斯更加注重它们之间的内在联系。因此，我们说，在清楚地理解罗尔斯的理论前提及稳定性证成的纽带关系之后，哈贝马斯、西蒙斯的质疑就可以得到完满的回应。

稳定性的公共证成作为罗尔斯从《正义论》转向《政治自由主义》的关节点，贯穿罗尔斯作为公平的正义思考的始终，它先后经历了两个阶段，个体道德心理发展的正义感与正义同善相统一的契合论阶段，以及最后基于公共理性的重叠共识阶段。在接下来的三个章节中，我们将对其进行逐一考察。

第三章　正义感与稳定性

　　尽管罗尔斯在后期极尽其力地试图摆脱康德式理路的影响，并将作为公平的正义观念解释为一种政治的正义观念，但这丝毫没有妨碍学界将其视为理性主义范式的杰出代表。理性主义者坚信，仅仅诉诸理性的权威就可以支撑起政治与道德理论体系，通过理性反思而同意的原则完全可以实现个体的自主性，因而，正义理论的规范性辩护被看作一种超越情感关切的纯粹实践理性的专属功能。事实上，这种康德式理性主义的观点长期以来一直遭到各方的非议，其中最为典型也最为普遍的非议是，由理性主义辩护模式确立的道德或正义原则存在着严重的动机缺陷。无论是德性论、情感主义还是实践理性的怀疑论者都近乎一致地认为，理性主义规范哲学未能认真地处理人类的道德生活经验，它将作为理性慎思的主体与作为行动者的主体分离开来，以至于在其理论证成中缺乏一种威廉姆斯式的动机要素。①

　　毋庸置疑，将自己置身于理性主义传统之中的罗尔斯也必须对上述问题予以回应。事实上，作为稳定性证成的核心论题，个体是否能够获得一种充分而有效的正义感这一动机要素，始终贯穿罗尔斯对作为公平的正义理论的思考之中。他不仅在《正义论》中花费了近乎三分之一的笔墨来专门处理这一问题，而且在后期更是不惜专门撰写《政治自由主义》来对稳定性问题的先前阐释进行全面修正和完善。在罗尔斯看来，"一个体系，如果每个人都具有一种正义感，而且每个人也知道其他人都具有这样一种正义感的话，那么

---

　　①　在威廉姆斯看来，行动的理由必须与行动者的主观动机集合相一致。

这个体系就获得了一种内在的稳定性。在其它条件相同的情况下，创造和维持这种稳定性的力量也会与日俱增"①。为了进一步凸显其理论克服理性主义动机难题的努力，在《正义论》中，罗尔斯甚至将作为公平的正义理论概括为一种"道德情感理论"。他说："我希望强调，一种正义理论至少在其最初阶段只是一种理论，一种关于道德情感的理论，它旨在建立指导我们的道德能力，或者更具体地说，指导我们的正义感的原则。"② 由此来看，尽管罗尔斯清楚地表明其理论继承了康德传统，但在罗尔斯对正义感及其相对稳定性问题的讨论之中，他似乎确实在某种程度上有意无意地为情感主义留下了一些解释的空间。

布朗大学新生代哲学家莎伦·R.克劳斯（Sharon R. Krause）敏锐地发现了这一点，她在新著《公民的激情》中说道："作为一种依赖于观念的欲求，正义感具有明显的情感效价。没有这样一种倾向，原初状态中的决策程序就无从开启。……如果将罗尔斯理论中的理性主义面向从情感关切的背景中剥离出来，它们就将难以为继了……实践理性必须被镶嵌到一种情感关切的恰当视域中去。"③ 在她看来，罗尔斯的正义理论处在理性主义抱负与情感主义假定这样一种深刻的紧张关系之中。一方面，他希望把正义原则根植于一种超越情感关切的理性慎思程序与人格之中；另一方面，他的解释事实上又表明这种超越无法维持，情感关切自始至终贯穿于正义理论。在此基础上，克劳斯认为，作为关于判断的理性主义范式的代表，罗尔斯与理性主义者之间的差别虽然比他的批评者通常认识到的还要明显，但将罗尔斯的正义理论概括为理性主义传统本身并没有错。哈佛大学迈克尔·L.弗雷泽（Michael L. Frazer）在赞同克劳斯的判断的基础上又向前推进了一步，他极其友善地指出，"当罗尔斯撰写自己的杰出作品《正义论》时……这部著作的主题事实上

---

① ［美］罗尔斯：《罗尔斯论文全集》（上），陈肖生等译，吉林出版集团有限公司 2013 年版，第 123 页。

② John Rawls, *A Theory of Justice/-Rev. ed.*, Cambridge：Harvard University Press, 1999, p.44.

③ ［美］莎伦·R.克劳斯：《公民的激情——道德情感与民主商议》，谭安奎译，译林出版社 2015 年版，第 35 页。

吸收了启蒙理性主义者和启蒙感性主义者两方面的哲学资源，这充实了罗尔斯的工作。它诉诸休谟和斯密的与康德的思想一样多，尽管这与罗尔斯坚持的相反"[1]。我们知道，无论是克劳斯还是弗雷泽，他们对作为公平的正义的这种解读显然并不符合罗尔斯想要表达的意思，但在他们看来，他们的解读对罗尔斯正义理论而言似乎是最融贯、最有创造性的解读方式。[2]

　　诚然，罗尔斯从不避讳正义感这一道德情感在作为公平的正义理论的公共证成中所发挥的重要作用，但是，正义感或者说道德情感在其理论证成中的作用是否真如弗雷泽等人所理解的那样，足以与理性主义平分秋色，成为罗尔斯奠基作为公平的正义的基础，这是一个亟待探讨且影响重大的问题。本章试图通过分析正义感及其在稳定性证成中的地位和罗尔斯正义理论中的情感关切来回答这一问题。本章的基本结构是：第一部分，我们将重点探讨正义感——作为一种按照正义观念有效行事的欲求——的内涵及其道德心理基础；第二部分将揭示正义感的结构性特征，并在此基础上阐明作为公平的正义观念的相互性及其内在稳定的根源；第三部分，集中考察科尔伯格认知心理学遭到的非议及罗尔斯式道德心理学面临的困境及其可能出路。在第三部分的基础上，我们发现，罗尔斯式的理性主义模型之中包含着一种情感关切，正是这一情感关切使其在进一步克服理性主义通常所面临的动机缺陷的同时，为作为公平的正义观念的内在稳定提供了坚实的基础。

第一节　正义感及个体的道德心理建构

　　"正义感不单是由知性（understanding）形成的道德观念，而且是由理性

---

　　① Frazer M. L. , "John Rawls: Between Two Enlightenments", *Political Theory*, Vol. 35, No. 6, December 2007.

　　② 葛四友教授区分了解读经典著作的三种进路，第一种是最符合原意的解读，即从作者对该问题持有的立场去解读其著作。第二种是最融贯的解读，即根据文本试图对整个论证提出尽可能融贯的解读，这可能符合也可能不符合作者的原意。第三种是最有价值的解读，即着重处理该理论中最有价值的部分的内容。参见葛四友《论公共理性重构的关键：互利性和相互性》，《政治思想史》2017年第2期。

启迪心灵的一种真实情感（sentiment），是原始感情（affections）的自然结果。"① 卢梭在《爱弥儿》中关于正义感的这一论断被罗尔斯奉为其正义感论题讨论的总纲。在罗尔斯看来，他的任务就是运用个体的心理学建构（a psychological construction）去诠释卢梭的上述断言何以为真。

一 何谓正义感

在进一步剖析罗尔斯正义感与其情感主义的诸因素的关系之前，我们首先需要明确的是，正义感在作为公平的正义理论中的意涵及其基本特性，这一点对问题的推进至关重要。

什么是正义感？对这一概念的阐释曾以各种形态出现在罗尔斯的理论著作之中，其中，以《正义论》第 86 节的表述最为简明扼要，他说："正义感是一种运用正义原则，并按照正义原则即从正义的观念出发去行动的有效欲求。"② 也就是说，正义感是个体从作为公平的正义观念出发，按照正义两个原则行事的欲求，当一个人具有一种有效的正义感时，其自身就有了按照正义原则行事的内在动力。罗尔斯认为，个体具有一种有效的正义感至少可以通过以下两种方式表现出来，其一，"它引导我们接受适用于我们，以及使我们和同伴都已经从中受益的正义制度。我们希望为维持这一正义的安排尽一份我们自己的力量"③。当我们没有尊重我们应尽的义务和责任时，就会倾向于产生一种相应的负罪感。正是我们对正义原则或观念的忠诚为彼此提供了一个共同的标准，用以裁决我们之间的分歧。其二，"正义感产生了一种为建立（至少不反对）正义体制以及按照正义的要求改革现存制度而努力的意愿。我们想按照自然义务去行动，以发展正义的安排。而这种倾向超越了那些迄今为止一直支持着我们的善的那些特定的体系。它力图把这些体系所体现的

---

① ［美］罗尔斯：《罗尔斯论文全集》（上），陈肖生等译，吉林出版集团有限公司 2013 年版，第 123 页。

② John Rawls, *A Theory of Justice/-Rev. ed.* , Cambridge：Harvard University Press, 1999, p. 497.

③ John Rawls, *A Theory of Justice/-Rev. ed.* , Cambridge：Harvard University Press, 1999, p. 415.

观念延伸到更大的环境之中去，以期获得更大的共同体的善"①。

正义感作为个体按照正义原则行事的欲求，其中暗含着个体"能够"按照正义原则行事这一内在条件。② 这一点更充分地体现在罗尔斯界定理想道德人格的"两种道德能力"时所使用的"正义感能力"的概念之中。正义感作为个体的一种道德能力，即"理解、应用并践行社会合作中的政治正义原则的一种能力"③。在罗尔斯看来，"正义感（作为一种道德感）包含一种理智力量（intellectual power），因为它做出判断需要推理（reason）能力、想象力和判断力"④。因此，在罗尔斯的理论体系中，"正义感"不单单是一种欲求，而且是一种内含着理智力量的道德能力。也正是在这个意义上，他说："缺乏正义感的人，将缺乏蕴含在人性概念之下的基本态度和基本能力。"⑤

需要强调的是，切勿将这一界定个体道德人格的"正义感能力"与作为物种中的一员的自然本能或"功能"混为一谈，因为后者完全是由生物学和心理学来界定的，它不需要使用任何规范性的概念。在这个意义上，罗尔斯说："道德人的观念并非来自形而上学、心灵哲学或者心理学，且它同这些学科中所讨论的自我观念（conception of the self）没有什么关联。"⑥ 当然，这也并不是说，罗尔斯在构建的正义理论过程中完全不考虑心理学意义上的人观念。正如他所说的那样，正义感"显然同某些合理的心理学观念是相容的"⑦。

---

① John Rawls, *A Theory of Justice/-Rev. ed.*, Cambridge：Harvard University Press, 1999, p. 415.
② 弗里曼在其著作《罗尔斯》第六章中对这一问题有过讨论，他认为罗尔斯在使用正义感概念的时候存在一些模糊性。因此他将罗尔斯的正义感做了广义和狭义的区分。广义的正义感，即判断正义与否，以理由支持这些判断的复杂的道德能力；狭义的正义感，即按照正义原则做事情的愿望。他认为罗尔斯更频繁地在狭义上使用正义感。笔者认为，弗里曼之所以做出这种区分与判断，其原因在于他并未发现"愿意"必须包含"能够"，也就是说，主体愿意按照正义原则行事，必须是在能够按照正义原则行事的前提下进行的。从这个意义上说，弗里曼所谓的"狭义的""更频繁使用"的正义感包含着广义的正义感。
③ John Rawls, *Justice as Fairness：a Restatement*, Cambridge：Harvard University Press, 2001, pp. 18 – 19.
④ John Rawls, *Justice as Fairness：a Restatement*, Cambridge：Harvard University Press, 2001, p. 29.
⑤ John Rawls, *A Theory of Justice/-Rev. ed.*, Cambridge：Harvard University Press, 1999, p. 438.
⑥ John Rawls, *Justice as Fairness：a Restatement*, Cambridge：Harvard University Press, 2001, p. 19.
⑦ John Rawls, *Justice as Fairness：a Restatement*, Cambridge：Harvard University Press, 2001, p. 19.

一言以蔽之，罗尔斯坚信，正义感是指个体做出正义与否的道德判断，接受且按照正义原则行动的欲求，其内容是由所依附的正义原则给定的，表现为愿意建立和遵守正义制度。

二 正义感的基本特征

不同于个体的仁慈心、恻隐心等自然态度，罗尔斯式的正义感更多地被视为一种"人为的"道德情感，其产生和发展依赖于"理性灵巧的设计"。罗尔斯最得意的门生弗里曼曾准确地阐释了作为公平的正义观念之正义感的这一特征，他说："与利他主义不同，正义感是一种'人为'的动机或'理性的造化'（artifice of reason）。"① 毋庸置疑，在罗尔斯眼中，正义感这一道德情感的内涵是由人类理性慎思的正义原则或正义观念给定的，倘若没有这种正义原则或正义观念，个体的正义感就会变成一个因人而异且无法描述的道德情感。

为了进一步将正义感与个体一般的情感区别开来，避免将它与情感主义所理解的自然欲求混为一谈，罗尔斯区分了三种不同的欲求类型，它们分别被称为基于物（或对象）的欲求、基于原则的欲求以及基于观念的欲求。就第一种基于物的欲求来说，它重点关注的是我们不需要用任何道德观念来描述的欲求，如身体的欲求，诸如吃喝拉撒睡；不可胜数的快乐活动的欲求；社会活动的欲求，诸如地位、权力荣誉的欲求以及财富的欲求等。罗尔斯认为，这一定义预设了将道德原则从非道德原则区分出来的方法。第二种是基于原则的欲求，它指的是在不使用活动原则——理性的或合理性的——的情况下，我们根本无法描述这类欲求。在罗尔斯看来，只有理性的或合理性的存在者才能理解和运用这些原则，也就是说，只有能够运用和理解这些原则的人才具有这样的欲求。在社会合作中，人类需要的原则有两种，一种是理性原则（rational principles），即手段—目的式的工具理性原则；另一种是合理

---

① Samuel Freeman, *The Cambridge Companion to RAWLS*, Cambridge University Press：Routledge, 2007, p. 429.

性原则 (reasonable principles)，即规范多元主体在相互关系中如何行动的原则，其中，公平正义原则是典范。第三种也是最重要的一种是基于观念的欲求，这类欲求伴随着想要实现某种政治理想或道德理想的欲求，我们欲求按其行动的原则被看作属于且能帮助刻画某一特定正义观念，或某一政治正义观念。当然，这种依赖于观念的欲求，要求我们必须能够形成相应的观念，且能够明白这些原则是如何属于且有益于说明这一观念的。此外，罗尔斯也承认，对欲求的这种分类方式可能是机械的，它们之间的界限在实践理性中并非那么泾渭分明。

正义感作为一种依赖于观念的欲求，在罗尔斯看来，其力量或分量完全是由其所依附的正义观念决定的，而不是由其该欲求自身的心理学力量所给定的。罗尔斯认为，退一步来说，即使存在着可以解释人类实际上如何行动的心理学力量，它也无法解释道德上人们应该怎样行动。[①] 由此我们便能理解罗尔斯为何将其道德心理学定性为哲学的而非心理学的，他希望表明，这是一种从作为公平的正义观念中引发的道德心理学，正义感的核心并非从人性科学意义上考量的，它扎根于特定的公民理想和社会观念之中。当然，这种哲学式道德心理学并不排斥人性及其自然心理学的基础，在罗尔斯看来，它们在一定程度上对公民理想和社会观念的限度构成了限制，可能会约束道德心理学的发展。但是，在作为公平的正义理论中，它们不是也绝不可能成为一种决定性的力量。

毋庸置疑，罗尔斯对个体欲求的上述区分，极富创见地拓宽了政治哲学史，特别是休谟传统中对正义欲求的理解。其中，正义的相互性使其不仅包括了基于物的欲求，而且还包括基于原则和观念的欲求。然而，需要追问的是，在作为公平的正义理论中，罗尔斯是如何理解这两者——基于物的欲求与基于原则或观念的欲求——之间的关系呢？就这一问题，他没有给出过明

---

① 在罗尔斯看来，上述解释也同样适用于基于原则的欲求。关于这部分的讨论，详见 John Rawls, *Political Liberalism*, New York: Columbia University Press, 1993, pp. 83–85.

确的答案，以至于有学者认为他"忽略了这个问题"。① 在该学者看来，"虽然罗尔斯提出了'基于观念的欲求'这一新的概念……但他并没有从根本上摒弃休谟的正义的客观条件。对他［罗尔斯］来说，正义的关键问题仍旧是基于物的欲求之间的冲突，尽管这种冲突往往表现为不同善观念之间的冲突，也就是基于观念的欲求之间的冲突"②。乍看起来，这样的理解似乎也不无道理，人类社会的主客观条件是引发正义问题的源头，罗尔斯不可能也没有必要否认这一点。事实上，在《正义论》第三章"正义的环境"（第22节）中，他说："休谟对它们［正义的环境］的解释非常明晰……我没有增加什么新的东西，为了简化起见，我常常强调客观环境的中等匮乏，主观环境的利益冲突。"③由此断定正义的关键问题仍旧是基于物的欲求之间的冲突看起来也确实没有什么不妥之处。然而，顺着这种逻辑进路，是否就意味着罗尔斯这种"基于观念的欲求"归根结底可以被进一步还原为"基于物的欲求"呢？显然，罗尔斯给出的是不同的回答。

仔细分析我们就会发现，问题似乎出在了对"基于观念的欲求"的理解上，该学者有意无意地用"善观念"替换了"基于观念的欲求"。事实上，这样的解读完全误解了罗尔斯"基于观念的欲求"的内涵。在罗尔斯看来，这种"基于观念的欲求"是理性主体特有的一种欲求，这种欲求包含着主体在一段时间内存续的关于社会合作观念，或者说主体对社会合作关系的道德理想。正是基于这种观念或理想，实践理性原则才在主体的性格之中拥有了一个立足点。用罗尔斯的话来说，即"他［主体］的性格或情感构造包含了与实践理性原则有关的基本原则的欲求"④。

总之，在作为公平的正义理论中，将基于物的欲求置于基于原则的欲求之内，且被后者规治似乎是一种更加合理的解读。正如罗尔斯在描述正义感

① 慈继伟：《正义的两面》（修订版），生活·读书·新知三联书店 2014 年版，第 150 页。
② 慈继伟：《正义的两面》（修订版），生活·读书·新知三联书店 2014 年版，第 150 页。
③ John Rawls, *A Theory of Justice/-Rev. ed.*, Cambridge：Harvard University Press, 1999, p. 110.
④ ［美］罗尔斯：《道德哲学史讲义》，顾肃等译，中国社会科学出版社 2012 年版，第 41 页。

的过程中所说的那样:"正义感是一种高于其它欲求,以某种方式引导其它欲求,自身之中包含优先性驱动力的欲求。"①

三 如何获得一种有效的正义感

既然正义感是一种基于观念的欲求,那么,一个非常重要的问题是,个体怎样才能获得一种有效的正义感呢?即这种依赖于观念的正义感是如何在个体的欲求系统中发展起来的呢?为了回答这一问题,罗尔斯在《正义论》第八章提供了一套完整的道德心理学解释。在他看来,个体形成有效正义感至少需要经历权威的道德、社团的道德和原则的道德三个发展阶段。

1. 权威的道德——原生家庭与爱

在讨论道德发展的第一个阶段时,罗尔斯认为"可以将权威道德的原生形态看作是儿童的道德"②。在他看来,尽管孩子在一开始就喜欢做有利于自我保存的事情,但这些倾向是相当无意识和本能的。使得孩子爱的潜能转变成喜爱的(affection),是父母"帮助他们的明显的意图"。他说道:"孩子的行为最初是由某些本能和欲求驱动的,且他的目的(在一种严格意义上)受到理性自利的控制(如果能控制的话)。虽然孩子有爱的潜能,但他对父母的爱是一种新的欲求,产生于他认识到对他明显的爱以及他从他们表达爱的行动中受益。"③ 因此,孩子对父母的爱是一种区别于自然本能的新欲求。具体来说,父母爱孩子,一方面表现为满足他的各项需要;另一方面表现为鼓励他运用他正在变得成熟的各种能力,即"这种爱通过喜欢他在眼前和支持他的自立和自尊意识表达出来"④。父母不断地鼓励他努力做好成长中的各项任务,乐于看他承担自己的角色。"慢慢地,那个孩子就变得信任他的父母并对他的环境产生信任。"⑤ 在这一过程中,他对父母的爱逐渐发展起来,并将这

---

① John Rawls, *A Theory of Justice/-Rev. ed.* , Cambridge: Harvard University Press, 1999, p. 503.

② John Rawls, *A Theory of Justice/-Rev. ed.* , Cambridge: Harvard University Press, 1999, p. 405.

③ John Rawls, *A Theory of Justice/-Rev. ed.* , Cambridge: Harvard University Press, 1999, p. 406.

④ John Rawls, *A Theory of Justice/-Rev. ed.* , Cambridge: Harvard University Press, 1999, p. 406.

⑤ John Rawls, *A Theory of Justice/-Rev. ed.* , Cambridge: Harvard University Press, 1999, p. 407.

种爱与自我价值意识联系在一起。

当孩子具有了这种新的情感之后，他就会表现出爱和信任自己的父母，并倾向于遵从父母的指令，且认同父母对自己的评价（赞扬与惩罚）。一旦他违反了父母的禁令，爱和信任的情感就会使他产生负罪感。在这种情形中，当孩子缺乏爱和信任这种自然态度时，他就缺乏负罪感这种道德情感。当然，在此阶段，由于孩子缺乏道德判断的能力，罗尔斯认为这是一种不完全意义上的道德情感。

2. 社团的道德——合作体系观念的形成与同伴之情

伴随着孩子的不断成长，道德发展将扩展到基于个体交往范围的各种社团。此时，家庭被看作一个很小的社团（association），伴随着父母的赞扬和惩罚，孩子逐渐理解处于他那样的地位上的行为标准，即作为一个好孩子的德性。继而，在各种社团交往中，孩子逐渐了解了各种角色的期待与理想，从一个好孩子、好学生到好朋友、好伴侣再到好公民等等，其中每一个具体的理想都可以通过其所属那个社团的目的及其背景得到解释。到了一定阶段，孩子就会产生一种合作体系的观念。"他认识到，其他人根据它们在合作体系中的位置有不同的事情要做。因此，他慢慢地学会了采用他们的观点并从他们的角度来看待事物。"① 即他逐渐获得了一种从非个人的立场去看待问题的理性能力，承认每一个个人需要和目的，且能够评价他人的动机和意图，并以此恰当地调整自己的行动。

与此同时，在这些有序的社团中，"一旦一个人的同伴之情的能力（a person's capacity for fellow feeling）通过他获得和第一条心理学法则相应的那些依恋（attachments）得到实现，那么，当他的伙伴带着明显的意图实现着他们的义务和责任时，他就会产生对他们的友好情感（friendly feelings），以及信任和信心（feelings of trust and confidence）。……这些依次加入社会合作体系的人的实际意图经常是支持公正的规则，友谊和互信的纽带就会在他们中

---

① John Rawls, *A Theory of Justice/-Rev. ed.*, Cambridge：Harvard University Press, 1999, p. 410.

间发展起来，从而使他们坚定不移地保护这个体系"①。其原因在于"一个社团的安排被认为是正义的，因而确保其所有社会成员受益，且确保所有人都了解他们从其中受益，他人尽职尽责的行为被看作有利于每一个人的。……每个人的尽职行为的互惠效果逐步加强着人们之间的相互联系，直到达成一种平衡"②。当一个人获得友爱与互信这种新的情感之后，他就会表现为自觉地按照他所承担的团体角色的要求行事，接受团体中有权威的人或其他成员的评价，且能够正确地理解和评价他人的行为、意图和动机。如果他在团体中没有尽职尽责，他就会体验到（交往中）愧疚感。此时，至少在大多数时间，它遵循原则的主要动机源于他人的友爱和同伴之情的纽带，以及对于更广泛社会认可的关切。

3. 原则的道德——正义社会合作理想的形成与正义感

在进入道德发展的第三个阶段之前，个体已经具有了较复杂形式的社团道德，他能够理解特定的正义原则，且发展出了社会依恋的情感。"正如社团道德发展的早期阶段他可能想成为一个好运动员，现在他想成为一个正义的人。正义行事的观念、发展正义制度的观念对他慢慢具有了和先前那些次要的理想类似的吸引力。"③

在罗尔斯看来，"社团道德非常自然地引出了一个正义标准的知识。至少是在良序社会中，这些标准不仅规定着公共的正义观念，而且对政治事务感兴趣的公民，以及拥有立法、司法和其他类似职位的公职人员，不断地被要求运用并解释这些标准。他们不得不经常采纳其他人的观点，不单单是为了弄清楚他们想要什么和做些什么，也为了在相互冲突的需求之间取得合情合理地平衡，以及调整那些次要的社团道德中的理想。……最后，一个人就掌握了这些原则，理解他们捍卫的价值以及他们给每个人带来利益的方式"④。

---

① John Rawls, *A Theory of Justice/-Rev. ed.*, Cambridge：Harvard University Press, 1999, pp. 410 –412.
② John Rawls, *A Theory of Justice*, Cambridge：Harvard University Press, 1999, p. 412.
③ John Rawls, *A Theory of Justice*, Cambridge：Harvard University Press, 1999, p. 414.
④ John Rawls, *A Theory of Justice/-Rev. ed.*, Cambridge：Harvard University Press, 1999, p. 414.

当正义观念被用来裁决个体之间的相互冲突时，个体就逐渐认识到人们利益得到认可的发展方式，同时理解了社会合作体系带给每个人利益的方式。此时，个体清楚地意识到，个人是一种牢固而持久的正义制度的受益者，一种相应的正义感就自然而然地产生出来。这种正义感会引导个体接受我们从中受益的社会制度，并尽力维护和发展正义的制度。

在道德发展的这一阶段，个体最终获得了一种完全意义上的道德情感。罗尔斯这样描述说："一旦某种道德原则被接受，道德态度就不再唯一地同特定个人和团体的福利和认可发生联系，而是独立于这些偶然性而被选择的一种正当观念塑成。我们的道德情感展示了一种我们对世界偶然环境的独立性。"① 此时，社会成员彼此之间被这种正义的观念联结起来，个体获得一种有效的正义感，他就会自觉地运用和实践正义原则，并根据正义原则的内容来评价自己和他人的行动。一旦他没有按照正义原则或正义制度行事，他就会产生一种完全意义上的负罪感。

根据上述罗尔斯对良序社会中个体如何获得有效的正义感或个体道德心理发展过程的描述，我们发现，在罗尔斯看来，个体道德心理发展的过程就是在社会合作的实践过程中，伴随着个体理性能力与基本态度的发展，个体不断将正义原则的外在约束转化为内在欲求的过程。个体道德发展的每个阶段都在前一个阶段的基础上获得新的情感纽带，从对父母的爱到对朋友的信任，再到对社会正义原则的认同，即正义感。伴随着这些新的情感纽带的产生，个体的欲求系统获得了新的"最终目标"。罗尔斯说："在我们的最终目的中，有对他人的依恋，有对他人利益实现的关切以及正义感。"②

需要特别注意的是，"最终的目的"与"派生的欲求"在罗尔斯看来是两个完全不同的概念。他曾举过一个形象的例子来解释这两者之间的差异，他说："一个想去特定地方旅行的人得知某一条路线是最好的。在接受这个建议时，他就有了一种要按照一个特殊的方向来进行这次旅行的欲求。这种类

---

① John Rawls, *A Theory of Justice/-Rev. ed.*, Cambridge：Harvard University Press, 1999, p. 415.

② John Rawls, *A Theory of Justice/-Rev. ed.*, Cambridge：Harvard University Press, 1999, p. 432.

型的派生欲求获得了一种理性的（rational）解释。它们是去做根据眼前的证据来看将是最有效地实现我们当前目标的事情的欲求，并且它们随着知识和信念以及可能的机会而变化着。"① 他认为，道德心理发展的各个阶段并不提供这种"派生欲求"的理性解释，而是要描述"当我们认识到制度和其他人的行为影响我们善的方式时，我们的最终目的的类型就发生了转变"②。正是这一转变，使得正义感在个体的欲求系统中具有了一种规范性的力量。

第二节　正义感的结构性特征及其稳定性③

任何支配或规范个体之间相互关系的社会规范，都依赖于个体内部力量——正义感与善观念——之间的相互平衡。个体获得一种有效的正义感的道德心理发展过程，本质上可以被看作一个"个体自然而然地分裂的自我之种种要素的某种理性的（reasonable）的整合"④ 过程，内格尔把这种平衡称为自我的微观图像。在他看来，"在一个相当的程度上，政治制度及其理论辩护试图把非个人立场的要求外部化。但它们必须由个体——非个人立场正是为了他们而与个人性的立场共存的——来充实、支持并赋之以生命力……"⑤ 罗尔斯的正义观念的终极目标就是，在我们生活的主客观世界中，设计出公平地对待所有人同时又不对个人提出某种不可接受的要求的原则，在他看来，这是作为公平的正义观念之所以稳定的根源。

---

① John Rawls, *A Theory of Justice/-Rev. ed.* , Cambridge：Harvard University Press，1999，p. 432.

② John Rawls, *A Theory of Justice/-Rev. ed.* , Cambridge：Harvard University Press，1999，p. 432.

③ 正义感具有两个构成性因素，一个是具体内容；另一个是结构性特征。就具体内容而言，通常指的是人的是非观念，多来自规范社会基本结构的正义观念，当然这些正义观念可能因时因地而异。结构性特征指的是正义感概念中不因规范性内容的改变而改变的那些特征，正是因为这一特征，正义感才区别于仁慈心等其他道德动机，更重要的是，这一动机在一定程度上限制了正义规范性内容的界限。慈继伟教授在其著作《正义的两面》一书中将正义感的结构性特征概括为"狭义的正义秉性"或"抽象的正义的秉性"。

④ ［美］托马斯·内格尔：《平等与偏倚性》，谭安奎译，商务印书馆 2016 年版，第 6 页。

⑤ ［美］托马斯·内格尔：《平等与偏倚性》，谭安奎译，商务印书馆 2016 年版，第 6 页。

一 正义感的结构性特征——相互性

根据罗尔斯的观点,个体道德心理发展的核心机制是相互性,这种相互性体现在正义感产生过程中的各个阶段,首先是对父母的爱,然后是对朋友的信任,最后再到对社会正义的认同,即正义感。个体每个阶段的"情感进步或发展"主要源于正义制度对个人的影响,在罗尔斯看来,这种影响事实上依赖于一种深刻的心理学事实,即一种投桃报李或以善报善的倾向,正如他所言:"这种回应〔投桃报李〕形成的正义感能力,似乎是人类交往的一种条件。"[1]

人类的这种"投桃报李"的相互性倾向是正义感得以产生和发展的基石。只要我们从整体上来考察个体道德心理发展的三个基本原则[2],就必然会发现,"爱和友谊这些积极的情操,甚至是正义感,都产生于他人为我们的善而努力行动的明显意图,因为我们认识到他人祝福我们,作为回报我们也关心他们的福祉。这样,我们对他人和社会制度的认同,取决于我们如何看待这两者对我们利益的影响,此处的基本观念是相互性,是一种投桃报李的倾向"[3]。换言之,倘若人类不具备这种投桃报李的基本倾向,或存在一种完全相反的——以恶报善的倾向,那么人类的社会交往即使不会被迅速瓦解,也必将变得异常脆弱。

基于上述判断,罗尔斯坚信:"那些最稳定的正义观念,就是那些将相应

① John Rawls, *A Theory of Justice/-Rev. ed.*, Cambridge: Harvard University Press, 1999, p. 433.
② 三个基本原则可以表述如下:第一法则:假如家庭制度通过关心孩子的善表现出它们对孩子的爱,那么孩子一旦认识到对于他明显的爱,他就会逐渐地爱上他们。第二法则:假如一个人以与第一法则相符的方式获得了依恋关系,从而实现了他的友好情感能力,假如一种社会安排是正义的且所有人都知道它是正义的,那么当他人带着明显的意图履行他们的义务和职责并实践他们的职位的理想时,这个人就会在交往中发展同他人的友好情感和信任联系。第三法则:假如一个人以与第一、第二法则相符的方式形成了依恋关系,从而实现了他的友好情感能力,假如一个社会的制度是正义的且被众所周知,那么当这个人认识到他和他所关心的那些人都是这些社会安排的受惠者时,他就会获得相应的正义感。John Rawls, *A Theory of Justice/-Rev. ed.*, Cambridge: Harvard University Press, 1999, pp. 429 – 430.
③ John Rawls, *A Theory of Justice/-Rev. ed.*, Cambridge: Harvard University Press, 1999, p. 433.

的正义感最牢固地建立在这种倾向之上的那些观念。"① 个体正义的动机或正义感在道德发展中依赖于个体之间的这种相互性倾向，不同的正义观念可能赋予人们的相互性倾向以不同的内容，但是，它们绝对不可能用纯粹利他或纯粹利己来取代这种相互性动机，也就是说，正义感最基本的结构是相互性，任何正义观念都必须尽可能地满足这种相互性条件。更进一步说，满足这种相互性结构是正义观念之所以成为正义观念的必要条件，唯有这种相互性条件得到保障，否则个体不可能产生一种稳定的正义感。

　　我们应该如何理解正义感这一道德动机所蕴含的相互性特征？它到底是一种"手段的相互性"，还是一种"目的的相互性"？或者说，这种相互性是不是可以被简单地等同于一种开明利己主义（也被称作理性利己主义）？在道德哲学史上，将正义动机归结为开明利己主义的哲学家不在少数，在他们看来，相互性仅仅是理性利己主义者之间的一种狡猾的妥协。② 根据他们的观点，正义的这种相互性机制更准确地表述是"相互利用"或"相互制约"，人们相互关照或相互不伤害仅仅是各方在势均力敌的情况下用于趋利避害的策略性手段。在这种理解中，自我利益是目的，相互性仅仅是实现这一目的的手段。

　　就罗尔斯将社会合作解释为一种个体为了互利的合作体系来说，将作为公平的正义理论的相互性内涵解释为一种"手段的相互性"的观点似乎具有一定道理，但细究起来，就会发现这种观点不仅完全不符合罗尔斯正义理论的基本精神，而且以此定义的正义概念会陷入无穷倒退的自相矛盾之中。③ 在作为公平的正义理论中，良序社会中的成员从根本上具有一种遵守正义要求的愿望，他能够从道德的角度理解并赞同正义原则或正义制度。因此，正义行

---

① John Rawls, *A Theory of Justice/-Rev. ed.* , Cambridge：Harvard University Press, 1999, p. 433.

② 他们当中最典型、最具代表性的是尼采和叔本华。

③ 从理性利己主义的视阈出发，人们完全可以认同正义原则或制度带来的好处，从而产生遵守正义制度的愿望。但是，理性利己主义与正义要求之间的关系是偶然的。一种情形是，个体为了追求自我利益而采取的手段可能超出了正义规范所允许的范围。另一种情形是，作为一个理性利己主义者，个体可能出于理性利己主义原则而不愿意遵守正义的要求，因为他根本不具备遵守正义要求的愿望。所以说，无论是从经验上来说，还是从逻辑上来讲，理性利己主义无法使人产生持久而稳定的遵守正义规范的欲求。

动的障碍不是理性利己主义动机与正义要求之间的逻辑鸿沟，而是人们力图克服但又无法完全克服的利己倾向的残余。对于那些道德心理发展到第三阶段（原则的道德）的社会成员来说，正义感不是自我关切与他向关切简单地、不得已地结合动机，而是通过个体真诚地认同作为公平的正义观念而由衷地产生的一种道德情感。在这种情况下，个体的他向关切或者说个人性的立场涵括了对个体而言具有重要意义的东西，如信仰、目标、利益和欲求，它们作为个体整体关切的一部分而完全在场。在罗尔斯看来，作为公平的正义观念具有逻辑上和动机上的双重稳定性。一方面，就社会正义制度而言，正义必须具有不以个人的意志为转移的约束力；另一方面，就个人的道德心理来说，个体正义感必须包含某些基于人性的愿望，一旦个体认同在社会合作中实现这种愿望的方式，就能够自觉地接受正义制度的约束。由此来看，将作为公平的正义中蕴含的相互性理解为一种"目的性的相互性"似乎更为准确和贴切。

二 作为公平的正义观念的相互性

如上所论，相互性条件是正义观念之所以能够成为正义观念的必要条件，也是个体得以产生一种有效的正义感的前提。那么，我们接下来要做的工作就是，考察作为公平的正义理论是否满足这一条件以及它是如何满足这一条件的。在作为公平的正义理论中，正义第一原则即平等的自由原则以及第二原则中的第一部分即公平机会原则所体现出的相互性特征，无论从形式上还是内容上来看都是毋庸置疑的，因此，自《正义论》发表以来，它们从未遭到任何关于相互性问题的质疑和批评。然而，紧随其后的差别原则——有利于最不利者的最大利益——的相互性似乎就没有前两个原则那样清楚明白。因此，要澄清作为公平的正义观念的相互性特征，重点就落在对差别原则的相互性的辩护上了。

尽管罗尔斯在其著作中反复强调"差别原则本质上是一种互惠性的原则"[1]，

---

[1]　John Rawls, *Justice as Fairness: a Restatement*, Cambridge: Harvard University Press, 2001, p. 64.

但似乎并没有使其避免遭到各方的批评。其中，最有代表性的批评来自当代著名政治哲学家科恩与诺奇克。在他们看来，差别原则表明，罗尔斯完全是站在最不幸者的立场上来讨论问题的，由此主导的社会分配使帮助成为必然。粗看起来，诺奇克与科恩的指控似乎不无道理，但只要细查其著述及背景，我们就会发现，问题恰恰出于他们忽视了产生差别原则的相互性条件——契约环境，以致其无法理解蕴含在罗尔斯语境中的"相互性"内涵。

在作为公平的正义中，尽管社会在罗尔斯看来是基于互利的合作冒险，但在这场合作冒险中，首先确立并贯穿始终的是一个世代相继的公平的合作体系的理念。其中，每一个参与合作体系的成员都被看作具有"相似利益和能力的人"①，具有且认可他人具有平等的初始地位。因而社会更准确的表达是平等的个体基于互利的合作冒险。为了确保每一个人的利益能够得到平等的对待，罗尔斯用"无知之幕"将个体从自然禀赋和社会背景，以及运气的差异中抽离出来，以避免个体之间不平等的谈判控制力。② 在原初状态中，立约人被迫同等地考虑"作为平等的自由人"的他人的需要，正义两原则（包含差别原则）正是由"平等的自由人"在这一契约论策略中就社会合作中的权利和义务、利益和负担达成的协议，它在根本上体现着人与人之间人格的平等关系。罗尔斯认为，人作为目的就是其正义要求的自足根源，个体应据此获得平等关照的资格。他说："这种平等体现在公民相互承认是平等的并相互视为是平等的……他们作为相互平等者而存在既是他们是其所是的一个组成部分，也是他们被别人承认为是其所是的一个组成部分。他们的社会契约就是他们的公共政治承诺……"③

---

① ［美］罗尔斯：《罗尔斯论文全集》（上），陈肖生等译，吉林出版集团有限公司2013年版，第240页。

② 罗尔斯说："如果我们忽视人生前景中产生于这些偶然性的不平等，让这些不平等自动发挥作用，而没有能够建立起保证背景正义所必需的规范，那么我们就没有严肃地对待这种社会理念，即社会作为自由和平等公民之间的一种公平合作体系的理念。"参见 John Rawls, *Justice as Fairness: a Restatement*, Cambridge: Harvard University Press, 2001, pp. 55 – 56。

③ John Rawls, *Justice as Fairness: a Restatement*, Cambridge: Harvard University Press, 2001, p. 132.

认识到个体相互之间这种原初性的平等关系是理解差别原则互惠性的关键。在作为公平的正义理论中，"互惠性"是具有原初性平等地位的个人之间的关系，它可以从两个方面体现出来：一方面，具有原初性和平等的自由的个体，在"自然禀赋、社会背景及运气分布"中具有"功能性"差别，当这些差别分别体现为不同的才能在社会合作中发挥作用时，彼此就会实现巨大的"优势互补"①。这样，个体之间"偶然因素"一般性的差别对于参与社会合作的成员来说就是互惠的，这是罗尔斯从社会合作的角度出发对"互惠性"做出的一般性理解。另一方面，当个体在"自然禀赋、社会背景及运气分布"中占据的位置体现出了"幸运"和"不幸"的差别时，在罗尔斯看来，这些"偶然的幸运"只有在"有利于共同利益"前提下才能使用，即幸运者运用这些"偶然幸运"获利的条件是必须确保不幸者也要从中获利。在这个意义上，这种"偶然幸运"的特殊差别对于社会合作中每个个体来说都是互惠的。因为在一个正义的社会中，没有人能说他的天赋、地位和运气是应得的。这是罗尔斯从公平的合作体系的角度对"互惠性"的又一理解。综合以上两个方面，罗尔斯说，"差别原则本质上是一种互惠性的原则"②。

所以说，差别原则所体现的互惠性，是一种平等关系中的互惠。罗尔斯认为，这种"互惠性理念选择了平等与效率之间的自然交汇点"③。在作为公平的正义理论中，"没有人能说他的天赋是应得的，也没有一种优点使其在社会中配得一个较有利的出发点"④。个体作为平等的自由人而处于同等出发点，因此财富和收入的平等分配是最公平的出发点。然而，出于对合作效率及自然和社会的一般事实的考虑，罗尔斯认为："当从平等的分配出发而产生的这些不平等能够有效率地改善每一个人的处境时，立约人将会接受收入和财富的不平等。"⑤ 也就是说，从平等分配的基准出发，更有利者在任何情况下都

---

① John Rawls, *Justice as Fairness: a Restatement*, Cambridge: Harvard University Press, 2001, p. 77.

② John Rawls, *Justice as Fairness: a Restatement*, Cambridge: Harvard University Press, 2001, p. 65.

③ John Rawls, *Justice as Fairness: a Restatement*, Cambridge: Harvard University Press, 2001, p. 125.

④ John Rawls, *Justice as Fairness: a Restatement*, Cambridge: Harvard University Press, 2001, p. 87.

⑤ John Rawls, *Justice as Fairness: a Restatement*, Cambridge: Harvard University Press, 2001, p. 124.

应该以有利于更不利者的方式来使自己的境况变得更好。罗尔斯说："当这一原则应用于基本结构时，其中隐含着一个更深刻的互惠性观念，除非以有利于包括最不利者在内的每一个人的方式，社会制度不应该利用自然禀赋、社会背景及运气的偶然性。"① 换言之，当且仅当这些"偶然幸运"在更不利者和更有利者之间是"互惠"，而非仅仅有利于"幸运者"时，正义的社会制度才能允许其在公平的合作体系中发挥效用。因此，罗尔斯认为，差别原则中蕴含的互惠性在社会合作中是平等与效率的自然结合点。

另外，差别原则所体现的互惠性理念，完全不同于"基于利益（欲求）满足"的互利契约理论中的互惠性观念。互利契约理论"不承认每个个体具有相对于其他个体的内在的道德地位"②。个体仅仅被看作同等有效的利益分配单位，其欲求的满足独立于人们作为共同实践的成员之间的平等关系。社会契约只是以自我利益为中心的个体确立互利原则的一种策略，在这种策略中，个体在谈判控制力上的差异在其中占据着至关重要的位置。正如布坎南所言："如果个体之间有足够大的差异，强者也许就有消灭弱者的能力，强者也许就会抢夺弱者创造的利益，进而建立起'类似于奴隶契约'的制度。"③因为，遵从原则是否有利完全取决于个体的控制力量。那些在"自然禀赋、社会背景及运气"博彩中的幸运者占有更大的优势，因而具有更强的控制力量；相反，那些不幸者，特别是科恩所说的丧失生产能力的人几乎创造不出任何有利于他人的利益，就算他们能够创造出微弱的利益，幸运者也可以强力占有而无须承担任何后果。④ 在这种互惠契约理论中，只要个人之间的差异

① John Rawls, *Justice as Fairness: a Restatement*, Cambridge: Harvard University Press, 2001, p. 125.
② 金里卡：《当代政治哲学》，刘莘译，上海译文出版社 2011 年版，第 143 页。
③ 转引自金里卡《当代政治哲学》，刘莘译，上海译文出版社 2011 年版，第 144 页。
④ 尽管罗尔斯在其理论中曾经表明那些没有劳动能力的人属于另一个问题。但在笔者看来，正义原则的证成过程完全可以回应那些关于罗尔斯理论排除残疾人或丧失生产能力的人的批评。因为在原初状态中，个体之间的关系是平等的，正如罗尔斯所言："他们作为相互平等者而存在既是他们是其所是的一个组成部分，也是他们被别人承认为是其所是的一个组成部分。"个体作为平等关系中的个体，不应得偶然的幸运或不幸，无论是身体还是其他，处在无知之幕背后的代表人（或立约者）出于理性慎思，也会将这部分人的利益考虑在内。

足够大，它就允许对弱者的压迫。诺奇克及科恩正是在这种"互惠性"框架中审视差别原则，完全忽视了个体之间的平等关系以及差别原则产生的"契约环境"，由此得出"差别原则不具有互惠性"的结论，并进一步判定"差别原则使帮助成为必然"。这样的理解方式是对罗尔斯差别原则的僭越，正如罗尔斯回应科恩指控时所言："这一假设不能满足罗尔斯的条件。"①

三　正义感与正义观念的稳定性

从前面几节的分析中我们知道，相互性是正义动机或正义感的基本结构，无论何种正义观念，唯有满足正义动机这一相互性条件，否则它不可能长久地延续人们之间的相互性关系，更不可能成为一种稳定的正义观念。也就是说，正义观念以及由此观念规范的政治制度满足这种相互性结构的程度直接决定着它们的稳定性程度，个体正义的动机结构被满足得越是充分，正义感在个体欲求系统中也就越容易产生；反之亦然。

接下来的问题是，当奠基于相互性倾向的这一有条件的正义动机转变成一种无条件的正义感时，正义感这一正义美德能否被看作个体一劳永逸的道德成就？在进一步回答这个问题之前，重新审视个体道德心理发展过程中的相互性关系是有所裨益的。在作为公平的正义理论中，罗尔斯对相互性关系的分析至少包含两种相辅相成的形态。第一种相互性形态主要是就个体初始道德心理而言的，它指的是个人与个人之间交往的自然倾向，它呈现出一种"投桃报李"的等利害交换的关系，诸如我们日常生活中所说的以眼还眼、以牙还牙。在罗尔斯看来，这种相互性主要基于个体的本能倾向和自然态度。第二种相互性形态主要侧重于社会合作，它指的是以正义规范或制度为中介的个体之间的相互性。个体对道德规范的承诺关系取代了个体彼此之间的利害交换关系，这个阶段的相互性表现为公民彼此共同无条件地遵守或服从正义规范或正义制度，其中，无论出于何种理由违反正义原则的行径，都是对

---

① 科恩为这一观点做了一个注释（注释31）："主要为科恩与罗尔斯的私下交流。"参见 Cohen, *Self-ownership, Freedom, and Equality*, New York: Cambridge University Press , 1995, p. 162。

个体之间相互性关系的背叛。相互性关系之所以能够发展出第二种形态，在罗尔斯看来，最关键的要素在于正义规范能够进一步维护和加强个体道德心理的相互性结构。

如果说"等利害交换"或"相互利益"①涵括了第一种相互性形态的主要意涵的话，那么，发展到第二阶段的相互性形态的内容则更加丰富，它不仅蕴含了第一个阶段的"相互利益"，而且还引发出一种非功利的"相互善意"。②这种非功利的"相互善意"是以公民彼此认同共同的政治正义观念为前提的。政治的正义观念以及由此规范的良序社会的观念提供了构想这种无条件关系的可能性，一旦我们认同政治正义观念以及良序社会的这一现实主义乌托邦的理想，那么这一理想就会使我们彼此之间的相互关系发生转变。在以"相互善意"为特征的相互性关系之中，个体被看作具有内在价值的人，不论他人是否能够推进我们的利益，我们都会因为彼此是公平合作体系中的一员而友善相待，这是一种内在的相互性。当然，这种相互性关系并不排斥相互利益，它仅仅拒绝把相互利益看作个体参与社会合作的目标。在这种关系之中，我们相互怀有善意并不是为了促进我们的利益；相反，我们之所以增进了彼此的利益，是因为我们相互之间怀有善意，增进相互利益仅仅是个体之间相互善意的一种自然结果。

事实上，罗尔斯所描述的个体道德心理发展的三个阶段，就是个体的正义动机逐渐摆脱有条件的相互性进而获得一种无条件的正义感的过程。在作为公平的正义理论中，正义感一方面发端于一种简单的或本能的相互性；另一方面又通过社会化的若干步骤而超越了这种相互性，最终形成了一种看似

---

① 第一阶段的相互性是否完全等同于"相互利益"是有待讨论的。因为在作为公平的正义理论中，尽管罗尔斯不止一次地将社会界定为一个基于互利的合作体系，但他从来没有将个体参与社会合作的动机看作基于自利或互利，在他看来，个体参与社会合作至少包含两种驱动力量——正义感与善观念。基于此，笔者倾向于认为，第一阶段的相互性包含相互利益，同时也包含相互善意，但此阶段是以相互善意为主导的。第二阶段的相互性与此相反，主要表现为以正义规范中介的相互善意，相互利益是这种相互善意自然发展的结果。

② 慈继伟教授在其《正义的两面》中提出了这一概念。

无条件遵守正义原则的欲求。在这一超越的过程中，不能忽视的核心要素是良序社会。良序社会这一正义背景维持了个体正义动机的相互性结构，其中，每一个成员都知道他人也接受相同的正义原则，且知道由此正义原则规范的基本结构有效地调节和增进他们的利益。唯有在这种条件下，个体才能自然而然地发展出一种按照正义原则行事的稳定的正义动机——正义感。当个体获得一种有效的正义感时，该正义观念或由此观念规制的正义制度也获得了一种自我支持的力量、一种内在的稳定性力量。

当正义规范或社会制度长久地确保正义动机的相互性条件时，个体就会"遗忘"①正义动机的相互性结构，进而展现出一种"情感的进步"，获得一种不计得失且充满人性温情的无条件的正义美德。罗尔斯相信，正义的社会制度一旦建立，个体的"最终目的体系"就会发生变化，产生这种变化的原因是"我们意识到制度和别人的行为是如何促进我们的利益的"②。在这种情况下，个体正义的愿望或者说正义感就成为一种无条件的道德情感。进一步的问题是，这一正义感是否能被看作个体一劳永逸的道德成就呢？

慈继伟教授曾在《正义的两面》中对这一问题有过非常精辟的论断。在他看来，个体正义动机从有条件的相互性转变为一种无条件的正义感，"绝不可能是一个一劳永逸的道德成就，相反，这一过程所特有的道德意义，难度以及后果必将重现于每一代人乃至每一个人身上"③。在他看来，无论社会教化如何影响正义动机的基本结构，它都不可能超越正义相互性所固有的内在限度。在个体道德心理发展的过程中，个体成功地习得正义规范的条件是该正义规范或由该正义规范规制的社会制度满足一种最低限度的相互性。事实上，在塑造和改变正义动机的相互性结构时，社会化或者说个体道德心理发展的灵活度非常小。即便它能够改变正义结构的形态，它也无法从根本上消

---

① "遗忘"是尼采使用的一个概念。在尼采看来，正义的原初动机要演变为正义的当下的动机，即人们遵守当下社会规范的动机，必须遗忘原初动机。

② John Rawls, *A Theory of Justice/-Rev. ed.*, Cambridge: Harvard University Press, 1999, p. 494.

③ 慈继伟：《正义的两面》（修订版），生活·读书·新知三联书店 2014 年版，第 172 页。

除正义动机的相互性条件。

第三节 罗尔斯式道德心理学的困境及其出路

无疑,罗尔斯作为康德哲学 20 世纪最为重要的继承者,对其正义感及稳定性论题的最佳理解,理应从理性主义哲学传统所提供的视角入手。在这一小节中,我们试图证明,完全从理性主义进路对罗尔斯正义及正义感相关问题给出的哲学理解在某种程度上是不充分的;相反,最近的一些道德心理学研究表明,我们有必要将正义情感主义面向纳入对作为公平的正义理论的思考之中,这不仅能够使其克服动机缺陷的指控,而且能够进一步展现作为公平的正义理论的丰富性与包容性。

一 主流观点:康德式的道德能力

将"道德能力"视为人类在道德实践或政治实践活动中展现出来的理性能动性——以认知、判断及反思能力为核心的理性能力——是当今西方政治哲学史上的主流观点。他们认为,在道德慎思过程中占据主导地位的,是个体意志所具有的理性能动性。尽管他们并不完全否认情感因素在个体理性慎思中的作用,但一般而论,情感因素的作用,仅仅在于促进人们对规范辩护的理性程序及其结果的忠诚。按照理性主义的模型,要成为一个道德或政治实践的行动者,个体就必须具有一种以理性慎思能力为核心的道德能力。也就是说,认知、判断和反思的理性能力,是理性主义者所理解的"道德能力"概念的首要因素,情感只扮演了促使个体遵从相应规范的角色,是一种次要因素。

罗尔斯为正义规范所作的公共辩护通常被认为与理性主义模型的设想基本吻合。正如他在《正义论》中论证的那样,作为公平的正义观念的规范性证成分为两个阶段:在第一个阶段,与情感依恋相分离的理性告诉我们,规范社会基本结构或者说社会主要经济政治制度的基本原则是什么,它给个人提出了什么样的规范性要求。当第一个阶段的问题得到解决之后,问题就被带入第二个阶段，即思考如何使公民社会化，即使他们获得一种能够无条件支持先前得到理性辩护的正义原则的情感倾向。罗尔斯关于正义观念的上述论证，得到了与其同时代的著名发展心理学家劳伦斯·科尔伯格（Lawrence Kohlberg）的支持。

科尔伯格以他的认知发展心理学理论引领了 20 世纪认知心理学的革命。他反对非理性的情感理论，通过设计一系列的道德困境展开其实验研究。其中，最具影响力的是"海因茨难题"（Heinz's Dilemma），① 通过对大量受试者的样本分析，科尔伯格提出了以理解、认知和判断为中心的道德能力发展的"三水平六阶段模型"②。在他看来，个体的道德决策取决于其理性慎思这一道德能力，取决于他对所涉及的道德原则的理解和判断。当个体尚未获得充分的道德能力之前，他仅仅是从自利的角度去思考这个问题。伴随着认知能力的发展，个体开始逐渐具有了"角色互换"的道德能力，即可以从他人的视角出发去理解、判断和进行决策。在科尔伯格看来，"人格中的道德力量是认知性的。情感力量确实也渗透到道德决策之中，但是，情感既不是道德的，也不是非道德的。如果情感唤醒是被导向道德决策的话，那它是道德的；反之，它就不是道德的。总之，道德训导的机制本身是认知性的"③。

这样，我们就看到，理性能力作为"道德能力"概念首要因素，似乎不

---

① 海因茨难题是科尔伯格为实验设置的一个困境，他通过观察参与者如何解决这些问题来研究个体道德心理发展。该困境大致是这样的，一位欧洲妇女因癌症而濒临死亡，医生认为只有该镇一个药剂师最新发明的新药能够救她。但该药剂师哄抬药价，致使这位妇女的丈夫海因茨无论如何也不可能支付得起这部分药费。只能借到一半的钱，因此只好请求药剂师减价，可药剂师不同意。最终海因茨为了救妻子的命翻墙入室，把药偷出来。那么，第一个问题是他应该这样做吗？为什么应该，为什么不应该？接着，在海因茨偷药的过程中，他的好朋友也是当地的警察布朗正走在下夜班的途中，看到了海因茨在药剂师门口鬼鬼祟祟，而且随后看到他慌张地离开。接着的问题是，布朗应不应该去报告他发现的情况？为什么？

② 三水平依次是，前习俗（preconventional level）、习俗（conventional level）和后习俗（postconventional level）。在每个水平中，都蕴含着两个阶段，构成六个阶段，它们分别是（1）惩罚与服从阶段；（2）个体效用目标和交换阶段；（3）相互性人际交往阶段；（4）规则和秩序的维持阶段；（5）社会契约的定向阶段；（6）普遍原则的阶段。

③ Jonathan Haidt, "The emotional dog and its rational tail", *Psychological Review*, Vol. 108, July 2001.

仅获得了规范理论的认肯，而且经受住了实验心理学的实证检验。由此，也就不难理解，为何理性主义范式能够长期在政治哲学领域占据主导地位。

二　另一种声音：情感能力的首要性

然而，近二十多年来神经科学领域涌现出的一些革命性文献扭转了理性主义模式独占鳌头的局面，它们对个体在情感缺位的情况下从事实践推理的能力提出了质疑。[①] 这些科学家们通过对一些因疾病或意外伤害而导致与情感相关的脑区域受损患者的研究发现，个体的情感体验决定性地影响着理性推理能力，它是个体能够做出实践推理或决策的必要条件，尤其是依恋、厌恶和欲求。安东尼奥·R. 达马西奥（Antonio R. Damasio）是其中最为杰出的代表之一。

达马西奥认为，"情感体验（feeling）是理性系统（the machinery of reason）的组成部分"[②]。以因脑部肿瘤而失去情感体验能力的埃利奥特为样本，达马西奥观察到，当术后的埃利奥特对曾经激起他强烈情感的话题——无论是正面的还是负面的——不再产生反应时，尽管他在认知方面的理性功能没有受到任何伤害，他却无法给予不同的选项以不同的价值，也无法做出恰当的选择和决定，尤其是当涉及个人性或社会性的事务时。[③] 由此，他论证说，埃利奥特受损的结构——情感官能——恰恰是"从推理到达最终决策的必要部分"[④]。在他看来，情感反应在决策的过程中具有"躯体标记"的功能——快乐与痛苦、喜爱与厌恶，在选择的过程中不仅能够帮助我们进行准确筛选，

---

① 如 Antonio R. Damasio, *Descartes' Error：Emotion，Reason，and the Human Brain*，New York：HarperCollins, 2000；Joseph LeDoux, *The Emotional Brain*，New York：Simon and Schuster, 1996。受本书论题所限，兹仅介绍达马西奥的研究成果。

② Antonio R. Damasio, *Descartes' Error：Emotion，Reason，and the Human Brain*，New York：Harpercollins, 2000, p. xii.

③ Antonio R. Damasio, *Descartes' Error：Emotion，Reason，and the Human Brain*，New York：Harpercollins, 2000, p. 43.

④ Antonio R. Damasio, *Descartes' Error：Emotion，Reason，and the Human Brain*，New York：Harpercollins, 2000, p. 39.

而且能够使得慎思的目的及欲求变得鲜活。正是因为埃利奥特失去了情感体验能力，使他不能真正关心任何东西以至于失去了理性决策的能量之源。因此，达马西奥坚信，行动者正常的决策依赖于情感体验能力，尽管这从表面上来看经常是无意识的。他说："埃利奥特这样的病人的经验表明，康德及其支持者的那种冷冰冰的策略更多地与前额受损的病人做决策的方式有关；相反，与正常人做决策的方式关系不大。"①

如果说以达马西奥为代表的科学家是从脑科学的研究中为情感能力争取到一席之地，使其与理性一起纳入"道德能力"概念的思考之中的话，那么，在这一基础上，科尔伯格之后的认知心理学家则将这一成果推向了另一个极端。在他们看来，情感能力不仅仅是构成道德能力的因素之一，而且是决定性地影响着行动者道德决策的因素。

当今，持上述观点最为重要的心理学家要属乔纳森·海特（Jonathan Haidt）。与达马西奥一样，海特在经过一系列的实验研究后发现，科尔伯格支持理性模式的认知心理学，即道德知识和道德判断主要是通过一系列推理和反思的过程达成的②存在着"倒因为果"的问题。在他看来，道德推理是事后的解释（a post hoc construction）通常发生在判断之后。③具体而言，个体一般都是毫不费力地、直接就实验问题做出道德判断，因而没有明显的通过道德推理以形成道德判断的过程。在判断之后，当他们被询问道德判断的理由时，他们才会回过头来在已有的道德信念中寻找理由，为其道德判断提供辩护。由此，海特认定，以科尔伯格为核心的认知发展心理学家支持的理性判断模型不可靠，原因在于参与实验的个人所提供的理由非常接近于实验者本人的道德判断，这就使我们经历着一种客观幻想，好像所有的道德判断都是个体经过理

---

① Antonio R. Damasio, *Descartes' Error*: *Emotion*, *Reason*, *and the Human Brain*, New York: Harper-collins, 2000, p. 172.

② Hiadt J., "The Emotional Dog and Its Rational Tail: A Social Intuitionist Approach to Moral Judgment", *Psychological Review*, Vol. 108, No. 4, September 2001. .

③ Hiadt J., "The Emotional Dog and Its Rational Tail: A Social Intuitionist Approach to Moral Judgment", *Psychological Review*, Vol. 108, No. 4, September 2001.

性慎思过程做出来似的。① 事实上，理性慎思过程常常是道德判断完成之后才凸显的，个体通常是事后以一种反省的方式来解释这些道德判断的。

海特工作的真正贡献，不仅仅在于他发现了以科尔伯格为代表的认知心理学的问题，更重要的是他从实验心理学的视域出发，提出了一种关于道德判断的另一种模型，即"社会直觉模式"（the social intuitionist model）②。在他看来，一旦我们受到诱发环境的刺激，就会立刻产生评价性的道德判断，这就是"直觉"。他说："个体的性格或行动的评价性感觉（喜欢或不喜欢，好或坏）突然出现在意识或潜意识之中，行动者一般而言并没有察觉到寻找、权衡或推导结论的过程。"③ 凭借直觉，个体通常能够"迅速的、轻松的和直觉式的"就一件事情的对错毫不费力地做出判断。尽管这一过程通常不被我们的意识清楚地把握，但在海特看来，由其引导的道德决策本身是可以被我们观察到的。他以下述实验为例：茱莉跟马克两兄妹在大学暑期一起旅行的一个晚上，尝试跟对方做爱。茱莉吃了避孕药，马克也戴了保险套。两人都很享受这种感觉，这种感觉让他们彼此觉得亲密无比。在设置了这样一个场景后，海特让实验参与者去回答，两个成年手足在彼此同意的情况下发生性行为，这种行为对不对以及为什么。通过分析处理大量的实验样本，海特发现，绝大多数受访对象都会不假思索地做出"该行为是错误的"判断。当他们给出的理由"乱伦会生出畸形的下一代、伤害他们的关系等理由"被提醒并不存在，且这种行为反而会给他们彼此带来"增进感情"等好处时，受访者一般都会摇头皱眉地回答："我知道这是不对，只是我很难解释我的理由。"④ 在

---

① Hiadt J., "The Emotional Dog and Its Rational Tail: A Social Intuitionist Approach to Moral Judgment", *Psychological Review*, Vol. 108, No. 4, September 2001.

② 在海特看来，道德判断的社会直觉模式包括六个环节：（1）直觉判断环节；（2）事后追加推理环节；（3）说理性的说服环节；（4）社会说服环节；（5）推理性的判断环节；（6）个人的反思环节。后两个环节一般较少出现。参见 Hiadt J., "The Emotional Dog and Its Rational Tail: A Social Intuitionist Approach to Moral Judgment", *Psychological Review*, Vol. 108, No. 4, September 2001。

③ 贾新奇：《论乔纳森·海特的社会直觉主义理论》，《道德与文明》2010 年第 6 期。

④ Hiadt J., "The Emotional Dog and Its Rational Tail: A Social Intuitionist Approach to Moral Judgment", *Psychological Review*, Vol. 108, No. 4, September 2001.

海特看来，上述实验结果表明，与道德审美的过程类似，道德判断也产生于人们"迅速的、轻松的和直觉式的"道德直觉，在这一过程中不需要有意识的道德思考活动的参与。在道德判断发生之后，人们才运用理性慎思能力以一种反省的方式进行"事后推理"。

海特"社会直觉模式"中的这种迅速的、轻松的以及毫不费力的"直觉"，从概念及特征来看，属于被理性主义者斥为受理性慎思支配的情感能力或因素。在他看来，道德规范本质上来说就是人类交往过程中的情感的表达和交换，理性帮助我们建立起这一规范，并使其具有了独立的制约力量，好像它能够独立于社会交往的具体关系而存在一样。事实上，情感构成了关切的范围，实践判断和慎思正是在其中发生的。所以说，就这些规范的根源来说，人与人之间的情感表达与交换才是核心。因此，情感因素或能力在个体进行道德判断过程中占据首要性，具有决定性作用。①

是否能够从脑神经科学家以及海特的研究中得出如此之强的结论，当下，我们无意也无力就此做出评判。显而易见的是，他们的研究成果将对康德以来的理性主义形成致命的打击，致使他们必须重新慎思个体道德判断中理性与情感之间的关系。当然，他们的结论也是有限的，一是因为脑神经科学家所使用的样本本身是难以复制的，基于对病人行为观察的个案研究也很难帮助我们清楚地理解道德判断中各个因素的作用及权重，科学家们距离认识和理解我们大脑功能的复杂性确实还有很长的一段路要走。二是就海特实验中个体面临的"道德判断"而言，无疑是可以在个体道德"直觉"之间达成共识的。然而，个体在社会生活的"现场"却没有那么幸运，他们面临的更多是交往中的道德"事故"。以如此完美的道德场域中的道德决策来类比"事故"中的道德决策，似乎是非常牵强的，其结论也必然是有限的。三是海特

---

① 弗雷泽认为，海特引用了启蒙情感主义的元素，但他最终背离了这一点。因为他更关注自动的而反思性的道德评价，这样一来也就没有对理性主义的"有意识的道德反省仅仅属于理性的专属工作"这一论断提供有力的驳斥。参见［美］迈克尔·L.弗雷泽《同情的启蒙——18世纪与当代的正义和道德情感》，胡靖译，译林出版社2016年版，第209页。

更专注一种本能的、自发的情感质料，而非反应性的道德评价，处于这一境况中的情感能力似乎依然无力摆脱相对主义的魔咒。然而，无论如何，当下认知心理学及脑科学领域的研究成果都对主导慎思与规范辩护的理性主义范式提出了根本性的挑战。

三　道德判断中相互竞争的理性与情感

如果说海特的研究从根本上动摇了以康德为代表的理性主义者的理论根基的话，那么，哈佛大学教授约书亚·格林（Joshua Greene）的研究在某种意义上又给以罗尔斯为代表的新康德主义者带来了一丝曙光。格林的基本观点是，从个体生物学基础来看，情感（emotion）和认知（cognition）在个体道德判断中扮演的角色经常是竞争性的。

通过观察人们对"电车困境"（the trolley dilemma）[①] 与 "天桥困境"（the footbridge dilemma）[②] 所做出的截然不同的道德判断，格林发现，相比于"电车困境"引发的情感反应，"天桥困境"引发的情感反应要强烈得多。他用"贴近及个人的"（up close and personal）与"非个人"（impersonal）描述上述两种困境。在他看来，"天桥困境"这种"贴近及个人的"道德困境至少需要满足三个条件：一是该困境必须是引起严重危害的；二是该危害必须是某一个特殊的个人或某一类特殊的群体遭遇的；三是该危害是当事人故意

---

① 笔者按，电车困境是伦理学领域最为经典的思想实验之一。它大致描述了一个这样的道德场域：一辆失控的电车正疾驰而过，如不采取措施，前路正在施工的五名工人将会死于车下。此刻，你旁边有一个控制台，倘若你扳动开关，失控的电车将转向另一个轨道，撞死另一名施工的工人。在这种情况下，你会扳动开关吗？心理学研究结果表明，大多数人认为这样做是可取的。参见 L. Petrinovich, P. O'Neill & M. Jorgensen, "An Empirical Study of Moral intuitions: Toward An Evolutionary Ethics", *Journal of Personality and Social Psychology*, Vol. 64, No. 3, March 1993。

② 天桥困境是从"电车困境"中衍生出来的一个思想实验。它描述了这样一个场景，电车失控，任由其发展五个人会死于非命。此时你正位于电车轨道上方的天桥上，在你旁边有一个陌生的胖子，你拯救五个工人唯一的办法就是把胖子推下去。在这种情形下，你认为应该把胖子推下天桥吗？心理学研究表明，大多数人认为这种做法是不道德的。参见 L. Petrinovich, P. O'Neill & M. Jorgensen, "An Empirical Study of Moral Intuitions: Toward An Evolutionary Ethics", *Journal of Personality and Social Psychology*, Vol. 64, No. 3, March 1993。

为之。反之，没有满足这三个条件的道德困境被称为非个人的。就引发个体道德情感的程度而言，格林认为，前者是远远大于后者的。

为了验证自己的判断，格林采用了认知神经科学的方法，对人们进行道德判断时大脑神经不同区域的活跃程度及判断时间进行了研究。① 研究结果表明，与"非个人"及"道德无关"的情景相比，实验参与者在"切身及个人的"道德情境下做出判断时，与情绪相关的大脑神经区域更为活跃，而与认知、推理相关的大脑神经高级认知区域的活动则相对平稳。在此情景下，倘若受试者给出的判断与其情感反应不一致的话，他们通常需要更长的时间做出判断。与之相反，在涉及"非个人"及"道德无关"的道德情景时，与认知、推理等相关大脑区域更为活跃，而与情绪相关的大脑区域则表现的相对平缓。结合他后续一系列的研究，格林认为，情绪与认知在具体的道德实践中存在着竞争性的关系。②

具体来说，当个体进行道德判断或道德决策时，其大脑神经系统中情感区域与认知推理区域都会发生作用，且两者之间存在着竞争性关系。与此同时，格林还将自己认知科学研究的成果与道德理论结合起来，在他看来，情感区域更容易被"贴近的及个人"的道德情景所激发，且表现出直接而迅速的特点。在这种"个人的"情景中，人们更容易给出符合道义论的道德判断。与之相反，后者即认知推理区域则更容易被"非个人"的道德场景所触动，在这种情感反应较为缓和的情景中，人们更容易做出符合后果论的判断。在格林看来，这一实验结果表明以康德为代表的经典道义论存在着严重的理论错误。

我们无意探讨格林对以康德为代表的道义论提出的这一挑战是否成立，更不愿意陷入他们的争论当中去。③ 此处，更重要的问题是，就理性与情感在

① 朱菁：《认知科学的实验研究表明道义论哲学是错误的吗?》，《学术研究》2013 年第 1 期。
② 朱菁：《认知科学的实验研究表明道义论哲学是错误的吗?》，《学术研究》2013 年第 1 期。
③ 事实上，已有一些哲学研究者从不同的角度对其进行回应，朱菁教授在其论文中对其进行过梳理。详见朱菁《认知科学的实验研究表明道义论哲学是错误的吗?》，《学术研究》2013 年第 1 期。

道德判断中的地位及关系而言，格林关于大脑系统在"个人的"与非个人"道德场景"所呈现出来的不同反应这一研究成果可能会给我们思考罗尔斯的原初状态及其正义问题带来启示。无疑，与理性主宰"道德能力"的理性主义模型存在的问题一样，要证明情感在"道德能力"占据首要性的困难也是显而易见的。无论是认知心理学家、脑神经科学家，还是哲学家，尽管他们在各自的领域中都做着锲而不舍的努力，但到目前为止，似乎没有任何可靠的证据能够让我们在情感与理性这场旷日持久的争论中导向任何一方。然而无论如何，当下认知心理学及脑科学领域的研究都证明，道德情感不应该被看作非反思性的低级过程，与此相对，自我反思也不应该仅仅是纯粹理性的专属功能。在这种情况下，格林的研究成果——情感与理性个体道德判断中似乎都具有不可或缺的作用，它们之间存在着竞争性的关系——就显得足够审慎，且适合作为讨论的出发点。

第四节　罗尔斯正义理论的情感关切及其稳定性

接下来要我们要论证的是，倘若我们足够深刻地理解罗尔斯正义思想的精髓，就不难发现，它不仅不与以格林为代表的认知心理学的研究相冲突，而且在某种程度上还能够获得他们的支持。事实上，作为公平的正义理论的丰富性和包容性，恰恰就体现在罗尔斯传承理性主义精髓的同时，又在某种程度上吸收了情感主义的一些理论资源。我们可以将作为公平的正义看作规范性理论与经验心理学之间有效融合的一个积极尝试，这也正是罗尔斯正义理论之所以具有经久不衰的生命力的奥秘所在。

一　围绕罗尔斯理论中情感关切的讨论（Ⅰ）：弗雷泽

对作为公平的正义及其稳定性论题的最佳理解，似乎应该是从理性主义传统所提供的视角入手。然而，我们知道，罗尔斯坚定地将稳定性论题——每个成员都能获得一种有效的正义感——看作其理论证成的一部分，以期避免出现以康德为代表的启蒙理性主义的"动机缺陷"问题。这样，他似乎确实有意无意地为情感主义留下了一些解释的空间。

哈佛大学迈克尔·L. 弗雷泽（Michael L. Frazer）正是从这一视角出发，对罗尔斯正义理论中的情感关切做了全面而细致的分析。在弗雷泽看来，简单地将罗尔斯看作新康德主义者必然会忽略很多①，事实上，作为公平的正义观念暗含着启蒙情感主义与启蒙理性主义两方面的深刻洞见。就这一判断，他主要从以下三个方面给出了论证：其一，弗雷泽指出，即便是启蒙情感主义的因素在罗尔斯的理论中通常被"原初状态""康德式建构"等理性主义方式及语言表述所掩盖，但这种关联依然清楚地通过《正义论》最后一部分呈现出来。② 在他看来，罗尔斯所描述的个人道德发展框架中，理性因素自始至终与一种强烈的情感主义（strain）纽带结合在一起。他论证说："尽管罗尔斯认为，一种充分发展的正义感自身必然涉及正义行事的承诺——因此必须'独立于我们世界的偶然环境'——但罗尔斯也认为，这种因自身之故对正义的承诺会因为我们对同伴（associates）的关心生长出来，它是我们'自然情感'（natural sentiments）的延续。因为罗尔斯将道德原则看作一种与人类特定的情感（emotions）经验相联系的支持性反思情感，他关于道德心理发展的解释实际上归于休谟和斯密的与归于康德的一样多。"③

其二，弗雷泽相信，这一点也体现在罗尔斯为作为公平的正义理论进行公共证成时所使用的方法上。他说，一方面罗尔斯提出了与情感主义完全一致的广义的反思平衡的观念；另一方面罗尔斯又强调原初状态的"康德式解释"，以表明从这种思想实验中得出的结论是用理性主义的方式证明的。④ 据

---

① 莎伦·R. 克劳斯赞同弗雷泽的判断，且她给出相似的理由。此外，女性主义者 okin 也持有这一观点。

② Frazer M. L., "John Rawls: Between Two Enlightenments", *Political Theory*, Vol. 35, No. 6, December 2007.

③ Frazer M. L., "John Rawls: Between Two Enlightenments", *Political Theory*, Vol. 35, No. 6, December 2007.

④ Frazer M. L., "John Rawls: Between Two Enlightenments", *Political Theory*, Vol. 35, No. 6, December 2007.

此，罗尔斯对正义观念的公共证成，是通过在我们已有的正义感所做的承诺与从原初状态的立场出发获得的精确的正义观念之前不断的反思平衡实现出来的，这样，它才能既符合我们的信念又能够经受得住哲学审慎的考验。由此，弗雷泽认为，"我们的本性、彼此的情感纽带（emotional ties）在对正义的反思的确信中是不可或缺的"①。在他看来，这种反思的平衡理论与情感主义传统理解的道德和政治反思如出一辙。弗雷泽进一步论证说："如果罗尔斯认为在认知性反思平衡下他成功地建立了一种最为有效的正义理论，那么，他的理论看起来就是在一个更广泛的情感主义反思平衡中捕捉到了我们的承诺（commitments）。"②

其三，弗雷泽一个更加激进的观点是，情感主义对罗尔斯的影响"也存在于他所理解的正义的规范性来源之中"③。他赞同 Okin 的说法，即原初状态中的个体能够将他人的善考虑在内以及愿意聆听他人的不同观点，是其区别于经济人的一个重要特点。这样的个体不能单独依赖工具理性达到相关的慎思目标，他需要基于获得良好发展的移情（well-developed empathy）的情感（emotional）和想象能力，这类似于 18 世纪情感主义者所说的"移情"（sympathy）。他解释说，"尽管罗尔斯使用康德式术语来描述由原初状态捕捉的直觉性价值（the intuitive values），但在他的思想实验中，各方代理人对移情（empathy）的需要表明，他对人的态度是情感主义式'思虑'（consideration）与康德式'尊重'一样多"④。

正是基于上述理由，弗雷泽认为，倘若我们无视情感主义的理论资源对罗尔斯的影响的话，那将是一种严重的资源浪费。在他看来，罗尔斯的任务

---

① Frazer M. L. , "John Rawls：Between Two Enlightenments", *Political Theory*, Vol. 35 , No. 6 , December 2007.

② Frazer M. L. , "John Rawls：Between Two Enlightenments", *Political Theory*, Vol. 35 , No. 6 , December 2007.

③ Frazer M. L. , "John Rawls：Between Two Enlightenments", *Political Theory*, Vol. 35 , No. 6 , December 2007.

④ Frazer M. L. , "John Rawls：Between Two Enlightenments", *Political Theory*, Vol. 35 , No. 6 , December 2007.

是为人类，而非仅仅是理性存在者建立一个公正的社会，因此，他没有理由不诉诸我们共同拥有的人类心灵的众多特征——我们的情感（emotion）、想象以及通过移情能力分享他人的内在生活。因此，他得出了这样的观点，即我们不应该不重视罗尔斯的情感面向，罗尔斯理论的丰富性源于以下的事实，即它蕴含着启蒙理性主义与启蒙情感主义两方面的洞见。①

二 关于罗尔斯理论中情感关切的讨论（Ⅱ）：克劳斯

无独有偶，莎伦·R. 克劳斯在其新著《公民的激情——道德情感与民主商议》中系统地考察了情感在罗尔斯所捍卫的正义与规范辩护理论中所扮演的角色。与弗雷泽不同的是，在她看来，尽管罗尔斯理论中诸多迹象表明其理论的情感关切，但就其理论的整体架构而言，将其看作理性主义者并没有什么不妥之处。

克劳斯认为，尽管罗尔斯试图让正当在我们关于正义的判断中优先于善，但对善的情感性顾念确实在他的理论中占有一席之地。她说："在原初状态中，正是各方对基本益品的欲求决定了慎思的结果。基本益品内容的非个人性与无知之幕一起，把欲求对我们的决定可能具有的潜在扭曲效应中性化了。这样，该模式在实践理性内部维护了欲求的形式与功能。"② 这意味，正义秉性要求的那种不偏不倚的立场，并不是像康德那样建立在洗涤了情感的理性的基础之上，而是在实践理性内部通过对情感进行恰当的调节实现的。接着，克劳斯通过论证"正义感的情感效价"对其判断做了进一步的辩护。她说："除了驱使我们服从既定的正当原则之外，正义感还促使我们依据特定的程序找出这些规则究竟是什么。处于正义感之核心的，乃是根据公平条件与他人共处的愿望，也就是罗尔斯所说的'对我们的情感发挥自然吸

---

① Frazer M. L., "John Rawls: Between Two Enlightenments", *Political Theory*, Vol. 35, No. 6, December 2007.

② ［美］莎伦·R. 克劳斯：《公民的激情——道德情感与民主商议》，谭安奎译，译林出版社2015年版，第34页。

引力'的东西。……如果我们设定原初状态的立场并想象我们自己处于无知之幕的后面，我们就是在运用正义感。……如果没有这种一般的倾向，原初状态中的决策程序就无从开启。"① 综合上述思考，克劳斯得出了这样的结论："如果将罗尔斯理论中种种理性主义面向从情感关切的背景中剥离出来，它们就将难以为继了……实践理性必须被镶嵌到一种情感关切的恰当视域中去。"②

更为重要的是，在克劳斯看来，上述思想也体现在罗尔斯关于契合论及重叠共识的核心论证之中。他说："罗尔斯总是坚持认为，正义感必须回应我们的利益并与'我们自然的情感相联'。"③ 一方面，正义感对一个人的整体生活计划具有调节作用，因而它必须被看作一种具有压倒性优势的益品，即我们有理由舍弃其他益品而欲求它，特别是当它与个人信念或私利发生冲突时。在契合论中，罗尔斯通过这一观点想要说明的是，正义感的优先性施加给我们的要求是理性的，因为正义原则在"我们的生活中具有它们实际具备的中心作用和意义。因而这一说明必须显示正义原则是如何与人类的需要、目标和目的关联起来的"④。这是罗尔斯稳定性论题的核心任务。另一方面，当罗尔斯怀疑其契合论所奠基的那种康德式人的观念的生命力时，他转而从重叠共识为一种"自立式"（freestanding）的政治的正义观念进行辩护，这样，每个公民从"他们自己的合乎情理的学说内部出发"去认可这一观念。⑤在克劳斯看来，这意味着，"对每个公民而言，它［正义观念］必须参照他们最深的个人信念，他们最为关注的东西而获得辩护。……这样，它就把对规

① ［美］莎伦·R. 克劳斯：《公民的激情——道德情感与民主商议》，谭安奎译，译林出版社2015 年版，第 35 页。

② ［美］莎伦·R. 克劳斯：《公民的激情——道德情感与民主商议》，谭安奎译，译林出版社2015 年版，第 35 页。

③ ［美］莎伦·R. 克劳斯：《公民的激情——道德情感与民主商议》，谭安奎译，译林出版社2015 年版，第 35 页。

④ John Rawls, *Lectures on the History of Moral Philosophy*, Cambridge：Harvard University Press, 2000, p. 80.

⑤ John Rawls, *Political Liberalism*, New York：Columbia University Press, 1993, p. 218.

范的辩护与公民们的关切连接起来了"①。正是在上述意义上，克劳斯说，"情感与理智在慎思或辩护过程中是交互作用的，这是理解罗尔斯如下说法的一种方式：他的正义论本质上是一种道德情感理论"②。

尽管罗尔斯作为公平的正义中包含着一个明确无误的休谟主义面向，但在克劳斯看来，这一点并非罗尔斯热心表露的。一方面，他似乎想仅仅将欲求的作用局限在稳定性的讨论范围之内；另一方面，他强调，理性（rational）并不是支持正义原则的"唯一规范性概念"，而总是与合情理性的（reasonable）标准相伴随，甚至完全受到合情理性（reasonable）标准的支配。具体而言，在正义感当中起规范作用的是"原则或观念"，而非欲求自身的强度。因此，克劳斯说，"罗尔斯似乎从蕴含在其作品中的如下暗示中后撤了，即情感在关于正义的慎思中发挥着规范性的（而不仅仅是促进稳定）作用。这一后撤最明显的表现莫过于，他明确地将合情理标准与康德的纯粹实践理性连接起来"③。

事实是，罗尔斯的这一后撤与他反复强调的"正当与善是互补的"这一观点相冲突，克劳斯如是说。在她看来，"正义原则的规范性分量至少部分是由它所促进的意义或它们的合理性（rationality）所赋予的，而这一事实与理性在确立规范性时严格从属于合情理性是相冲突的。原初状态中各方在推出正义原则时必须衡量'承诺力度'，这一事实再次表明，在为规范进行辩护的慎思中，理性要与合理性相平衡而不是从属于它。……任何一种同意，除非它已然是合乎理性，否则不能算作合乎情理"④。正是基于上述原因，克劳斯认为，罗尔斯的正义理论处在理性主义抱负与情感主义假定这样一种深刻的紧张关系之中。一方面，他希望把正义原则根植于一种超越情感关切的理性

---

① ［美］莎伦·R. 克劳斯：《公民的激情——道德情感与民主商议》，谭安奎译，译林出版社2015 年版，第37—38 页。

② John Rawls, *Political Liberalism*, New York：Columbia University Press, 1993, p. 218.

③ ［美］莎伦·R. 克劳斯：《公民的激情——道德情感与民主商议》，谭安奎译，译林出版社2015 年版，第40 页。

④ ［美］莎伦·R. 克劳斯：《公民的激情——道德情感与民主商议》，谭安奎译，译林出版社2015 年版，第40 页。

慎思程序与人格之中；另一方面，他的解释事实上又表明这种超越无法维持，情感关切自始至终贯穿于其正义理论。即便如此，在克劳斯看来，这并不妨碍我们将罗尔斯看作一个理性主义者。她说："批评者将罗尔斯概括为理性主义者都没有错。因为即使在容纳情感的过程中，他也倾向于使之从属于志在免受真实的人们的真实情感所影响的理性形式。"①

三 罗尔斯正义理论中的理性与情感

正如我们在弗雷泽与克劳斯的论证中看到的那样，罗尔斯式理性主义与康德最大的不同是，情感关切不仅自始至终贯穿于其正义理论之中，而且在其规范证成中扮演着不可或缺的角色。然而，就罗尔斯正义理论的属性而言，与弗雷泽的观点相比，克劳斯的判断似乎更加中肯、客观一些。

首先，从整体上来看，罗尔斯确实在其著作中不止一次地论述道，"我们可以把道德理论看作描述我们道德能力的理论，或者，在当下的情形中，我们可以把正义理论（a theory of justice）看作描述我们正义感的理论……当我们的日常判断符合一种正义观的原则时，这种正义观就反映了我们的道德情感（moral sensibility）"②。为了避免误读，罗尔斯紧接着就对其观点做出了进一步的解释，他说："从道德理论的立场来看，对一个人正义感最好的解释不是那种在检验各种正义观念之前就具有的判断，而是与反思的平衡相匹配的判断。正如我们所看到的那样，这种状态是一个人在衡量了各种正义观之后，或者修正了他的判断，或者继续坚持他的信念（相关观念）而达到的。"③ 上述引文清楚地表明，在罗尔斯看来，个体关于正义理论深思熟虑的判断或确信，是在有利于其正义感展开的环境中经过充分地反思平衡之后才获得的④，在这一

---

① ［美］莎伦·R. 克劳斯：《公民的激情——道德情感与民主商议》，谭安奎译，译林出版社2015年版，第31页。

② John Rawls, *A Theory of Justice/-Rev. ed.*, Cambridge：Harvard University Press, 1999, p. 44.

③ John Rawls, *A Theory of Justice/-Rev. ed.*, Cambridge：Harvard University Press, 1999, p. 44.

④ 值得注意的是，此处的正义感不同于罗尔斯作为公平的正义理论中定义的正义感，它表明的是，根据个体不同的观念而形成的，内容与该观念相关的正义感。

过程中，他们原有的正义感或者被修正，或者被拒绝，只有那些经受住了反思平衡考验的正义感，才能最终获得理性的权威。

无疑，在罗尔斯看来，成功的反思平衡需要全面审视一个人最初的道德情感，个体最终的道德承诺的规范性权威正是源于它们反思的稳定性。乍一看，这一观点似乎确实与情感主义具有某种程度的亲缘性，但是否能像弗雷泽那样，将其直接等同于情感主义传统理解的道德与政治反思，并由此判定在罗尔斯的正义理论中蕴含着一个可以与理性主义平分秋色的情感面向，是有待讨论的。原因在于，单就反思平衡这一方法而言，我们很难给它贴上一个情感主义或理性主义的标签。或者说，更加贴切的理解应该是，作为一种理论方法，它既可以为情感主义服务，又可以应用于理性主义的论证之中。那么，弗雷泽以此为根据做出的判断，就显得非常牵强，事实上，要想做出上述判定，关键的问题是要辨明谁——情感还是理性——在反思平衡的过程中扮演着首要角色。

另外，就反思平衡的内涵而言，两者之间的理解也相差甚远。具体来说，情感主义传统理解的反思平衡更加注重"个人反思"，他们认为："反思是一个包含感觉（feeling）、想象（imagination）和认知（cognition）的过程……规范性来自对自身全面考察达到心灵的稳定的反思。"[1] 在情感主义者看来，似乎人类的心灵具有某种确定的规则，而哲学需要做的工作就是透过人类日常经验去发现这些规则，因而这一过程更多地呈现出单向性的特点，即从一个独断的看似清楚明白的情感基础出发，通过个体心灵的不断反思来最终获得相关的道德原则。与情感主义者不同的是，罗尔斯式的反思平衡是一种动态的双向平衡，更关注透过反思达成的"平衡"，这一特点是由作为公平的正义理论的实践目的、理性反思以及它的非基础主义来表达的，其中，理性为证成承担全部责任。罗尔斯希望通过理性程序，为正义理论或正义感的有效性和稳定性找到一个阿基米德支点，而这一支点不必求助于理性之外的任何力

---

① Frazer M. L., "John Rawls: Between Two Enlightenments", *Political Theory*, Vol. 35, No. 6, December 2007.

量。在这个意义上我们说，罗尔斯式的反思平衡是在试图承认人类的主客观环境不可避免的情况下，进一步通过"理性程序"来消解或弱化这些基础在规范性证成中的责任。也就是说，个体慎思往返于其道德情感（或道德直觉）与契约环境这一双向的动态的反思平衡之间，要么修正契约环境的条件使其更符合我们的道德情感，要么修正我们在实践推理中的当下的判断，在这一螺旋上升的动态平衡之中，众多要素相互印证、相互支持，并最终使抽象的正义观念与我们具体的道德判断成为融贯统一的体系。在罗尔斯看来，"理性的最高标准是普遍而广泛的反思平衡……它是我们永远无法达到的无限之中的某一点，尽管我们可以在这样一种意义上不断接近这一点，这就是，通过讨论，我们的理想、原则和判断在我们看来变得更加合乎理性，进而，我们认为它们的基础比以前更加牢固"①。

　　正是反思平衡这一方法，使罗尔斯的理论一方面避免了启蒙理性主义的先验独断论；另一方面又使其超越了情感主义、直觉主义的主观性与相对性。需要特别指出的是，当罗尔斯说理性为证成承担全部责任时，并不是说他不承认人类的道德倾向的基础地位。这只是说，他在承认这些基础情感的同时，又进一步用理性建构程序消解和弱化情感要素在证成中的责任。这也正是罗尔斯更加注重理性建构程序是否能和人性的诸多倾向达成一种反思平衡的原因。罗尔斯认为，最好的道德理论是能够在人类生活境况中的主客观环境之间实现反思平衡的理论。从这一角度出发，我们说，尽管罗尔斯理论中蕴含着情感主义的关切及相关要素，但实践理性已然在其中扮演着核心角色，因此，理论界将罗尔斯归结为理性主义者似乎没有什么不妥之处。

　　其次，从正义原则的规范性证成来看，罗尔斯试图用"原初状态"这一契约论的方法来为"正义原则"正当性和有效性进行辩护。在他看来，我们可以把"原初状态"的解释看作"要把原则的合理哲学条件和我们深思熟虑的正义判断容纳在一个体系之中的努力"②，它既表达了合理的条件，又与我

---

① ［美］约翰·罗尔斯：《政治自由主义》，万俊人译，译林出版社 2005 年版，第 355 页。

② John Rawls, *A Theory of Justice/-Rev. ed.*, Cambridge：Harvard University Press, 1999, pp. 18 – 19.

们深思熟虑的并已获得修正和调整的道德判断一致。在原初状态中，无知之幕的设置遮蔽了个体的自然禀赋、社会背景以及运气等偶然因素，使立约人只具有关于人类与社会生活的一般知识和信念。其中，无知之幕与各方对基本益品的欲求一道决定了个体理性慎思的结果。

尽管无知之幕遮蔽了属己特殊的目的及情感纽带，但这也并不意味着罗尔斯就像康德那样，在正义原则的选择中完全清除了立约人的情感偏好。事实上，罗尔斯设置无知之幕的目的是，期望个体对善的情感顾念能够以一种普遍的或者说不偏不倚的方式出现在正义原则的理性证成之中。克劳斯准确地捕捉到了这一信息，她说："在原初状态中，正是各方对基本益品的欲求决定了慎思的结果。基本益品内容的非个人性与无知之幕一道，把欲求对我们的决定可能具有的潜在扭曲效应中性化了。这样，该模式在实践理性内部维护了欲求的形式与功能。"[①] 罗尔斯对"理性理念（The Rational）与合情理性（the reasonable）"之间关系的讨论印证了克劳斯的上述判断。罗尔斯论证说："理性与合情理性作为两个互补的理念……无论是理性还是合理性，都不能离开对方而独立存在。纯粹合理性的行为主体可能没有任何他们想通过社会合作来发展的自身目的；而纯粹理性的行为主体可能缺乏一种认识到他人要求独立有效的正义感。"[②]

作为一种用于"公共反思和自我澄清"[③] 的代表装置，尽管原初状态的抽象性以及罗尔斯语言表述的暧昧性常常使人将其与康德式道德律令等同起来。但是，倘若我们能够全面而深入地分析罗尔斯的理论志向以及原初状态的特征，就不难发现他们之间深刻的差异。[④] 在罗尔斯设置的这一理性程序

---

① ［美］莎伦·R. 克劳斯：《公民的激情——道德情感与民主商议》，谭安奎译，译林出版社 2015 年版，第 34 页。

② ［美］约翰·罗尔斯：《政治自由主义》，万俊人译，译林出版社 2005 年版，第 355 页。

③ ［美］约翰·罗尔斯：《政治自由主义》，万俊人译，译林出版社 2005 年版，第 47—48 页。

④ 与康德最大的不同是，在作为公平的正义理论中，用于社会基本结构的正义原则既要具有一种不偏不倚的普遍性立场，同时又要满足个体对属己人生计划的追求。个体人生计划在康德道德规范证成中是要被完全被剥离出去的。

中，无知之幕与基本益品的公共性一方面保留了个体欲求在实践理性中的形式与基本功能；另一方面又避免了欲求与情感关切可能扭曲正义原则的风险。因此，我们说罗尔斯正义原则的公共证成包含着某些情感关切并不为过。但是，需要我们时刻牢记的是，这一情感关切完全是以一种不偏不倚、中性化的立场置身于这一理性的慎思程序之中的。

最后，情感关切尤为突出地贯穿于罗尔斯关于正义原则的稳定性证成之中。无论是在个体道德心理发展的框架之中，还是就契合论与重叠共识的论证而言，理性因素自始至终与一种强烈的情感主义（strain）纽带纠缠在一起。在《正义论》第八章，跟随科尔伯格，罗尔斯将个体道德心理发展描述为一个依次从"权威的道德"到"社团的道德"再到"原则的道德"的发展过程，个体道德心理发展的每个阶段都将在前一个阶段的基础上获得一种新的情感纽带，从对父母的爱到友爱，再到社会依恋。在罗尔斯看来，正是这些新的情感纽带激发着人们不断地发展和运用他们的道德能力——一种从他人视角看世界的能力。他论证说，"在正义行为与自然态度之间有一种联系……想要公平对待我们的朋友，想给我们所关心的人们以正义，在很大程度上是与他们相处和为他们的损失感到伤心的这些情感的一部分"①。个体的正义感正是我们将这种关心延伸到社会中的所有人的一种表现。罗尔斯进一步论证说："在良序社会中，个体与个体之间、个体与社会之间存在的这种广泛而有效的情感纽带……为我们的正义感提供了强大的理由。"② 也就是说，尽管一种充分发展的正义感自身必然涉及正义行事的理性承诺，但罗尔斯也认为，这种因自身之顾对正义的承诺会因我们对同伴的关心而自然地生长出来，它是我们自然情感的延续。③ 正是在这个意义上，罗尔斯说："缺乏正义感的人，将缺乏蕴含在人性概念之下的基本态度和基本能力。"④

---

① John Rawls, *A Theory of Justice/-Rev. ed.*, Cambridge：Harvard University Press, 1999, p. 499.
② John Rawls, *A Theory of Justice/-Rev. ed.*, Cambridge：Harvard University Press, 1999, pp. 499-500.
③ John Rawls, *A Theory of Justice/-Rev. ed.*, Cambridge：Harvard University Press, 1999, p. 416.
④ John Rawls, *A Theory of Justice/-Rev. ed.*, Cambridge：Harvard University Press, 1999, p. 488.

与之相伴，这种情感关切也体现在罗尔斯关于契合论及重叠共识的核心证成之中。罗尔斯认为，良序社会中的成员有充分的理由赋予正义感以优先性，特别是当个人的信念或私人利益同正义的要求发生冲突时。他提出的核心理由是，在这样的社会中，正当与善是彼此契合的，即正义感不仅与我们对善的追求相一致，而且是对我们而言最重要的一种善。正如前文提到的那样，罗尔斯想要通过契合论说明的是，正义感的优先性施加给我们的要求是理性的，因为正义原则在"我们的生活中具有它们实际具备的中心作用和意义。因而这一说明必须显示正义原则是如何与人类的需要、目标和目的关联起来的"①。当罗尔斯怀疑其契合论证成中运用的那种康德式人的观念的生命力时，他转而从重叠共识为一种"自立式"（freestanding）的政治的正义观念进行辩护，此时，每个公民都将从他们自己的合乎情理的整全学说内部出发去认可这一政治正义观念。正如克劳斯论证的那样，这一改变意味着，"对每个公民而言，它［正义观念］必须参照他们最深的个人信念，他们最为关注的东西而获得辩护。……这样，它就把对规范的辩护与公民们的关切连接起来了"②。此外，罗尔斯坚持将稳定性论题看作正义原则公共证成不可或缺的一部分③，是情感关切进入正义公共辩护的又一证明。

由此来看，情感与理性的交互作用自始至终贯穿于罗尔斯稳定性证成的核心环节之中。一方面，正义原则必须对我们来说是合情合理的，这是它们具有强制性约束力的源泉所在。另一方面，它同时也必须是可欲求的，其可欲性在于它反映了对我们具有激发作用的情感关切。正是在这个意义上，克劳斯说道："如果将罗尔斯理论中种种理性主义面向从情感关切的背景中剥离出来，它们就将难以为继了……实践理性必须被镶嵌到一种情感关切的恰当

---

① John Rawls, *Lectures on the History of Moral Philosophy*, Cambridge：Harvard University Press，2000，p. 80.

② ［美］莎伦·R. 克劳斯：《公民的激情——道德情感与民主商议》，谭安奎译，译林出版社2015年版，第37—38页。

③ 关于稳定性在罗尔斯正义原则证成中的作用，详见第二章。在罗尔斯的理论中，大量的证据表明，稳定性论题是其正义观念公共证成中不可或缺的一个环节。

视域中去。"① 然而，需要注意的是，我们说罗尔斯理论中包含着一个情感面向，并不意味着他的理论就与理性主义划清了界限。事实上，无论是从整体，还是从各个部分来看，罗尔斯始终将这一情感关切置于不偏不倚的理性慎思之中。因此，尽管我们期望各方重视罗尔斯理论中的情感面向可能带来的积极作用，但这并不妨碍我们赞同将罗尔斯的正义理论纳入理性主义的传统之中去。

四 罗尔斯理论的情感面向及其稳定性

此时，我们已经完成了对罗尔斯正义理论中情感关切的全部讨论。接下来，我们将证明的是，即便是在科尔伯格认知心理学备受质疑的当下，罗尔斯关于个体道德心理发展的独特性使其依旧能够获得当下最新的认知心理学及脑科学研究成果的支持。与此同时，我们也将证明，罗尔斯在其理性架构中纳入情感关切的这一做法，不仅使其摆脱了理性主义通常面临的动机缺陷的指控，而且对于证成其理论的稳定性具有不容小觑的作用。

在上一节的讨论中，我们知道，就情感还是理性在个体道德判断中谁具有首要性这一问题，尽管认知心理学家、脑神经科学家、哲学家都在各自的领域中都做着锲而不舍的努力，但到目前为止，没有任何可靠的证据能够使我们在情感与理性这场旷日持久的论战中倒向任何一方。但可以肯定的是，个体的道德判断既不可能仅仅依靠个体非反思性的情感能力，也不可能仅仅借助于纯粹理性反思能力，它是个体理性能力与情感能力共同作用的结果。这一结论被哈佛大学认知心理学家格林教授设置的大量心理学实验所证实。他结论是，从人类的生物学基础来看，情感（emotion）和认知（cognition）在其道德判断中扮演的角色经常是竞争性的。

为了便于讨论，我们不妨回过头来重新审视这一研究成果。格林认为，大量的实证研究结果表明，情感区域的脑神经更容易被贴近的及个人的道德

---

① ［美］莎伦·R. 克劳斯：《公民的激情——道德情感与民主商议》，谭安奎译，译林出版社2015年版，第35页。

情景所激发，且表现出直接而迅速的特点。在这种贴近的及个人的情景中，人们更容易给出符合道义论的道德判断。与之相反，认知推理区域则更容易被"非个人"的道德场景所触动，在这种情感反应较为缓和的情景中，人们更容易做出符合后果论的判断。格林以此判定，以康德为代表的经典道义论存在严重的理论错误。那么，这是否意味着作为康德传统的继承人罗尔斯也难以逃脱这一指控？

实际上，倘若我们足够充分地理解罗尔斯正义理论的问题域及其理性模式中的情感关切，我们就会发现，格林的研究成果不仅不会给罗尔斯的理论造成困扰，而且在一定程度上给罗尔斯正义理论提供了道德心理学的支持。众所周知，罗尔斯正义理论的全部旨趣就在于制定出规范社会基本结构的正义原则，社会正义的秉性使得这一道德场景对于社会合作中的每一个成员而言，都既是"贴近的及个人"又是"非个人"。进而，罗尔斯设置了一个兼顾"贴近的及个人"与"非个人"的理性程序，以期能在真实地反映我们的道德能力基础上，为我们的社会合作选择出有效的正义原则。此外，这一特点也突出地体现在罗尔斯证成正义原则时所使用的方法上，个体在自我反思平衡与彼此之间进行反思平衡的过程，实际上就是个体不断走出"贴近的及个人"的道德视野，逐渐获得一种兼顾"贴近的及个人"与"非个人"道德场域的过程。其中，无论是在原初状态之中，还是在反思平衡过程中，理性与情感之间此消彼长的竞争关系似乎是不言而喻的。由此来看，罗尔斯在作为公平的正义理论中关于情感与理性之间的关系的探讨似乎在某种程度上与格林的研究结果不谋而合。唯一不同的是，罗尔斯在这一过程中更倾向于用理性程序来框定和规范这一过程。但这一点从本质上说，是建立在格林研究的基础之上的，因而并没有背离格林这一认知心理学的研究成果。

在作为公平的正义理论中，罗尔斯之所以积极地将情感关切不偏不倚地纳入其理性主义规范架构之中去，原因在于他希望避免康德式理性主义模型中存在的动机缺陷问题。在原初状态中，尽管立约人被要求与其属己的欲求及情感关切分离开来，但这并不意味着罗尔斯也将人类的情感关切排除出去了。事实上，罗尔斯的无知之幕仅仅是将立约人的情感关切普遍化了，情感关切的功能和形式完全保留在个体的理性选择之中。其中，合情合理性本身被通过移情传递出来的情感及欲求穿心而过，正当与善在最深层次的意义上相互依存。这是第一个阶段。在作为正义原则公共证成的第二部分，即稳定性的证成中，罗尔斯的重点就是论证如何引入公民们的情感关切和依恋关系，使他们习得一种道德情感——正义感以支持前一个阶段证成正义原则。总而言之，罗尔斯巧妙地将他的理性主义抱负与其情感主义关切结合起来，尽管他有意让前者居于主导地位，但情感关切自始至终以一种不偏不倚的方式被纳入他的证成之中。在这个意义上，罗尔斯式的实践理性，即导向道德行为的理性深思之中，在某种程度上包含不偏不倚的情感关切。

将个体的情感关切纳入正义原则的规范性辩护之中，对于正义理论的稳定性证成具有重要的意义。尽管罗尔斯正义理论依旧呈现出两个阶段的特点，即第一阶段证成正义原则、第二阶段培养公民以获得一种能够支持该正义原则的情感倾向。但情感关切并非第二阶段的专有属性，它以一种不偏不倚的方式被纳入正义原则的慎思之中，这为第二阶段的道德教化奠定了基础。总之，两个阶段前后呼应，相得益彰，也为公平正义观念内在稳定提供了牢靠的基础。

第五节 小结

毫无疑问，在罗尔斯看来，那些最稳定的正义观念是其正义感最牢固地建立在个体"投桃报李"的相互性倾向之上的正义观念。通过上述分析，我们有充分的理由相信，一旦我们准确地抓住罗尔斯正义理论的思想精髓，就会发现，其理论包含着一种深层次的相互性理念。在罗尔斯看来，唯有规范社会合作的基本制度长久地为个体提供保障相互性条件的环境时，个体才可能在道德心理发展中遗忘正义动机的相互性，进而展现出一种情感的进步，并获得一种不计得失的、稳定的正义感。

事实上，作为公平的正义理论的丰富性和包容性，恰恰就体现在罗尔斯在正义原则的正当性和稳定性讨论中既传承了理性主义的理论精髓，又恰当地吸纳了情感主义的一些思想资源。其中，罗尔斯对个体的正义感及其正义感能力的界定和描述是这种融合的典范。它不仅使得罗尔斯克服了理性主义所面临的动机缺陷的指控，而且使其能够获得当代认知心理学以及脑科学研究成果的支持。更重要的是，将这种不偏不倚的情感要素引入作为公平的正义理论，对其理论自身的稳定性的意义不容小觑。在某种意义上，我们可以将作为公平的正义理论看作将情感主义要素有效纳入理性主义模型的一种积极尝试，这也正是罗尔斯正义理论之所以具有经久不衰的生命力的奥秘所在。

罗尔斯坚持认为，正义观念以及在此基础上展开的正义感必须回应我们的利益，并在某种程度上与我们自然的情感倾向相关联。因而，个体是否能够获得一种按照正义观念行事的有效欲求，最为核心的问题在于该正义观念是否能够与个体善观念相互契合。我们将在接下来的一章中探讨这一重要问题。

第四章　契合论与稳定性

　　作为公平的正义之良序社会之所以被视为内在稳定的，其核心在于良序社会中的成员经过充分的道德心理发展之后，通常都能够获得一种有效的正义感，即一种按照正义原则或正义制度行动的有效欲求。有人或许会问，既然个体具有属己的人生计划，有着对美好人生的追求，那么他为什么非要按照正义感行事？特别是当个体对美好人生计划的追求与他的正义感发生冲突时，个体为什么一定要将正义感视为规制他理性生活计划的最高序欲求，并赋予其优先性呢？对这一问题的追问，将我们自然而然地引入作为公平的正义稳定性证成的第二个阶段，这一阶段被罗尔斯称作"契合论"。

　　在罗尔斯看来，只有当正义兼容于人性特别是人类之善时，我们才能合理地期待人们前后一致地按照正义原则的要求行事，即出于正义感这一道德动机来行事。在作为公平的正义理论中，契合论的全部理论努力就在于证成这样一个命题："对一个良序社会的成员来说，肯定他们的正义感并使之成为他们的生活计划的调节因素（按照善的弱理论的规定）是理性的……采取这种倾向，用正义观点来指导这种倾向，与个人的善是一致的。"[1] 这一命题随后被罗尔斯精炼为："作为一个好人（特别是具有一种有效的正义感）在良序社会中事实上对他来说是一种善。"[2] 罗尔斯坚信，正当与善是否契合是决定正义观念是否稳定的一个关键因素。

　　然而，罗尔斯在契合论中对正当与善之间关系的界定或多或少让人有些

---

[1]　John Rawls, *A Theory of Justice/-Rev. ed.*, Cambridge: Harvard University Press, 1999, p. 497.

[2]　John Rawls, *A Theory of Justice/-Rev. ed.*, Cambridge: Harvard University Press, 1999, p. 505.

费解的。其原因在于，它似乎与作为公平的正义理论的"义务论"属性相冲突。众所周知，作为公平的正义理论的"义务论"属性在学界已经近乎为一种常识，它强调正当相对于善的绝对优先性。这与其论敌古典功利主义形成了鲜明的对照，后者是"目的论"，其主要特征是善优先于正当。与政治哲学中其他观点一样，义务论与目的论的这种区分是通过罗尔斯的《正义论》而广为人知的。① 在作为公平的正义论中，义务论强调正当和善的分离性并且认为，只有当两者分离开来，正义原则的正当性才能无条件地得到保证；而契合论却要求正当以某种方式与个体对善的追求相一致。这样看来，义务论与契合论之间似乎存在着明显的不一致甚至冲突。那么，这两种互不兼容的观念何以共存于作为公平的正义理论之中，是一个值得我们深入思考的问题。让人意外的是，一方面，罗尔斯的批评者，无论是功利主义者，还是社群主义者，当他们指控罗尔斯赋予正当相对于善的优先性这一根本理论缺陷时，却毫不重视罗尔斯正义理论中的稳定性及契合论论题；另一方面，金里卡干脆认为，在罗尔斯理论中，如果我们能够区分罗尔斯理论中蕴含的两个问题——一个问题是与人们的根本利益的定义有关；另一个问题是与从每个人利益同等重要的假设导出的分配原则有关，罗尔斯所宣称的正当优先还是善优先的争论就会消失不见。②

　　在这种情形下，我们到底应该如何理解罗尔斯理论当中义务论与契合论之间的这种张力呢？当然，闭口不提其中任何一种的做法确实能够避免问题的复杂性，但无疑这肯定不是我们对待一个理论体系的正确方法和态度。本章将集中处理上述问题，希望通过罗尔斯对稳定性证成中契合论的讨论，尝

---

　　① 罗尔斯对义务论和目的论的区分，不同于一般关于目的论和义务论的定义，即将目的论的根本特征看作根据行为的后果来对行为做出评价；而义务论的基本特征被看作根据行为本身或行为的动机来对其做出评价。在罗尔斯看来，以是否根据行为的后果来对行为做出道德评价这一标准来区分义务论与道德论是不恰当的。他说："所有值得我们注意的伦理学理论都在判断正当时考虑后果，不这样做的伦理学理论是不合理和疯狂的。"参见 John Rawls, *A Theory of Justice*, Cambridge：Harvard University Press，1999，p. 27。

　　② ［加］威尔·金里卡：《自由主义、社群与文化》，应奇、葛水林译，上海译文出版社2005年版，第23页。

试着为上述问题提供更清晰的理论图像。我们将表明，罗尔斯对其理论的义务论说明，仅仅局限于其理论结构之中。与此同时，倘若我们能足够透彻地理解稳定性证成中契合论的特征，就会发现，契合论不仅不与作为公平的正义理论的义务论属性相冲突，且能够成为其论证中不可缺少的有力支撑。

第一节 正当与善的优先性问题

善和正当是伦理学中最为重要且基本的两个概念，它们的关系问题是伦理学及政治哲学争论的焦点。关于正当与善之间的关系的争论最早可以追溯到古希腊。格老孔问苏格拉底："正义是哪一种善？"苏格拉底回答说："正义属于诸善之中最高的一种善，是人们愉快地想要得到的善，既因其自善，又因其后果善。"对于苏格拉底的这一判定，格老孔似乎并不赞同，在他看来，正义应该是"与自善不相容的后果善"。紧接着，围绕这一问题更多观点被引入这一争论之中，有人提出，"正义应当被纳入到那种麻烦的善，人们为了名利才追求的善"①。苏格拉底与格老孔之间这场著名的争论一直延续至今，是善优先还是正当优先的问题已然被看作当代政治哲学以及伦理学领域中的一条重要的分水岭。

一 罗尔斯正义理论的义务论属性

作为政治哲学中最基本的两个概念，正当与善共同构成个体道德判断的立足点。罗尔斯认为，"一个有道德价值的人的概念是从它们之中派生的"②。与此同时，在他看来，"如何定义这两个基本概念，以及如何将两者联系起来，在很大程度上决定着一套伦理理论的基本形态"③。

在《正义论》中，罗尔斯反复强调作为公平的正义的义务论属性，以区

---

① ［古希腊］柏拉图：《理想国》，郭斌和等译，商务印书馆1986年版，第44—45页。
② John Rawls, *A Theory of Justice/-Rev. ed.*, Cambridge：Harvard University Press, 1999, p. 21.
③ John Rawls, *A Theory of Justice/-Rev. ed.*, Cambridge：Harvard University Press, 1999, p. 21.

别于古典效用主义那种目的论式的正义观。在他看来，目的论式正义观通常会表现出两个鲜明的特点，① 一是善的概念被看作自明的，可以为常识直觉地加以辨别，且其定义完全独立于正当概念；二是他们把正当视为最大限度地增加已经被指定的善物。② 这两点共同构成了判定一种理论是否为目的论的必要条件。以目的论的上述特征为坐标，罗尔斯给出了义务论的定义，他说："我们在此把义务论定义为非目的论的理论。"③ 也就是说，一个正义理论，要么不脱离正当而界定善，要么不用最大限度地增加善来解释正当原则，只要否认其中一个条件，就可以被看作义务论的。④ 接着，罗尔斯明确指出："作为公平的正义是第二种意义上的义务论。"⑤ 也就是说，他真正反对的是，

① 需要特别注意的是，在作为公平的正义论中，罗尔斯关于目的论的讨论，被他限定在以边沁、西季威克为核心的古典效用主义式的目的论之中。在他看来，把善理解为理性欲求的满足，或者说理性欲求的满足将正义原则看作能够使善最大化的原则，抓住了所有类型的效用主义的要点。他说："我相信，这一说法在所有要点上都符合效用主义的观点，给出了对它的一个公平的解释。"详见 John Rawls, *A Theory of Justice/-Rev. ed.*, Cambridge：Harvard University Press, 1999, pp. 22 - 23。就这一限定而言，金里卡认为，罗尔斯混合了功利主义的一些不同要素，从而发明了对效用主义的一种人为的目的论的表达，进而回避了效用主义之中最自然且最具说服力的理论形态。详见威尔·金里卡《自由主义、社群与文化》，应奇、葛水林译，上海译文出版社 2005 年版，第 23—24 页。金里卡之所以会做出这一判断，归根结底在于他并未注意到罗尔斯的这一限定。罗尔斯认为："如果对各种善的分配也被看作一种善，也许还是较高层次的善，这一理论就指示我们去创造最大的善（其中包括分配的善），它就不再是一种古典意义上的目的论观点了。当一个人直觉地理解分配问题时，这个问题就被放到了正当的概念之下。"详见 John Rawls, *A Theory of Justice/-Rev. ed.*, Cambridge：Harvard University Press, 1999, p. 22。在罗尔斯看来，之所以选择古典效用主义作为讨论的核心，在于它"清楚地认识到那个关键的东西：正当原则和由这些原则确立的权利的相对优先。问题是：对一些人的损害是否能够被一种其他人享受较大的利益总额绰绰有余地抵消，或者说，正义是否要求一种对所有人的平等的自由，且允许那些有利于所有人的经济和社会的不平等存在"。换言之，罗尔斯认为，在古典效用主义与作为公平的正义的对照之中，我们可以看到一种根本的社会观念的差别。因此，单单选择古典效用主义，并非罗尔斯未注意到其他形态的效用主义，或者有意忽略其他形态的功利主义。罗尔斯相信，相比于骑墙形态的效用主义，将靶心瞄准古典效用主义更能凸显出作为公平的正义的义务论特征，这是一个方面。另一方面，一个更深层次的原因是，罗尔斯将第一原则看作最为根本的，原则的排序是词典式的，这必然成为义务论效用主义不得不面对一个难题。我们接下来将会专门考察这一问题。

② John Rawls, *A Theory of Justice/-Rev. ed.*, Cambridge：Harvard University Press, 1999, p. 22.

③ John Rawls, *A Theory of Justice/-Rev. ed.*, Cambridge：Harvard University Press, 1999, p. 26.

④ John Rawls, *A Theory of Justice/-Rev. ed.*, Cambridge：Harvard University Press, 1999, p. 26.

⑤ John Rawls, *A Theory of Justice/-Rev. ed.*, Cambridge：Harvard University Press, 1999, p. 26.

古典效用主义将正当定义为最大限度地增加善。① 正如他所言："如果假定原初状态中人们要选择一种平等自由原则和经济社会的不平等有利于每一个人，那就没有理由认为正义制度会最大限度地增加善……在作为公平的正义中产生最大善并非完全没有可能，但倘若有的话，那也仅仅是个巧合。"② 事实上，就个人善的定义来说，罗尔斯总体上沿用了古典效用主义的观点，他说："在此，我与效用主义一样，将善定义为理性欲求的满足。"③

　　罗尔斯认为，从根本上将古典效用主义与作为公平的正义理论区分开来的是分配问题。在善观念的分配问题上，古典效用主义的正当标准是效用的最大化原则。在他们看来，"如果一个社会的主要制度被安排得能够达到所有社会成员满足总量的最大净余额，那么这个社会就是被正确地组织，因而也是正义的"④。也就是说，根据古典效用主义的正当原则，社会制度的设计和安排完全有可能会为了社会总量的最大净余额而牺牲个体的善，或者说，每个人的善在社会分配中是否得到了同等的对待并非古典效用主义理论关注的重心所在。古典效用主义允许牺牲个体的善而使社会总量的净余额实现最大化的这种做法，在罗尔斯看来是完全不可接受的，因为它将人当作实现功效最大化的手段而非目的本身。因此，罗尔斯声称，古典效用主义的正当原则，并没有就个体在社会合作中的平等地位给出恰如其分的说明。

　　接着，罗尔斯分析了可能产生上述问题的原因。他说，古典效用主义"不关心——除了间接的——满足的总量怎样在个人之间分配，就像它除了间接的之外，不怎么关心一个人怎样在不同的时间里分配他的满足一样。在这两种情况下，正当的分配都是那种产生最大满足的分配"⑤。在罗尔斯看来，

_____

　　① 金里卡对这一问题有不同的看法，在他看来，这一问题也并非争论的核心所在。对这一问题的分析同样留待本章后文中讨论。

　　② John Rawls, *A Theory of Justice/-Rev. ed.* , Cambridge：Harvard University Press, 1999, pp. 26 – 27.

　　③ John Rawls, *A Theory of Justice/-Rev. ed.* , Cambridge：Harvard University Press, 1999, p. 27.

　　④ John Rawls, *A Theory of Justice/-Rev. ed.* , Cambridge：Harvard University Press, 1999, p. 20. 罗尔斯引用了西季威克对效用主义的表述，罗尔斯认为，西季威克对古典效用主义的表述最为清楚，且最容易为人理解。

　　⑤ John Rawls, *A Theory of Justice/-Rev. ed.* , Cambridge：Harvard University Press, 1999, p. 23.

古典效用主义将正当定义为善的最大化的逻辑理路是这样的，既然对于每一个人来说，为了获得未来较大的善——或者是欲求的满足，或者是幸福、快乐等——而牺牲自我当下的善是恰当的；那么对于一个社会来说，为了增进社会总体净余额的最大化而牺牲一些人的善也就同样被看作合理的。罗尔斯认为，古典效用主义这种看似自然且有吸引力的推理模式忽视了个体与个体之间的分离性和独特性。具体来说，对个人而言，个体为了未来的较大利益而牺牲当下的眼前利益，一方面是个体自主自愿选择的结果；另一方面是发生在个人生活内部的利益交换和补偿，属于个体理性慎思自我美好生活计划的范畴，因而是合情合理的。但是，对整个社会而言，要求个体为了社会整体的较大利益或者他人的较大利益而牺牲自我利益，就不是那么理所当然。原因在于，社会是由一个个分离的个体组成，利益交换在社会合作体系中更多地体现为一种个体之间的交换活动，除非个体自愿选择，否则社会没有任何理由要求个体为了他人的最大利益或者社会整体的最大利益而牺牲自我利益。古典效用主义将个人原则普遍化导致的直接恶果是，在效用原则规范的社会合作体系中，"原则上没有任何理由否认可以用一些人的较大利益来补偿另一部分人的较少损失，或者更严重的是，可以因大多数人的较大利益而剥夺少数人的自由"①。罗尔斯坚信，"在大多数情况下，至少在一个合理的文明发展阶段，利益的最大化不应是通过这种方式达到的"②。

以上就是罗尔斯拒斥古典效用主义这种目的论结构的主要原因。在批判古典效用主义的基础上，罗尔斯提出了其正义理论。在他看来，作为公平的正义是一种义务论的理论，即一种不脱离正当来定义善，或者说不用善的最大化来解释正当的理论。③ 其中，正当对善的优先性是这种正义观的基本特征。在罗尔斯看来，个体作为社会合作体系中平等的一分子，其平等的地位要求规范社会合作的正义原则在更大程度上关心善物——在个体欲求满足之

---

① John Rawls, *A Theory of Justice/-Rev. ed.*, Cambridge: Harvard University Press, 1999, p. 23.
② John Rawls, *A Theory of Justice/-Rev. ed.*, Cambridge: Harvard University Press, 1999, p. 23.
③ John Rawls, *A Theory of Justice/-Rev. ed.*, Cambridge: Harvard University Press, 1999, p. 26.

中——的平等分配，或者说，倘若允许一种不平等的分配存在的话，它必须能够增进每一个社会合作成员的利益。罗尔斯坚信，对人们道德平等地位的这一合理要求对个体善观念提出了限制，个体必须在这一限制的范围内确立他们的目标。正如罗尔斯所说："它［正义的社会合作体系］提供了一个权利、机会和满足手段的结构，人们可以在这一结构中利用所提供的东西来公平地追求他们的目标。"① 相反，那些需要违反正义原则才能获得的善观念本身毫无价值可言，因而本身就不值得追求。

在罗尔斯眼中，正当优先于善是其作为公平的正义理论的一个巨大的理论优势。他说："在作为公平的正义理论中，我们并不把人的倾向和癖好看作既定的（无论它们是什么），然后再寻求满足它们的最大方式。相反，他们的欲求和志向一开始就要受到正义原则的限制，这些原则指定了人们的目标体系必须尊重的界限。"② 正当原则的绝对优先性对于个体对善的追求提出了基本要求。在社会合作体系中，每个社会成员的善是以被正义原则约束的方式而同等重要的，每个人的善在社会合作中都应当具有这样一种平等的地位，这种平等地位对以总体或他人更大的善的名义要求个体牺牲自我利益做出了限制。用罗尔斯的话来说，即"每一个社会成员都被认为具有一种基于正义，或者说基于自然权利的不可侵犯性，这种不可侵犯性甚至是任何别人的福利都不可逾越的"③。这样，罗尔斯用正义原则为——什么是善的，什么样的性格是有道德价值的，人们应当成为什么样的人等问题确立了最初的界限。

一言以蔽之，罗尔斯认为，我们完全有理由相信，作为公平的正义能够代替古典效用主义以及它的各种变体，赢得平等自由的个体信赖和选择。这些理由背后蕴含着两种根本不同的社会观念。"在作为公平的正义理论中，我们把良序社会设想为一个由人们在一种公平的原初状态中将会选择的原则来

---

① John Rawls, *A Theory of Justice/-Rev. ed.* , Cambridge：Harvard University Press, 1999, p. 28.
② John Rawls, *A Theory of Justice/-Rev. ed.* , Cambridge：Harvard University Press, 1999, p. 25.
③ John Rawls, *A Theory of Justice/-Rev. ed.* , Cambridge：Harvard University Press, 1999, pp. 24 – 25.

调节的互惠互利的合作体系。而在古典效用主义的理论中，组织良好的社会则被设想为一种有效管理社会资源以最大化地满足由不偏不倚的观察者建构起来的欲求体系。"① 罗尔斯将这一点看作目的论与义务论之间最为深刻的分野。从根本上来说，正是因为奠基于公平社会合作体系这一社会理想观念，作为公平的正义理论才能够获得一种源源不断的自我支持的力量，并替代效用主义而一举成为西方政治哲学的主流学说。

二 义务论式的正义观念：逻辑上的还是规范性的

尽管罗尔斯旗帜鲜明地将古典效用主义这一典型的目的论观念视为其最重要的论敌，但近些年来，意欲消解义务论与目的论论证结构之间差异，并将罗尔斯或作为公平的正义理论划归为某种形式的效用主义的理论努力时有出现。② 基于本节的主题及目的，接下来，我们将集中考察作为公平的正义观念的论证结构是否真如某些评论者所描述的那样，与古典效用主义之间没有实质性的差别。③

持上述观点并给出最完整、最有力的论证的要属香港中文大学的周保松教授。在《自由人的平等政治》中，他明确提出，"效用主义与公平式的正义的论证结构，并没有根本的不同"④。关于这一判定，周教授给出了两方面的理据。其一，就善的定义而言，他认为，与效用主义一样，作为公平的正义

---

① John Rawls, *A Theory of Justice/-Rev. ed.*, Cambridge：Harvard University Press, 1999, pp. 29 – 30.

② 在效用主义阵营内部中，学者们曾就罗尔斯或者作为公平的正义本质上是否可以被划归为某种类型的效用主义产生了巨大的分歧。其中，最具代表性的是大卫·布雷布鲁克，他认为，罗尔斯作为公平的正义理论在某种程度上可以被划为规则效用主义，详见 Braybrooke David, "Utilitarianism with a Difference：Rawls's Position in Ethics", *Canadian Journal of Philosophy*, Vol. 3, No. 2, July 1973。简·纳维森并不赞同布雷布鲁克将罗尔斯看作效用主义者，但在他看来，将作为公平的正义理论看作效用主义是没有问题的。详见纳维森《罗尔斯与功利主义》，姚大志译，《世界哲学》2010 年第 1 期。

③ 在这个问题上，徐大建认为："罗尔斯关于目的论与义务论的区分是有前提的，即各种'善的分配'不属于'善的范畴'，没有这个前提，功利主义与正义论的分歧就无需'披上'罗尔斯所说的'目的论与义务论的分歧'的外衣，而直接强调各种'善的增长'和'善的分配'的分歧了。"详见徐大建《功利主义究竟表达了什么——从罗尔斯对功利主义与正义论分歧的论述契入》，《哲学动态》2014 年第 8 期。

④ 周保松：《自由人的平等政治》（增订版），生活·读书·新知三联书店 2013 版，第 181 页。

理论中的善观念同样不需要诉诸任何正当概念来界定。在他看来，罗尔斯用于证成正义原则的善观念，指的是通过善的弱理论（thin theory of the good）推导出来的社会基本益品，诸如自由、收入、机会、个人自尊的社会基础等，它们之所以被看作善的，原因在于它们是任何理性人想要在社会合作中实现自己的美好人生计划都将会欲求的有价值之物。这一点不仅为原初状态的立约人所熟知，而且构成了他们之所以选择正义原则的初始动机。周保松教授认为，即便是到了《政治自由主义》阶段，罗尔斯声称社会基本益品是基于一个特定的理想的道德人格——将发展和实现其正义感能力和善观念能力看作最高序旨趣（the higher-order interest）——来界定的时候，善同样是独立于正当被界定的。据此，周教授得出了这样的结论，即善概念的界定并不是义务论与目的论的真正差异所在。[1]

　　其二，周教授认为，"真正有争议的，是第二个条件……接受极大化原则作为正当的标准"[2]。他进一步论证说："诚然，目的论式的伦理观相信，要解释和证成某个分配原则，必须看它是否有效促进和实现人类的某些终极目的和最高价值。但这并不表示，极大化是达到和实现这个目标唯一的正当方式。"[3] 此处，为了证明自己的这一判断，他以古希腊时期的目的论为例，他说："在古希腊古典目的论伦理学中，虽然'好'占据了中心位置，但却甚少哲学家认为将善极大化是决定正当行为的标准。"[4] 因此，周教授认为，我们完全可以接受某种善目标，然后在实现这些目标时采取不同的手段。也就是说，定义善是一回事，采取什么样的方式实现这一目标是另一回事。接着，周保松教授沿着金里卡对罗尔斯的批评——忽略了义务论式效用主义这一理论形态——对目的论结构做了颇具善意的修正，他说："如果我们接受古典目的论的思路，我们甚至可以说尊重每个人作为自由平等的个体这

　　① 周保松：《自由人的平等政治》（增订版），生活·读书·新知三联书店 2013 版，第 181—183 页。
　　② 周保松：《自由人的平等政治》（增订版），生活·读书·新知三联书店 2013 版，第 183 页。
　　③ 周保松：《自由人的平等政治》（增订版），生活·读书·新知三联书店 2013 版，第 183 页。
　　④ 周保松：《自由人的平等政治》（增订版），生活·读书·新知三联书店 2013 版，第 183 页。

个信念本身，是构成幸福生活的前提，而这个信念和极大化并不兼容，因此一开始便应该将极大化原则排除出去。"① 在他看来，罗尔斯在此后的契合论的论证结构，便沿用的是这一思路。② 总而言之，周教授相信，一个目的论者并没有非如此不可的理由，视极大化善为道德正当概念的唯一判准。与此同时，作为公平的正义理论与效用主义关于论证结构的差异，也没有罗尔斯认为的那么大。

可以确定的是，在周教授看来，作为公平的正义观念与古典效用主义之间的争论焦点在于，是否能在道德正当与善的最大化之间画上等号。当然，这无疑是罗尔斯讨论的重心所在。但仍然不清楚的是，周教授到底是何以做出"效用主义与公平式的正义的论证结构，并没有根本的不同"这一判断的。此处，我们可以根据周教授陈述的理由来对他的判断过程进行大胆的推测，或许在他看来，既然罗尔斯将善定义为满足个体生活计划的基本益品，且原初状态的立约人正是基于此来选择正义原则的，那么，善的概念也就是独立于且先于正当概念被界定的，这与古典效用主义如出一辙。不同的是，正当概念在作为公平的正义理论中被定义为两个正义原则，即词典式均分善③。而在古典效用主义理论架构中，正当被界定为善的最大化。然而，无论如何，正当都是被视为实现善——无论是均分善还是最大化善——的手段。如此来说，周教授将效用主义与作为公平的正义理论的论证结构看作一致的似乎也不无道理，先是独立定义善，接着将正当看作实现善的手段。

笼统地看，如此"政治正确"地剖析作为公平的正义理论的论证结构不仅没有什么不妥之处，而且完全符合西方道德理论的惯常用法，即将善定义为"值得追求的"或"欲求的满足"来形容目的，而将正当看作"合宜"来形容达到目的的行为。当然，如果不对具体的善做出任何规定的话，仅仅根据目的

---

① 周保松：《自由人的平等政治》（增订版），生活·读书·新知三联书店 2013 版，第 184 页。笔者认为义务论效用主义能够避免罗尔斯批评的这一看法存在问题，且没有抓住罗尔斯批评的精髓。

② 周保松：《自由人的平等政治》（增订版），生活·读书·新知三联书店 2013 年版，第 184 页。

③ 差别原则中所涉及的财富和职位的不均等分配要有利于最少受惠者。

和手段的语言逻辑关系来看，将正当定义为善的实现或增进看起来没有什么问题。[①] 但是，这种理解带来的直接的逻辑后果就是，所有的道德理论都将是目的论式的，义务论根本没有存在的可能。那么，问题到底出在哪里了呢？

在正当与善关系的讨论中，罗尔斯明确地表明"赞同和沿用古典效用主义善的定义"的做法或多或少要为上述误解承担一些责任。事实上，只要我们足够细致地审视作为公平的正义观念的证成模式，就会发现，它们看似一致的论证结构背后存在着根本的差异。为了方便对比，我们在下表中列举了古典效用主义与作为公平的正义这两种正义观念中关于正当与善关系讨论的核心要素。

	类别	善	正当
古典效用主义	个人	欲求满足（快乐、幸福等）	欲求满足（快乐、幸福等）
	社会	欲求满足（快乐、幸福等）	实现最大多数的最大幸福
	制度要求	允许个人不受限制地追求欲求	按效用原则约束一些人的欲求
作为公平的正义	个人	实现善观念	
	社会	基本善品	按照正义原则平等分配善品
	制度要求	实现自我理性善观念	按正义原则约束所有人的欲求

无疑，从逻辑证成上来讲，作为公平的正义理论以基本善为其逻辑推论起点，认为正当或正义就是按照正义原则来分配基本益品，以满足每一个社会成员实现自我善观念的欲求（或实现其道德人格这一最高旨趣）。在这一证成过程中，我们发现，包含着功能和地位各不相同的两种善，一种是作为满足个体欲求或善观念的基本益品，它属于基本善或社会善；另一种是个体欲求或善观念本身，即个人善。鉴于目的和手段之间的逻辑关系，正当行为也就自然而然地被区分为两类，一类是达到任何善目的（欲求的满足）的有效性；另一类是行为有利于或无损于社会基本善分配（规范性的善）的正当性。前一类是否正当本质上属于一个"有效管理的问题"而非道德问题，只有后

---

① 徐大建：《功利主义究竟表达了什么——从罗尔斯对功利主义与正义论分歧的论述契入》，《哲学动态》2014 年第 8 期。

一种行为的正当与否才属于道德正当的问题。换言之，"作为手段的行为在道德上是否正当，并不在于行为本身的合目的性，而在于其后果是否符合作为社会利益的'善'"①。进一步来说，以基本善②这一规范性善概念为逻辑起点推论出的正义原则，无差别地要求个体必须将自我善观念的追求限定在正义原则的要求的范围之内。在这一点上，古典效用主义是完全不同的，它以个体欲求的满足这一善的定义出发，并将正当看作其社会成员的善的最大化。换句话说，在古典效益主义主导的社会合作中，制度对个人的规范性要求与其理论预设完全吻合，即允许个体不受约束地追求自我善观念。③ 然而，不幸

---

① 徐大建：《功利主义究竟表达了什么——从罗尔斯对功利主义与正义论分歧的论述契入》，《哲学动态》2014 年第 8 期。

② 事实上，就基本善的来源问题，罗尔斯的观点在前后发生了细微的变化。在《正义论》中，罗尔斯明确指出，基本善概念作为一种社会善是借助于个体的理性人生计划来确立的。他说："基本善是那些被假定为一个理性的人无论他想要什么别的什么都需要的东西。不管一个人的合理计划的细节是什么，……如果基本善较多，人们一般都能在实现他们的意图和接近他们的目的时确保更大的成功。"参见 John Rawls, *A Theory of Justice/-Rev. ed.*, Cambridge：Harvard University Press, 1999, pp. 79 – 81。在《政治自由主义》阶段，尽管罗尔斯依然承认，作为合理性的善（每个人都有一个理性生活计划的这一善观念）为理性善提供了框架。但在他看来，"要使这一框架完善，它必须与作为自由而平等的公民的政治理念相结合。只有这样，我们才能制定出公民们在被视为这类个人和终身都能正常而充分参与合作的社会成员时所需要的和所要求的"。参见 Rawls John, *Political Liberalism*, New York：Columbia University Press, 2005, p. 396。罗尔斯的这一转变，在《作为公平的正义》一书中表现得更为明显。他说："事实上，基本善是通过这种追问而制定出来的：在包含自由平等（规范的）公民观念中的基本能力是既定的情况下，什么东西是公民维持他们自由平等的地位和成为正式的、完全的社会合作成员所必需的。"参见 John Rawls, *Justice as Fairness：A Restatement*, ed., Erin Kelly, Cambridge：Harvard University Press, 2001, pp. 169 – 170。由此来看，罗尔斯后期，基本善不单单借助于个体理性生活计划来界定，他还引入了自由平等的公民的观念。在他看来，基本善是保障个体作为公民维持他们平等自由地位何以成为正式的、完全的社会合作成员所必需的益品。从这个意义上来看，罗尔斯预设的基本善完全不同于古典效用主义的界定，尽管他将善界定为满足个体理性生活计划的欲求，但基本善这一概念却完全来自不同的出发点。

③ 值得注意的是，周保松教授说，"效用主义同样接受正当优先于'好'，同样限制那些违反效益原则的欲求"。毫无疑问，正如所有的道德理论都必须奠基于个体人性的各种倾向之上一样，任何理论作为一种规范理论都对个体的行为提出了某种要求。从这个意义上来说，周教授的判断无疑有理。但是，效用主义理论从规范意义上要求个体抛弃那些违反整体效益最大化的欲求，而这些欲求本身却是效用主义自身理论证成的基础。也就是说，效用主义作为规范性理论对个体的要求是不自洽的。此外，这也表明，周保松教授一方面以理论建立在个体倾向（欲求满足）上来判定证成结构差异的目的论性质；另一方面又以规范性理论的普遍的规范性要求来判定理论的义务论性质。这种方式在某种程度上是有失偏颇的。

的是，古典效用主义无论如何也无法完成它的理论目标，因为一部分的善必然在效用原则的使用中被忽视、被牺牲。

需要特别强调的是，站在个人的立场上所思考的善，属于人生意义的问题；它与站在非个人或社会立场上思考的善完全不同，后者属于道德规范的伦理问题。人生意义的问题重点在于探求作为"个体"的至善问题，而道德规范问题追求的终极目标则是"社会"的至善问题。这样，两者的关系就并非古典效用主义所理解的那样，是单纯的目的和手段的关系，而是作为个人的善与社会善或正当的关系。从根本上看，道德规范是对社会整体价值的一种阐释，而非对个人人生价值的说明。在两者的关系之中，由道德规范所确立的社会为个体实现自我人生价值创造了一些必不可少的条件，所以说，在规范意义上，前者绝对优先于后者。

就社会善而言，到底什么是社会的终极价值？这一问题的意义在于存在着不同的社会善，且它们之间存在着无法同时满足的张力，尤其是当总体效率与公平正义发生矛盾时。到底社会应该将哪一种价值视为首要因素，并置于优先地位，则属于伦理冲突的问题。这也在作为公平的正义与古典效用主义之中体现出来，在前者看来，平等自由具有绝对的优先性，不能为效用或其他所补偿；而后者则认为，效率绝对优先，甚至可以以其部分成员的部分利益为代价。

行文至此，我们也就不难看出周保松教授之判断的问题所在了。当罗尔斯将作为公平的正义理论看作区别于目的论的义务论式正义观念，并认为正当优先于善时，他完全是站在理论规范的立场上来做出这一区分的。当然，正如我们上文中描述的那样，从逻辑起点上来看，恐怕任何可信的道德理论都不可能完全超越个体善这一自我关切，否则它就会因为失去根基而没了生命力。当然，我们也绝不能因为罗尔斯正义原则的逻辑论证过程中以个体对基本善的诉求这一倾向为起点，而判定其理论结构与古典效用主义一致。质言之，罗尔斯义务论与目的论这一区分完全是站在道德规范的立场上做出的——作为公平的正义理论以正当优先于善为根本特征，而古典效用主义以善优先于正当为理论灵魂。

三　古典效用主义：目的论式的抑或义务论式的

另一个问题是，是否真如金里卡所言，"罗尔斯误述了效用主义并因而误述了关于分配的争论"①。又或者是，罗尔斯真的忽视了义务论式效用主义而"人为地发明了一种对效用主义的一种目的论式的表述"②。

笔者认为事实并非如此。让我们先来弄清楚为什么金里卡认为罗尔斯是这样做的。在金里卡看来，罗尔斯反对的目的论效用主义充其量只代表了对效用主义特征的一种解释，且这种解释忽视了其理论辩护中的一个重要因素——"对平等的考虑的关心"③，这种因素绝对不是目的论的。故此，效用主义还存在着另一种解释，他说："根据这种解释，效用主义是这样一种程序，这种程序是用来合计个人的利益和欲求，用来做出社会选择，以确定哪些交换是可以接受的。它是一种意欲用平等的关系和尊重要把人们当作平等者来对待的道德理论。它是通过把每个人独立计算，没有人可以多算一次做到这一点的。"④也就是说，效用主义的这种解释意在表明，它也是考量从道德的观点看每个人的利益是同等重要的这种观念的一种方式。金里卡相信，"它像任何其他的方式一样是'义务论的'，因为它认为每个人具有必须被尊重的一种独特的和平等的地位。如果人们的偏好没有同等地得到考虑……他们对于平等考虑的正当要求就没有被满足"⑤。在这一基础上，金里卡确信，这种义务论式的效用主义才是效用主义最自然且最具说服力的形式。

---

① 威尔·金里卡：《自由主义、社群与文化》，应奇、葛水林译，上海译文出版社2005年版，第24页。

② 威尔·金里卡：《自由主义、社群与文化》，应奇、葛水林译，上海译文出版社2005年版，第24页。

③ 威尔·金里卡：《自由主义、社群与文化》，应奇、葛水林译，上海译文出版社2005年版，第25页。

④ 威尔·金里卡：《自由主义、社群与文化》，应奇、葛水林译，上海译文出版社2005年版，第25页。

⑤ 威尔·金里卡：《自由主义、社群与文化》，应奇、葛水林译，上海译文出版社2005年版，第26页。

　　这就是为什么金里卡相信罗尔斯误述了效用主义因而误述了作为公平的正义理论与效用主义之间真正的争论①。事实上，对待作为公平的正义理论的主要论敌，罗尔斯并不像金里卡文中所认为的那样粗心大意，以至于对各种形式的特别是平等效用主义这种金里卡眼中的"义务论"式效用主义整体视而不见。② 在《正义论》第五节，罗尔斯就曾以"古典效用主义"为题对其理论中所指涉的效用主义做出了理论限定。他说："效用主义形式繁多……我不想总观这些形式，也不打算考量当代讨论中出现的无数细致精巧的推论。我的目的是确定一个能够替代一般的效用主义，从而也能够代替它的各种变化形式的作为一种选择对象的正义理论。我相信契约论与效用主义的对立在所有情况中本质上都是一样的。"③ 从这段引文来看，罗尔斯将正义论中讨论的效用主义严格地限定为西季威克所描述的古典效用主义。在他看来，"这种理论［古典效用主义］在西季威克那里得到了最清楚、最容易理解的概述，即如果一个社会的主要制度被安排的能够达到所有社会成员满足总量的最大净余额，那么这个社会就是被正确地组织的，因而也是正义的"④。

　　接着，罗尔斯进一步解释了他之所以选择古典效用主义作为各种形式效用主义代表的原因。他说："由边沁、埃奇沃思和西季威克所概括的古典效用的观点的优点在于它最清楚地认识到了那个关键的东西，即正义原则［效用

---

　　① 金里卡认为，作为公平的正义理论与效用主义之间关于分配的真正争论是，是差别原则还是效用原则对同等考虑每个人的利益的内涵做出了更好的说明。他以此判定，这不是义务论对目的论的一场争论。详见威尔·金里卡《自由主义、社群与文化》，应奇、葛水林译，上海译文出版社 2005 年版，第 27 页。

　　② 在《正义论》第一部分第三章第 27 节中，罗尔斯曾仔细地考察了为什么处于原初状态的立约人不选择平均效用原则。这一点至少表明，罗尔斯绝非金里卡所说的那样，没有注意到"义务论"式的平均效用主义。参见 John Rawls, *A Theory of Justice/-Rev. ed.* , Cambridge：Harvard University Press, 1999, pp. 139 – 145。

　　③ John Rawls, *A Theory of Justice/-Rev. ed.* , Cambridge：Harvard University Press, 1999, pp. 19 – 20.

　　④ John Rawls, *A Theory of Justice/-Rev. ed.* , Cambridge：Harvard University Press, 1999, p. 20. 此处，罗尔斯认为，西季威克是古典效用主义的集大成者。他的《伦理学方法》可以看作对效用主义道德理论发展的一个总结。其《伦理学史纲》是效用主义传统的简史。在《政治经济学原理》一书的第三编，他将效用主义原则应用于经济和社会正义问题，是皮古的先驱。

原则〕以及由这些原则确立的权利的相对优先性。"① 此外，古典效用主义道德结构的清楚和简洁也许成为它被选择的另一个原因。在《正义论》中，罗尔斯曾这样描述说："古典目的论理论的清楚和简洁大都来自这样一个事实，它将我们的道德判断解析为两类，一类的特性被单独赋予，另一类通过最大化前一类而与其相联系。"② 整体上来说，罗尔斯想要阐明的是，在古典效用主义理论中，个体之间权利的优先顺序是由效用原则来确立的。也就是说，无论是权利、义务还是机会、职位、财富等，社会分配必须如此分配这些善品以达到可能产生的最大值。

当然，这并不是说罗尔斯完全没有注意到或者有意忽视古典效用主义理论对平等问题的思考。但是，在罗尔斯眼中，古典效用主义对平等的考虑，在相对优先次序问题上，完全是置于其总的效用原则之下的。在此，金里卡似乎对平等待人原则在效用主义理论③中的地位持有不同的看法。他说："如果我们决定依照这个基础去行动，那么效用就被最大化了。但是效用的最大化并不是直接目标。最大化是出现了，但却是作为用来公平地合计人们的偏好的一种决策程序的一个副产品而出现的。"④

无论如何，金里卡将平等待人看作效用主义的第一原则的这种做法，在罗尔斯看来，是不可思议的。罗尔斯认为，古典效用主义"不关心——除了间接的——满足的总量怎样在个人之间分配，就像它除了间接的以外，不怎么关心一个人怎样在不同的时间里分配他的满足一样。在这两种情况下，正确的分配都是那种产生最大满足的分配。……没有任何分配形式本身比另一种形式更好，除非我们偏爱更为平等的分配"⑤。接着，罗尔斯进一步补充论

① John Rawls, *A Theory of Justice/-Rev. ed.*, Cambridge：Harvard University Press, 1999, p. 29.

② John Rawls, *A Theory of Justice/-Rev. ed.*, Cambridge：Harvard University Press, 1999, p. 22.

③ 金里卡似乎没有注意到罗尔斯对其理论论敌的界定，他是在整个效用主义的范畴之内思考问题的。

④ 威尔·金里卡：《自由主义、社群与文化》，应奇、葛水林译，上海译文出版社2005年版，第25页。

⑤ John Rawls, *A Theory of Justice/-Rev. ed.*, Cambridge：Harvard University Press, 1999, p. 23. 此处，罗尔斯清楚地表明，倘若人们偏爱平等，或许可以出现以平等原则为第一性的效用主义。但实际的情况是人性偏爱利益的情况更为普遍。因而，用人类的偏爱作为证据显然是站不住脚的，罗尔斯在这里指出了这一点。

证道："有关常识性的准则，特别是涉及那些自由和权利保护，或者那些表达应得主张的准则，看起来是与上述论点相矛盾的。"① 也就是说，在罗尔斯看来，效用主义的准则及其表面上的严格特征可以这样来解释，在我们的日常生活经验中，如果希望利益总量最大化，就必须严格遵守这些准则，只有在非常特殊的情况下才能违背。但是，达到最大满足余额的目的是效用主义正义原则的指挥棒。换言之，西季威克理论中所谈论的平等待人原则，完全依附于"实现最大满足余额目的"，从而仅仅是实现这一目的的手段。罗尔斯指出，"无疑，严格的常识性准则有助于限制人们的不正义倾向和损害社会的行为。但效用主义者相信，把这类严格准则作为道德的一个首要原则是错误的。因为，正像最大限度地满足一个人的欲求体系对他来说是合理的一样，最大限度地增加一个社会所有成员的满足的净余额，对这个社会也是正当的"②。

我们在西季威克的论著中找到了支持罗尔斯上述判断的有力证据。在《伦理学方法》一书中，西季威克说："至少是，我们不得不用某种公正（或对这种幸福的正确分配）原则来补充追求最大整体幸福原则。多数效用主义者已经隐蔽地或明确地接受这种公正原则是纯粹平等原则，它体现在边沁的'每个人只算作一，无人算作多'的准则之中。"③ 与此同时，西季威克将平等原则定义为一种"似乎是唯一不需要特殊证明的原则"④。即便如此，只要我们足够细致地推理，就能够在西季威克的论述中发现这两个原则之间的逻辑关系。从西季威克的描述中来看，纯粹的平等原则仅仅是追求最大整体幸福原则的"补充"。也就是说，在优先级次序上，西季威克是将平等原则置于效用原则的整体考虑之下的。这就证明，金里卡将"效用最大化"看作平等原则的一个自然的结果是有失偏颇的。事实上，在古典效用主义理论中，效

---

① John Rawls, *A Theory of Justice/-Rev. ed.*, Cambridge：Harvard University Press, 1999, p. 23.
② John Rawls, *A Theory of Justice/-Rev. ed.*, Cambridge：Harvard University Press, 1999, p. 23.
③ ［英］西季威克：《伦理学方法》，廖申白译，中国社会科学出版社 1993 年版，第 416—417 页。
④ ［英］西季威克：《伦理学方法》，廖申白译，中国社会科学出版社 1993 年版，第 416—417 页。

用原则是第一性的，它是将效用主义与其他理论形态区别开来的关键要素。在古典效用主义理论中，西季威克之所以引入平等原则，是因为使用平等原则的通常结果都能够使整体效用最大化。因此，我们可以判定，平等原则在西季威克的古典效用主义中，绝非一个绝对优先的义务论准则，它仅仅是作为实现效用原则最大化的补充原则出现的。

行文至此，问题也就有了明确的答案。并不是罗尔斯有意忽略"义务论"式效用主义，而是在他看来，所谓"义务论式"效用主义的判断，最起码在古典效用主义之中，是一种错误的认知。究其根本，效用主义中的分配本质上是一个有效管理的问题，这种管理能够最大限度地增加由不偏不倚的观察者从众多既定个人的欲求体系中建构起来的欲求的满足。其理论结构无疑是目的论的，即先将善定义为欲求的满足，然后将正当定义为善的最大化。

第二节　正当与善的契合性问题

正当的优先性理念是作为公平的正义理论的一个根本要素，在其理论证成中发挥着核心的作用。那么，倘若要满足正义原则的优先性要求，是否就意味着其理论证成不能诉诸任何善观念，以至于个体服从正义原则的动机不能以任何形式与其对善的欲求相关联呢？罗尔斯认为，"这种观点是完全不正确的，因为权利（正当）与善是相互补充的，任何正义观念都无法完全从权利或善中抽离出来，而必须以一种明确的方式将权利与善结合起来。权利［正当的］优先性并不否认这一点"①。在他看来，良序社会的成员之所以能够前后一致地按照正义原则行事，并以此获得一种有效的正义感，其根源在于正义行事与他们的善完全是兼容的。事实上，作为公平的正义理论稳定性证成的全部努力，就在于证明"对于一个良序社会的成员来说，肯定他们的正义感并使之规约他们的人生计划（通过善的弱理论界定的）是理性的（ra-

---

① John Rawls, *Political Liberalism*, New York: Columbia University Press, 2005, p. 173.

tional）"以及"采纳并用正义观点指导这种倾向，是和个人的善是一致的"。①
罗尔斯坚信，稳定性问题本质上是一个正义观是否兼容于人性及人类之善的
问题。他说："最稳定的正义观可以是这样的，它对我们的理性来说是明晰
的，与我们的善是一致的，并且根植于自我肯定而非自我克制之中。"②

一 义务论与契合论何以共融

通过先前的讨论，我们知道，义务论更强调正当与善的分离性，并且相
信只有这样，正当的优先性才能被保障。而契合论想要证明的是，个体正当
行事在某种程度上与其对善的追求是一致的。那么，在进一步讨论正当与善
的契合性之前，我们有必要首先弄清楚的问题是，罗尔斯到底是如何使这两
种看似冲突的伦理观念——义务论与契合论——共融于一个理论体系之中，
以及其论证是否具有理论上的自洽性。

众所周知，义务论被罗尔斯看作其作为公平的正义理论的核心主张。在
社会合作体系中，正义作为社会制度的首要美德，不只是被权衡和被考虑的
诸多社会价值中的一种，而且是用来权衡和评价其他价值的价值。尽管社会
合作是个体基于互利而建立起来的合作体系，但其成员之间不单单包含着利
益一致，而是常常伴随着非常尖锐的利益冲突。当他们的善观念或价值观之
间发生不可调和的矛盾和冲突时，正义原则就是用来规范和调节这些冲突与
价值的标准。在这个意义上，正义原则优先于其他价值观或善观念。在罗尔
斯看来，正义的这种优先性意味着，"每个人都拥有一种基于正义的不可侵犯
性，这种不可侵犯性是即使以社会整体利益之名也不可逾越的。因此，正义
否认一些人为了分享更大的利益而剥夺另一些人的自由是正当的，不承认许
多人享受的较大利益能绰绰有余地补偿强加于少数人的牺牲"③。

与正义的优先性紧密相关的是一个更为普遍的伦理观念，即正当对善的

---

① John Rawls, *A Theory of Justice/-Rev. ed.* , Cambridge：Harvard University Press, 1999, p. 497.

② John Rawls, *A Theory of Justice/-Rev. ed.* , Cambridge：Harvard University Press, 1999, p. 436.

③ John Rawls, *A Theory of Justice/-Rev. ed.* , Cambridge：Harvard University Press, 1999, p. 3.

优先性。同正义的首要性一样，正当对善的优先性是第一阶的道德要求，它具有一种终极的元伦理学的地位。这种优先性表明正义原则高于个体欲求的满足或福利的要求的考虑，且为它们设置了清楚的界限。罗尔斯说："正义原则和正当原则限定了满足的价值，在何为一个人合理的善观念方面给出了限制。人们在制定计划和决定志向时要考虑这些限制……正义原则指定了人们的目标体系必须尊重的界限。"① 也就是说，对个体的善观念来说，只有在正义原则限定的范围内，其善观念才被看作有价值的。正如罗尔斯所言："正义的优先性部分地体现在这样一个主张中，即那些需要违反正义才能获得的利益本身毫无价值。"②

作为第一阶的道德要求，正当的优先性意味着正当概念是独立于善观念而定义的，这一理论结构使作为公平的正义观念区别于目的论而具有义务论的属性。在罗尔斯看来，以古典效用主义为代表的目的论混淆了正当概念与善概念之间的关系，原因在于它从根本上混淆了自我与其目的的关系。他坚信，在社会合作体系当中，本质上规定一个人的并不是他所追求的目标，而是我们之所以能够追求各种目标的道德能力。这种道德能力是我们之所以能够且愿意参与社会合作的力量之源，因此它必须优先于个体自我选择的善观念。正如罗尔斯所言："目的论的基本结构是根本错误的：它从一开始就以一种错误的方式把正当与善联系起来。我们不应该试图通过首先关注被独立界定的善，来赋予我们的生活以某种形式。我们愿意接受的不是那些从根本上展示我们本性的目的，而是这样一些原则，它支配着人们借以形成这些目标的背景条件，和人们追求这些目标的方式。因为自我优先于由它来肯定的目的，甚至一种支配性的目的也是由自我在大量的可能性中选择的。人们不可能超出理性慎思。因此，我们应当把目的论学说提出的正当和善之间的关系颠倒过来，把正当看作优先的。"③ 一言以蔽之，在每一个支配性目的被选择

---

① John Rawls, *A Theory of Justice/-Rev. ed.*, Cambridge：Harvard University Press, 1999, p. 28.
② John Rawls, *A Theory of Justice/-Rev. ed.*, Cambridge：Harvard University Press, 1999, p. 28.
③ John Rawls, *A Theory of Justice/-Rev. ed.*, Cambridge：Harvard University Press, 1999, pp. 490–491.

之前，必然需要一个能够具备选择能力的自我。这个自我在逻辑上优先于其所选择的任何目的和属性。在作为公平的正义理论中，罗尔斯认为，正当原则的优先性在更深层次上反映了这种对个体自主性的尊重，即把人自身当作目的，而决非当作实现某种目的手段。

为了防止正当或正义原则的选择受到自然禀赋、社会背景及运气等偶然性因素的影响，以至于将其从与道德的观点来看毫不相关的因素中抽离出来，罗尔斯设置了原初状态及道德人格的观念。正是这一设置，使个体既能够超脱于当下的价值和目标，又不至于武断地诉诸先验原则。在他看来，这一阿基米德支点"既不是来自世界之外的观点，也不是一个超验的存在者的观点，毋宁说，它是有理性的人在世界之内能够采取的某种思想和情感"①。在原初状态中，无知之幕将立约人各自作为特殊的存在者的信息遮蔽起来，使其不知道属己的善观念及价值倾向。他们唯一知道的是，他们拥有值得毕生追求的美好生活计划。罗尔斯的正义原则正是立约人在这种初始平等的环境中全体一致同意的产物。这样，借助于原初状态，罗尔斯不求助于康德式先验主体及形而上学预设，建立起了正当的优先性这一义务论学说。罗尔斯坚信，人类完全有能力在经验领域保留其道德力量，并进一步为自我立法。

至此，正当的优先性作为罗尔斯正义理论的一个根本特征的逻辑地图已经跃然纸上。接下来，一个亟须讨论的问题是，正义原则的这一优先性要求是否意味着其理论证成完全超脱于人类之善的思考。毋庸置疑，罗尔斯给出的答案是否定的。在原初状态中，尽管各方不知道属己的特殊善观念，但他们始终被某些基本善驱动着。罗尔斯说："为了建立这些正当原则需要某些善的概念（some notion of goodness），因为我们需要假定各方在原初状态中的动机。由于不允许这些假定危及正当概念的优先地位，用于证成正义原则的善理论被限制在最基本的范围内，这种善的解释我称之为善的弱理论。"② 根据

①　John Rawls, *A Theory of Justice/-Rev. ed.* , Cambridge：Harvard University Press, 1999, p. 514.

②　John Rawls, *A Theory of Justice/-Rev. ed.* , Cambridge：Harvard University Press, 1999, p. 348.

善的弱理论，罗尔斯将首要善看作那些理性人想要实现自己道德人格所必须具备的益品，其中包含权利和自由、职位和机会、收入和财富以及自尊的基础等①。在他看来，不管立约人将会具有什么样的美好人生计划，这些基本善都将会得到他们更多的偏爱，并为他们所普遍共享。更重要的是，基本善的运用使得正义原则的证成成功地避免了当下各种流行价值观和个体偏好的影响，这也是罗尔斯将其称作"善的弱理论"的原因所在。

这样，原初状态与善的弱理论一道，使罗尔斯正义理论的证成既不求助于任何先验原则或至善原则，同时又超越了现有的欲求以及当下的社会条件。那么，善的弱理论或者说基本善概念的运用是否像周保松教授认为的那样，从根本上危及作为公平的正义理论的义务论属性呢？就这一问题，罗尔斯解释道："权利（正当）和善是相互补充的，任何正义观念都无法完全从权利或善中抽演出来，而且必须以一种明确的方式将权利与善结合起来。权利的优先性并不否认这一点。"② 当代罗尔斯最重要的理论对手桑德尔在《自由主义与正义的局限性》中曾就这一论题有过比较中肯的评价，他说："尽管善的弱理论优先于权利理论和正义原则，但它并不足以根本上摧毁正当对善的优先性……作为这一理论之基础的正当之优先性，关系到善的强理论，即处理特殊价值和目的的理论，而善的强理论仅仅出现在正义原则之后，并以正义原则为根据。……正当原则源于与真实的（或者说极为普遍的）人类欲求相关

----

① 有学者质疑罗尔斯在这里讨论的基本善是否是真的独立于当下人们的需要和欲求，在他们看来，罗尔斯引入的基本善并不为人们所普遍共享，这些因素隐含着一种对西方自由主义生活计划的偶然偏好，由此他们判定，罗尔斯式的基本善也只是人类现实生活中流行的价值观的一种。这一质疑是值得我们重视的，罗尔斯丝毫不避讳自己的自由主义立场，因此极有可能会基于自己的立场做出"带有偏好"的判断。但是，在笔者看来，罗尔斯在其理论中所使用的"反思的平衡"及契约论方法使其理论能够成功地避免这一指控。正如他在情感讨论中所说的那样："如果这些情感强有力且在强度上超过了其他可取代的情感，它们就应当作为决定的根据……契约观点要求我们在允许的条件下尽可能快地向着公正的制度前进……"以此类推，契约论保证了其基本善这一论题的开放性。罗尔斯相信，如果某些基本善在强度上超过了其他可以取代的基本善，它也应当作为决定的根据。这是以契约论为基础的反思的平衡的必然要求。John Rawls, *Political Liberalism*, New York：Columbia University Press, 2005, p. 396.

② John Rawls, *Political Liberalism*, New York：Columbia University Press, 2005, p. 173.

的善的弱理论，这些事实给这些原则提供了一个决定性的基础，阻止其陷入武断和变得与世界无关。"① 换言之，罗尔斯借助于区分"善的强弱理论"，使得义务论与契合论逻辑上不矛盾地共处于一个理论体系之中。这一论证也被学界看作罗尔斯将休谟式经验主义因素②引入其理性主义论证模式的一个突出贡献。③

无疑，罗尔斯试图借助原初状态克服康德式形而上学的困境，以期"在经验理论的范围之内"为个体寻找规范社会合作体系的道德原则，这一理论诉求就使其理论肩负着双重使命，一方面，正义原则作为规范个体道德行动的道德原则要求其必须独立且高于个体的（强的）善观念；另一方面，正义原则作为调节社会合作的规范原则要求其必须与（弱的）人类之善相一致。这两者相辅相成地共融于罗尔斯的理论体系之中，且具有不可匹敌的理论自洽性。因此，罗尔斯说，"正义设置了限制，善则表明了意义"④。以基本善为基础的正义原则，它在为各种善观念设置限制的同时，也为这些善观念或者说这些生活方式留下了足够的发展空间。换言之，只有当一种正义制度和政治美德不仅是可以允许的，且完全值得个体为之奉献忠诚，我们才能期待个体把这一正义的制度和美德看作正义而良善的社会制度和政治美德。

二　罗尔斯正义理论中正当与善的契合性（一）

这一小节我们将集中讨论罗尔斯正义理论中的契合论及其相关问题。罗尔斯在契合论的证成中想要表明的是，正义的优先性所施予个体的严格限制

---

① 迈克尔·J. 桑德尔：《自由主义与正义的局限》，万俊人等译，译林出版社 2011 年版，第 40 页。

② 这里指的是"正义的环境"。追随休谟，罗尔斯在作为公平的正义理论中区分了正义的主观环境和客观环境。正义的客观环境着重强调的是诸如资源中度匮乏的事实；而主观环境则表明每个人都具有不同的利益需要，且彼此之间相互冷淡。具体讨论详见 John Rawls, *A Theory of Justice/-Rev. ed.*, Cambridge：Harvard University Press, 1999, pp. 109 – 112。

③ Frazer M. L., "John Rawls：Between Two Enlightenments", *Political Theory*, Vol. 35, No. 6, December 2007.

④ John Rawls, *Political Liberalism*, New York：Columbia University Press, 2005, p. 173.

并不是不理性的；相反，它在我们的美好生活中具有实际的作用和意义。契合论的全部努力就在于展示正义原则是如何与人类的需要、目标和目的关联起来的。

正当与善的契合性是罗尔斯证成作为公平的正义观念内在稳定的关键环节。要想彻底弄清楚这一论题，恐怕我们还是得先回到原初状态的讨论当中去。在原初状态中，"善的"规范性定义是通过个体无时空偏好且终其一生的美好人生计划来确立的。也就是说，什么对一个人来说是善的，或者说什么样的行动对他而言是理性的，需要借助于其理性生活计划才能得以清楚地说明。毫无疑问，个体的目的和计划因人因地因时而异，因而社会合作必然呈现出多元化的特征，罗尔斯设置原初状态这一代表装置时并没有想要否认这一点。在他看来，当具有多元善观念的个体作为社会合作中的一员时，其共享人性及平等的成员地位的处境，使得基本善对他们每一个人实现善观念而言都是理性的。这些社会基本善要么对他们具有和保持作为平等自由的合作者的地位而言是必不可少的，要么能够使他们的生命变得繁荣而富有意义，这被罗尔斯进一步概括为善的弱理论。在作为公平的正义理论中，尽管这类纯形式的或善的弱理论本身并没有对个体应当追求什么，① 致使其生活具有价值做出规定，但它却给个体提供了足够的动机资源去选择正义原则。这样，借助于善的弱理论，罗尔斯认为，正当与善的一致性问题就获得了一个较好的解释。

展开来说，在原初状态中，处于无知之幕背后的立约各方基于集体理性选择出一套规范其社会基本结构的正义原则。罗尔斯认为，立约各方之所以会选择这一原则，关键在于相比其他正义原则，集体理性表明作为公平的正义原则能够最大限度地满足立约各方的理性欲求。换言之，当无知之幕遮蔽了个体所具有的特殊境况，只保留人之为人及人类社会的一般性常识之后，他们集体选择的正义原则将是能够最大限度地满足他们各自的理性生活计划

---

① John Rawls, *A Theory of Justice/-Rev. ed.*, Cambridge：Harvard University Press, 1999, p. 372.

的原则。正是在这一背景下，罗尔斯判定，正义原则与他们的善（在弱的意义上使用）是一致的。

　　就这样，借助于无知之幕与理性慎思，罗尔斯从根本上缓和了西季威克提出的所谓"实践理性二元论"① 的困境。在原初状态中，奠基于立约人理性同意的正义原则，使由理性慎思规定的个体之善与由无知之幕规定的不偏不倚的公共正义原则统一起来。塞缪尔·弗里曼曾这样描述罗尔斯的这一论证，他说："在作为公平的正义观念中存在着两个理想的视角：原初状态和理性慎思。前者为正义判断提供了基础，后者为人之善的判断提供基础。……两者都通过规范原则人为地控制着有效信息，并限制着处于这一位置的人们的判断：在判断一个人的善时使用理性原则，在判断正义时通过合理性原则（reasonable principle）限制理性判断。最终，两种视角都根据客观的观点，为真正正义的道德判断和每一个人个体的善的真正价值判断提供了基础。"② 所以说，在原初状态中，从集体理性慎思的角度来看，正义原则从本质上成为个体善的一部分，进而按照正义原则行事对每个人而言都是理性的。

　　有人或许会问，即便是在原初状态中，正义原则本质上是个体之善的必要组成部分。但是，当人们走出原初状态并对属己的特殊境况充分知情之后，按照正义原则行事对他们而言还是理性的吗？罗尔斯关于良序社会中正当与善的契合性问题讨论——其成员用正义感来规制其理性生活计划的这一倾向对他而言是否是理性的——就是为了回答上述问题。在这一阶段中，契合论想要表明的是，对良序社会中的每个成员来说，当他们从自己的利益视角出发来审查自己的收益表时，会发现，做一个正义的人对他们而言是更好的选

---

　　① 西季威克在其论著中多次提到"实践理性二元论"，它主要指的是效用主义原则与个人利己原则之间的对立。在他看来，存在着两种清楚明确但又相互冲突的直觉信念。一个是，如果牺牲自我的幸福可以最大限度地增加他人的幸福，那么我就应该选择牺牲自我的幸福；另一个道德信念是，牺牲我自己的幸福总是非理性的。因而，对一个行动者而言，同时按照利己信念和效用主义原则行动都是合理的，当二者发生冲突时，无疑就会陷入一个内在不一致的二元困境之中。参见［英］西季威克《伦理学方法》，廖申白译，中国社会科学出版社1993年版，第513—516页。

　　② ［美］塞缪尔·弗里曼，《罗尔斯》，张国清译，华夏出版社2013年版，第269—270页。

择，特别是当其他人也都这样做时。对上述问题的论证构成了罗尔斯作为公平的正义观念稳定性证成的核心要素。

三 罗尔斯正义理论中正当与善的契合性（二）

正如我们前文指出的那样，既然正义原则是集体理性选择的结果，那么无疑它构成了立约各方的一个纳什均衡点①，且这一点能够体现立约各方的帕累托最优②，否则它将不会被立约各方所选择。因此，我们就可以说，原初状态的理论设置在某种程度上弥合了集体理性与个体理性之间的张力，使得正义原则在适用于公共理性的同时也同样符合个体善。

但是，当个体从原初状态走进良序社会之后，一般集体行动必然导致的囚徒困境随即出现，在这种情况下，个体按照正义原则行事对他而言到底还能不能说是一种善就不那么清楚了。其原因在于社会合作中搭便车者或由相互保证产生的相关问题将会逐渐凸显，以至于会破坏由原初状态所保障的正义原则与个人善之间的那种平衡。在这种情况下，除非良序社会中的每一个成员都能够按照正义原则行事，否则，按照正义原则行事对个体而言就很有可能不是一种善，更不是一种理性的做法。换言之，除非良序社会中的每一个成员都具有一种有效的正义感，否则其成员就很有可能因为具有正义感而蒙受损失。毫无疑问，这样的结果或多或少会使个体对自己拥有正义感而感到沮丧和懊恼。事实上，罗尔斯也清醒地意识到了这一问题，他说："我希望表明……一个人肯定他的正义感对他来说是理性的。肯定他的正义感的生活计划是他对的同伴们的类似计划的最好回应。"③

---

① 纳什均衡点是一个经济学概念，它表明，在任何有限的策略中个人的对策至少有一个均衡点。在原初状态中，当每一个人都试图寻求利益的最大化时，借助于善的弱理论，正义原则就被选出来。在这种情况下，尽管各方都是从自我利益最大化这一视角出发，但由于理想条件的设置，它是一个能够体现帕累托最优的纳什均衡点。这样，罗尔斯借助于原初状态化和理性慎思，消解了存在于合作中的个人理性与集体理性之间的内在矛盾。

② John Rawls, *A Theory of Justice/-Rev. ed.*, Cambridge：Harvard University Press, 1999, p. 497.

③ John Rawls, *A Theory of Justice/-Rev. ed.*, Cambridge：Harvard University Press, 1999, p. 497.

为了弥合上述间隙以证明作为公平的正义观念的内在稳定性，罗尔斯在《正义论》中先后给出了两种方式：一种是说明由作为公平的正义观念规范的社会制度能够充分地唤起人们的正义感；另一种则表明当良序社会中的成员从自我利益出发去评估由正义原则规范的社会制度时，他仍然会认为，其平衡的欲求体系倾向于支持他将正义感置于优先地位，而非一种随机应变或权宜之计，特别是当良序社会中的其他人也这样做时。①

众所周知，罗尔斯认为，个体在良序社会中通常会产生一种有效的正义感，这一欲求通常表明个体按照正义原则或正义制度去判断及行动的一种倾向，它敦促个体努力维护正义的制度，并对自己违反正义制度的行为进行纠正或补偿，特别是当他人也这样做时。通俗来讲，就是说，倘若一个人具有一种有效的正义感，那么这种正义感就经常要求或提醒他做正义的事情，而不做不正义的事情。特别是当他的正义感与其自我的美好生活计划发生矛盾时，他倾向于用正义感来规范其理性生活计划。假如他做了不正义的事情，他则倾向于产生一种寻求原谅的负罪感。因为他想做一个正义的人，所以在他看来，通过违背正义制度的方式为自己赢取较大的利益是没有价值的、是令人羞耻的。这也就表明，正义感在他的欲求系统中具有绝对的优先性，规制着他的其他欲求和生活。当然，假如罗尔斯能够证明良序社会中的所有成员都是具有这种倾向的人，或者愿意成为具有这样倾向的人，那么他就成功地论证了良序社会的内在稳定性，从而使其避免了使用外在强迫和重复博弈的道德哲学困境，由此规范这一制度的作为公平的正义观念也就获得了一种自我支持的力量。

但是，这并不意味着罗尔斯想要表明，良序社会中的人完全是一类将正义看作终极目标的人，他们完全出于良心或品格而行动。事实上，这是一种让人难以置信的方式，因为这极大地简化了罗尔斯关于正当与善的契合论问题的观点。归根结底，个体是否能将正义感看作其最高阶的欲求，核心在于

①　无疑，第二种自我稳定的方式在某种程度上是第一种方式得以顺利展开的前提。关于第一种方式，即对个体道德心理发展的各个阶段的讨论，我们已经在第三章做出，因而不再赘述。

他持有什么样的理性生活计划。在一个大型的社会中，其因个体性格目标各异而彰显出来的多元化特征不可避免，只有那些正义的人才珍视正义的价值，才会因正义自身之顾而行事，并将正义看作对自己的一种褒奖。也就是说，这种将正义行事看作终极行动目标的人，在某种程度上缺乏与正义行事相反的欲求，在他们的理性生活计划中，正义行事是由正义行事的善观念决定的。与之相反，对于那些不以此为目的或善观念人，他们完全不在乎这一点，因而正义本身在他们看来并非一种褒奖。事实上，罗尔斯所谓良序社会中的成员会获得一种稳定的正义感并不是说每个人都像我们描述的那个正义的人一样，完全出于一种纯粹的良心①或品格而行动。因为在罗尔斯的论证中，良序社会中的个体除了具有正义感之外，还具有属己的人生计划，"自身利益"的观点可能会影响甚至削弱他们的正义感，罗尔斯丝毫没有避讳这一点。在他看来，良序社会的个体按照正义原则行事是有"明显的理由的"②，因而绝非一种简单的偏爱。事实上，倘若从个体理性慎思的观点来看，正义行事无论何时何地总是阻碍他们实现自己的人生计划，那么，罗尔斯的观点是，基于我们不可避免的自爱倾向，这一正义原则必将被更迭或被抛弃。

看清楚了这一点，我们也就从另一个侧面理解了罗尔斯为什么将作为公平的正义理论之良序社会的稳定性问题看作其理论证成中不可缺少的一个环节，而不仅仅是一个维持社会稳定的策略。在良序社会中，尽管个体能够发展出一种稳定的正义感，但这种正义行事的欲求与其自我善观念的倾向时刻处于一种动态的交互过程之中，因此，集体行动中面临的相互保证和搭便车的问题必然存在。在这种情况下，个体是否能使正义感在这一动态平衡中占据主导地位，完全取决于良序社会的环境是否能够保证正义原

---

① 在这一点上，罗尔斯拒斥以罗斯为代表的"纯粹良知学说"，他们将人的正义看作一个特殊的不可分析的对象的欲求，即一种因正义自身之故而产生的欲求。在罗尔斯看来："按照这种解释，正义感就是失去了任何明显的理由；它就像偏爱茶而非咖啡一样。尽管存在着这样一种偏爱，但把他作为调节社会基本结构的原则却完全是人性的。"详见 John Rawls, *A Theory of Justice/-Rev. ed.*, Cambridge: Harvard University Press, 1999, pp. 418–419。

② John Rawls, *A Theory of Justice/-Rev. ed.*, Cambridge: Harvard University Press, 1999, pp. 418–419.

则与个体善的一致性。也正是基于这一原因，罗尔斯在描述良序社会的概念时反复强调："它是这样一个社会，其中每个人都接受并知道其他人也接受同样的正义原则，同时，基本社会制度满足着并且人们也知道它满足着这些正义原则。"①

与此同时，这一点也解释了罗尔斯为何在强调良序社会内在稳定——正义观念自我支持的力量——的重要性的同时，也承认政府强制性权力的必要性。他说："在良序社会中，为了社会合作的稳定，政府的强制权力在某种程度上是必需的。因为，尽管人们知道他们分享相同的正义感，并且每一个社会成员都力求维持当下的社会安排，但是，他们可能还缺乏完全的相互信任……他们可能被诱惑地不尽职尽责。对这些诱惑的广泛察觉可能最终导致社会合作体系的崩溃。"② 在罗尔斯看来，这样的安排在人类正常生活的主客观条件下是完全必要的。他说："在正常情况下，只有在强制实行一种有效的约束性规则时，这方面的合理确信才能建立起来。假设公共利益对每个人都是有利的，并且所有人都同意这种公共利益安排，那么，从每个人的观点看，强制手段的使用是完全合理的。"③ 因此，罗尔斯认为："为这些制裁辩护的原则是可以通过自由原则推演出来的。"④ 无论从形式上还是从内容上来看，这些制裁机制都不能逾越正义的界限。与此同时，为了避免不必要的误解⑤，罗尔斯特别强调说："在良序社会中，这些必要的惩罚无疑是温和的，而且可

---

① John Rawls, *A Theory of Justice/-Rev. ed.* , Cambridge：Harvard University Press，1999，p. 397.

② John Rawls, *A Theory of Justice/-Rev. ed.* , Cambridge：Harvard University Press，1999，p. 211. 这段引文，是学者们将罗尔斯稳定性问题看作一个社会策略问题通常给出的证据。在笔者看来，更符合罗尔斯本意的解释，恐怕是将其惩罚措施看作牵引线，它为正义观念产生自我支持的力量提供了条件。而一旦良序社会步入正轨，它就自然退居二线，进而由正义原则自身产生的力量维持良序社会的良性运转。遗憾的是，在《正义论》中，罗尔斯将这种力量归结为一种人性。我们将在之后的章节中讨论这一点。

③ John Rawls, *A Theory of Justice/-Rev. ed.* , Cambridge：Harvard University Press，1999，p. 236. 这里的引文表明，罗尔斯引入强制性机制主要是来解决相互保证的问题。在学者们关于稳定性的讨论中，这一点经常被他们或误解或忽视。

④ John Rawls, *A Theory of Justice/-Rev. ed.* , Cambridge：Harvard University Press，1999，p. 237.

⑤ 事实上，这一点还是被许多学者所误解，将其看作罗尔斯具有霍布斯倾向的证据。

能永远都不会使用。"①

总而言之，尽管由作为公平的正义原则规范的社会合作需要惩罚机制，但它绝非霍布斯意义上的——承担了扭转人性恶或自私的功能，进而改变了个体理由之间的平衡。与之相反，罗尔斯语境中的惩罚机制仅仅是为了解决集体行动中所必需的"相互保证"这一问题，它在一定程度上是个体得以维持其欲求系统的平衡的一个导火线。在作为公平的正义理论中，真正维持良序社会运转的力量，是来自正义的制度本身所产生的一种自我支持的力量。

第三节　契合论在稳定性证成中的作用

将正当与善的契合看作正义观念之所以具有稳定性的基石，是罗尔斯稳定性论题区别于哲学史上众多稳定性讨论的重要标识。在他看来，一个正义社会的稳定性问题，本质上是一个如何化解集体行动中一般面临的"囚徒困境"②，而并不仅仅是一个集体行动中不得已的"权宜之计"。

一　契合论是罗尔斯正义理论稳定性证成的基石

在罗尔斯设置的"正当与善相互契合"的良序社会中，必要的惩罚机制是社会合作进入良序循环的垫脚石。一旦当社会合作步入良性循环，这一惩罚机制就将逐渐淡出，继而由正义感引导我们推进正义的体系。本质上来讲，良序社会中这种自我支持的力量才是其维持稳定的关键力量，而这种力量产生的源泉是正当与善的契合性。

与罗尔斯不同，霍布斯完全将社会合作的稳定性问题看作一个权宜之计。在霍布斯眼中，基于人性中诸多不稳定的因素及人类思维的缺陷和倾向，当人们集体行动时，其实践理性必然会表现出一定的脆弱性。因此，出于社会合作和集体行动的目的及需要，人们必须要选定一个强有力的主权者，由他

---

① John Rawls, *A Theory of Justice/-Rev. ed.*, Cambridge: Harvard University Press, 1999, p. 237.
② John Rawls, *A Theory of Justice/-Rev. ed.*, Cambridge: Harvard University Press, 1999, p. 505.

来决定什么是符合公共利益的，且应该让所有人遵守的原则。在霍布斯的理论中，个体之间签订契约的目的是赋予主权者无上的权力，以此威慑全体社会成员，致使其服从主权者的要求，进而维持社会合作的稳定性。霍布斯这种维持社会稳定的方法被罗尔斯定性为外在稳定性，原因是其维持社会稳定的力量主要来自社会合作体系之外，即主权者的权力。在他看来，人们出于对惩罚的恐惧，因而不得不按照社会合作的原则行事。他认为，企图通过一种内在稳定的方式来维持社会稳定是不可能的，因为人本自私，其成员普遍遵守社会原则或服从社会安排必须借助于"外在强迫"来实现。所以说，在霍布斯的理论中，社会稳定的前提是使用压迫性的国家权力，只有这样，集体行动中所面临的服从性问题才能得到根本解决。

　　借助于对霍布斯对外在强迫式社会稳定的描述，罗尔斯提出了一种与之完全不同的用于维持观念或社会稳定的机制。在罗尔斯看来，作为公平的正义理论的稳定性是一种内在稳定性。他这样说道："我们关注作为公平的正义的稳定性问题的实质是，作为公平的正义如何能够产生出一种充分的自我支持的力量。"① 由此，罗尔斯想要证明的是，在由作为公平的正义理论规范的良序社会中成长起来的个体，通常会具有与正义规范相关的某种类型的思想、判断、品格和情感，而这些特征将引导他们出于正当的理由支持正义规范。其中，作为公平的正义观念自身之中内含的理想和原则被他们看作一种好的理由，这种理由使他们倾向于产生一种有效的正义感，而非与之相反的妒忌、怨恨等诸如此类的道德态度。当然，如果一个社会经常使其成员产生出这些与正义感相反的倾向，那么公民的正义感就会变得非常脆弱，以至于被其他道德态度所压倒。这样，该社会用于规范社会合作的规则或制度就会经常被冒犯，因而其社会秩序也就被看作不稳定的。在罗尔斯看来，良序社会的稳定性力量在某种程度上源于个体的道德动机，源于他们对正当与善的契合性的认肯之后而产生的稳定的道德情感。正是在这个意义上，罗尔斯说，它是

---

① John Rawls, *Justice as Fairness: A Restatement*, Cambridge: Harvard University Press, 2001, p.181.

一种与外在强迫性力量不同的内在的稳定性力量，由此支持的社会合作也将是内在稳定的。

有学者或许会说，既然区分内外稳定性问题的依据主要关涉个人的动机，那么，罗尔斯所讨论的稳定性问题似乎与哲学史上的"虚假信念"，如柏拉图式高贵的谎言，或者那些可接受的宗教信念在本质上并无差异。因为一个社会完全可以通过罗尔斯意义上的道德心理发展来使其成员获得一种有效动机，继而自愿遵守由该信念衍生出来的社会规范，以维持社会的稳定运转。的确，如果用维持社会稳定的力量是源自个人动机还是外在力量来区分内外稳定性的话，那么上述方式无疑应该被看作一种内在的稳定性。因为宗教信念和高贵的谎言无论怎样看来都不能被算作一种外在力量。那么，这是否意味着罗尔斯对稳定性问题的论证无法摆脱"虚假信念"的魔咒？答案是否定的。事实上，罗尔斯后来曾多次在自己的著作中提到过这一论题。他曾经这样论述说："除非压迫性地使用国家权力，人们对某一完备性学说、哲学学说和道德学说的持续共享才能维系。……在中世纪的社会中，在或多或少认可天主教信仰的同时，宗教审讯并不是一种偶然事件，压制异端是其保证宗教信仰的共享所必须的。……我把这一事实称为'压迫性事实'。"[①] 由此来看，罗尔斯认为，在虚假意识或宗教信仰主导的社会合作中，与霍布斯式的主权者一样，需要某种形式的主权者行使国家的压迫性权力，进而维持动机的稳定性。只不过与霍布斯相比，后者的方法更加隐蔽一些。然而，这一隐蔽的做法并没有改变以虚假意识或高贵的谎言维持社会合作的稳定性的性质。罗尔斯坚信，它们在本质上与霍布斯维持稳定的方式并无二异，都需要使用强迫性国家权力来维持社会的稳定性。这样来看，罗尔斯区分内外稳定性的根据，核心是要看其维持稳定的方式是否需要国家使用压制性权力，即在社会合作中是否存在着压制性事实。实际上，无论是霍布斯还是柏拉图及宗教社会，强制性机制在维持社会稳定中扮演着不可或缺的角色，且持续不断地发挥着作

---

① John Rawls, *Political Liberalism*, New York: Columbia University Press, 2005, p. 38.

用。就这一点而言，他们并没有本质差异。

与他们不同，罗尔斯笔下的良序社会的稳定性力量的产生不依赖于任何强迫性力量，它来自人们内在的正义感。在良序社会中，这一道德情感能够产生的根源在于，正义原则使个体正当与善的欲求处于一种稳定的动态平衡之中。也就是说，社会合作中的正义原则无偏倚地保障了每一个成员的切身利益，以至于使他们自愿按照正义原则行事。其中，正当与善的契合性是引发这一结果的关键因素。

二 契合论本质上是实践理性的统一

在作为公平的正义理论中，罗尔斯将正当与善之间的一致性关系笼统地概括为契合论。遗憾的是，他却从未在其理论著作中就契合论的理论内涵给出过明晰的界定，这不仅给我们理解这一论题带来了一定的困难，而且也为学界诸多争论埋下伏笔。[1]

长期以来，契合论通常被理论界理解为一种关系，即规范社会合作体系的公共的正义原则与其每一个成员的理性生活计划（善观念）之间的一种关系。无疑，这样的理解粗看起来不仅没有什么不妥之处，且能够获得相关文本支持。正如罗尔斯在作为公平的正义理论中所描述的那样："对于良序社会的每一人来说，肯定它们的正义感并使之成为他们生活计划的调节性因素（根据善的弱理论）是理性的（rational）。"[2] 与此同时，罗尔斯也曾论证说："如果正义感始终是一种善，它就肯定对良序社会中的成员也是一种善。而如果在弱理论的范围内具备一种正义感确是一种善，那么一个良序社会就是如

---

[1] 罗尔斯的论证遭到了以巴里为代表的当代政治哲学家毫不留情的批判。巴里认为，罗尔斯在《正义论》的第86节"正义感的善"这一小结中犯了一个错误，他将"真实的一致性问题"与原初状态中个体受信息限制的一致性问题混淆了起来。在巴里看来，罗尔斯这样论证一致性必然要面临的问题是，现实生活中的个体为什么要抛弃他们自己独特的"强"的善观念，并将问题的答案限制为对每个人都一样呢？参见 Brain Barry，"John Rawls and the Search for Stability"，*Ethics*，Vol. 105，No. 4，July 1995。

[2] John Rawls，*A Theory of Justice/-Rev. ed.*，Cambridge：Harvard University Press，1999，p. 497.

人们所希望的那样稳定。这个社会不仅能够产生出自我支持的道德态度，而且从那些在估价自己境况时无须正义约束便能抱有道德态度的有理性的人们的观点来看，这些道德态度也是值得向往的。我把正义和善之间的这种契合成为一致性……"①

然而，保罗·韦茨曼对上述观点提出了质疑，他论证说："人们自然而然地认为，契合论是一种关系，即正当——正义原则或作为公平的正义——与每个人的善之间保持的一种关系，以至于使人与人之间都获得了那样的一致性。我认为这种解释是不正确的。原因在于，持有上述观点将会导致对一些重要段落的微妙的误读。"② 就这一判断，韦茨曼以一个良序社会中正义的人——琼为例给出了他的理由。在他看来，琼作为良序社会中的一员，其具有稳定的正义感的同时，还具有一个经过"充分理性慎思"之后形成的理性生活计划，这一理性生活计划为琼的所有判断提供了一个"基本点"（point of view）。在社会合作中，琼确实可能会被与正义要求相冲突的善观念所诱惑，但是，是否要保持正义感，以及要将正义感放在自我欲求体系中的什么位置等，所有这些判断都要根据那个经过全面理性慎思的"基本点"来做出。在这种情况下，当琼从一种全面理性慎思的观点制定了计划，借助于理性选择原则，她必须问问自己她给予她按照另一套原则行事的欲求以什么地位和权重。在韦茨曼看来，"当琼采纳了全面理性慎思的观点，如果保持正义感作为其最高阶的规制性欲求对她来说是理性（rational）的，那么，在全面理性慎思原则与正义原则之间就存在着一种匹配性（match）。谋划好一套，她也就确定了另一套原则"③。

当然，韦茨曼也清醒地意识到，琼将正义感看作最高阶的规制性欲求对她而言是否理性的，取决于她想要什么。两个原则之间匹配是以琼的欲求的

① John Rawls, *A Theory of Justice/-Rev. ed.*, Cambridge：Harvard University Press, 1999, p. 350.
② Paul Weithman, *Why Political Liberalism：On John Rawls's Political Turn*, New York：Oxford University Press, 2010, p. 58.
③ Paul Weithman, *Why Political Liberalism：On John Rawls's Political Turn*, New York：Oxford University Press, 2010, p. 59.

内容为条件的。但是，他也注意到，倘若琼是良序社会的典型成员，当她知道其他所有成员都将正义感视为自己的最高阶的欲求时，从全面理慎思的角度来讲，按照正义感行事对她而言便是理性的。在这种情况下，正义原则与理性慎思这两个原则之间的匹配性就不以任何个体的特殊欲求为根据。基于上述推论，韦茨曼进一步澄清了罗尔斯的下述论断，即"在人们缺乏详细知识时会同意的正义原则和完全不是被选择且需要运用充分的知识来运用的理性选择（rational choice）之间，存在着必要的匹配性"①。基于此，韦茨曼断定，罗尔斯所谓的正当与善的契合，并非个人善与正义原则之间的，而是正义原则与全面理性慎思中的理性选择原则之间的一种契合性或匹配性。

在韦茨曼看来，这种契合性更加系统地凸显于罗尔斯后期的著作之中。他说："在后期的工作中，罗尔斯区别了理性与合理性两种道德能力……，这两种道德能力与这两种观点——充分理性慎思和原初状态相联系。"② 无疑，罗尔斯确实通过理想的道德人格这一理念区分了人的两种道德能力，它们分别被定义为理性的与合理性的。其中，理性能力特指的个体具有形成、发展和修正自我善观念的能力，而合理性能力则指的是个体能够提出并遵守公平合作条款的能力。韦茨曼认为，在作为公平的正义理论中，原初状态与充分理性慎思这两种观点将个体的两种道德能力联系起来，向我们展示了两种能力如何相互关联地运用，且一个能力的充分运用不会威胁到另外一种能力。在他看来，它们是实践理性中的观点。他说："正如我们看到的那样，罗尔斯认为，一种观点从属于另一种观点统一了实践理性。因此，良序社会中展示的契合性展示了，在良序社会的条件下，实践理性自身具有某种统一性。"③

基于上述推论，韦茨曼得出了如下结论："契合论是两个原则之间的一种

---

① John Rawls, *A Theory of Justice/-Rev. ed.*, Cambridge：Harvard University Press，1999，p. 451.

② Paul Weithman, *Why Political Liberalism：On John Rawls's Political Turn*, New York：Oxford University Press，2010，p. 60.

③ Paul Weithman, *Why Political Liberalism：On John Rawls's Political Turn*, New York：Oxford University Press，2010，p. 61.

关系，而非正义原则与任何个人的善之间的一种关系。"① 在他看来，良序社会中的每个人从理性慎思的角度去评估他的理由，他将会意识到他自己理由之间的平衡倾向于使他保持正义感。毫无疑问，韦茨曼的观点进一步深化了我们通常对罗尔斯契合论的理解，且这一理解也能够很好地回应以巴里为代表的政治哲学家提出的质疑："现实生活中的个体为什么要抛弃他们自己独特的'强'的善观念，并将问题的答案限制为对每个人都一样呢?"② 这样看来，当我们将罗尔斯所说"正当与善之间契合性"③ 理解成两个原则的匹配性，即人们在缺乏信息的原初状态会同意的正义原则与完全不是被选择，且需要运用充分的知识来运用的理性选择原则之间的契合时，上述问题将不攻自破。就像韦茨曼描述的那样："第一个视角选择的是正义；根据罗尔斯理性的善理论，从第二个视角选择的是善。"④ 从本质上来看，罗尔斯的观点是，在良序社会中，理性慎思原则与正义原则通过个体的实践理性统一起来。换言之，良序社会中的成员从全面理性慎思的角度出发，去思考自己的理性生活计划时，倾向于将正义感置于其理性生活计划的首要位置。

三　罗尔斯对契合论的康德式解释

罗尔斯对契合论的证成并未就此止步。在《正义论》最后两章中，罗尔斯借助亚里士多德原则（Aristotelian Principle）和作为公平的正义的康德式解释给出了关于正当与善的契合性的一种更"强"的理由。这一证明被弗里曼概括为"罗尔斯关于契合论的康德式论证"⑤。

作为社会合作体系中的成员，每个人具有一种理性的人生计划。在这一

---

① Paul Weithman, *Why Political Liberalism: On John Rawls's Political Turn*, New York: Oxford University Press, 2010, p. 61.

② Brain Barry, "John Rawls and the Search for Stability", *Ethics*, Vol. 105, No. 4, July 1995.

③ John Rawls, *A Theory of Justice/-Rev. ed.*, Cambridge: Harvard University Press, 1999, p. 350.

④ Paul Weithman, *Why Political Liberalism: On John Rawls's Political Turn*, New York: Oxford University Press, 2010, p. 60.

⑤ 这一表述来自弗雷曼，参见［美］塞缪尔·弗里曼《罗尔斯》，张国清译，华夏出版社 2013 年版，第 277 页。

理性的善背后，罗尔斯预设了人类的一种基本的心理学法则或动机机制：亚里士多德原则。它的基本内容是，人们一般倾向于实践高级的人类能力，希望从事更复杂的活动。罗尔斯这样描述说："如其他条件相同，人们以运用他们已经获得的能力（天赋的或从教育获得的能力）为乐，能力越是得到实现，或所实现的能力越是复杂，这种快乐就越是增加。……人们做某些事情越是熟练，从中获得的快乐就越大，在两件他们能做得同样好的活动中，他们更愿意选择需要做更复杂和微妙的分辨的活动……复杂的活动由于它们满足对多样的和新奇的经验的欲求，由于它们给独创性和发明留有余地而更让人快乐。它们也引起期望和惊奇的快乐，活动的总形式即它的结构上的发展常常是迷人的和美好的。"① 由此来看，亚里士多德原则在一定程度上规定了人性之善，当且仅当一个人在制定自己的理性生活计划时，经过充分考虑亚里士多德原则——理性慎思时，这一计划对他而言才能被看作理性的。当然，罗尔斯在用亚里士多德规定人性倾向时，并没有规定一个"恒定的选择模式"，它仅仅阐明了一个自然倾向。②

这一倾向在一定程度上也体现在罗尔斯关于契合论的康德式论证之中。在《正义论》中，罗尔斯坚定地拥护康德关于个体自主的主张并认为，个体作为理性存在者，其本性是自由平等的。理性主体具有最高序欲求去实现自己作为理性存在者的这一自由平等的本性。只有这样，个体才有可能获得幸福或快乐。实现人类本性最好的方式，在罗尔斯看来，就是按照个体在原初状态中选择的正义原则行事。由此来看，在作为公平的正义理论中，按照正义原则行事的欲求，与人类追求的最大"善"的欲求，彼此是契合的。就此，罗尔斯如是说："正义行动是我们作为自由平等的理性存在者乐于去做的。正义行事的欲求与表达我们作为自由的道德人的本性的欲求在实践意义上是同一种欲求。一旦当一个人获得了真实的信念和对正义理论的一种正确的理解，这两种欲求将以同样的方式推动他。他们都是按照完全相同的原则，即在原

---

① John Rawls, *A Theory of Justice/-Rev. ed.* , Cambridge：Harvard University Press, 1999, pp. 374－375.

② ［美］塞缪尔·弗里曼：《罗尔斯》，张国清译，华夏出版社 2013 年版，第 275 页。

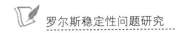

初状态中人们乐于选择的原则，去行动的倾向。"①

罗尔斯关于契合论康德式论证的核心在于表明，正义是人类固有之善，实践正义的能力在良序社会中是一件因自身之故而值得去做的事情。在作为公平的正义理论中，这一论证是建立在与亚里士多德原则相联系的理性生活计划的观点之上的，其逻辑推理过程主要包含以下六个步骤：（1）正义理论中理想道德人格是建立在康德式自律概念之上的。在他看来，"当一个人行动所遵循的原则是由他自己选择，并充分展现他作为自由平等的理性存在者的本性时，他就是在自律地行动"②。也就是说，自律符合个体作为平等自由存在者的本性，对一个人来说，它是最高的善。（2）作为公平的正义观念的康德式建构是通过原初状态这一程序性解释来完成的。其中，通过无知之幕和理性慎思，罗尔斯将自由平等的理性存在者的生命本质纳入原初状态的代表装置之中，由此推导出吻合道德人自律特征的规范社会基本结构的政治原则。他坚信，"这一建构程序，将一个特定的人的观念和首要的正义原则恰当地关联起来"③。从这个立场出发，我们就将有充分的理由相信，正义原则能够最好地表达我们作为自由平等的理性人的道德人格。（3）根据亚里士多德原则，人的最高欲求是充分发展我们的道德能力，实现自己作为自由平等的理性人的本性。这样，一个人最好的理性人生计划——善观念应该是兼容于人类作为自由、平等的理性存在者这一本质欲求的人生计划。罗尔斯说："从亚里士多德原理来看，对他们本性的这种表达是他们善的一个基础。"④只有在这一基础上，个体才能尽可能地运用他已经获得的能力，达到生命的繁荣。（4）所以说，对于良序社会中想要实现自己理性生活计划的个体而言，实现自己作为自由、平等的理性存在者的本质，就是按照正义原则行事，并发展出一种有效的正义感。正如罗尔斯所言："表达我们作为自由平等的理性

① John Rawls, *A Theory of Justice/-Rev. ed.*, Cambridge：Harvard University Press, 1999, p. 501.

② John Rawls, *A Theory of Justice/-Rev. ed.*, Cambridge：Harvard University Press, 1999, p. 222.

③ John Rawls, *Collected Papers*, Samuel Freeman, ed., Cambridge：Harvard University Press, 1999, p. 304.

④ John Rawls, *A Theory of Justice/-Rev. ed.*, Cambridge：Harvard University Press, 1999, p. 390.

存在者的本性这一欲求，只能通过按照具有优先性的正当和正义原则去行动才能满足……"（5）因此，正义感应该在个体的欲求系统中具有绝对的优先性。"为了实现我们的本性，我们除了准备保持我们的正义感使之调节我们的目标之外别无选择。"① 也就是说，良序社会中的个体肯定正义感，并用其规制自己的理性生活计划。（6）最后，一个人能在多大程度上表现其本性，取决于他在多大程度上能一以贯之地按照正义感的要求而行动。由此证明，"自律和客观性的特征以一种契合的方式得到说明"②。对于自由平等的理性人来说，自律是一种固有的善。

总而言之，在作为公平的正义理论中，用正义感规制个体的理性生活计划是符合个体作为自由平等的理性存在者的本性。罗尔斯由此证明，正义感与我们的善在终极意义上是契合的。在良序社会中，为了实现人之为人的本性，其成员必须给予正义感以绝对的优先性，用其来规制自己的理性生活计划。这样，对于具有属己善观念的个体而言，给予正义感以优先性就是理性的。因此，借助于康德式解释，正当与善的契合性得到了说明，稳定性问题随即也得到了完满的解决。

第四节　小结

契合论是罗尔斯正义理论稳定性证成的点睛之笔。借助于善的弱理论，罗尔斯使其不仅不冲突于作为公平的正义理论的义务论结构，而且成为其证成中必不可少的支撑力量。毫无疑问，这一论证为理性主义与经验之间的争论提供了一种颇具创建性的解决方案，也为罗尔斯证成正义观念的稳定性奠定了理论基础。

在罗尔斯眼中，正义观念或者说由正义观念规范良序社会所面临的稳定性问题，本质上是一个如何解决集体行动中的"囚徒困境"的问题，而非一

---

① John Rawls, *A Theory of Justice/-Rev. ed.*, Cambridge：Harvard University Press, 1999, p. 503.
② John Rawls, *A Theory of Justice/-Rev. ed.*, Cambridge：Harvard University Press, 1999, p. 453.

个严格意义上的"集体服从"问题。他希望通过正当与善的内在契合论，而非外在强迫及各种变体来解决这一问题。罗尔斯认为，唯有表明按照正义原则行事对良序社会中的成员而言是一种最重要的善，否则这一问题不可能得到更好的解决。

具体来说，在作为公平的正义理论中，其稳定性证成就是为了展示正义原则能够克服"理性的悖论"，进而产生出一种"自我支持的力量"。在良序社会中，个体从全面理性慎思的角度出发，其动机系统中理由的平衡使她倾向于按照正义原则行事，并倾向于用这种动机——正义感规制其理性生活计划。当然，仅仅从个人利益的观点来简单来理解契合论时并不能确立这一点。事实上，这一结论是个体全面理性慎思其理性生活计划之后得出的，毫无疑问，它与个体的正义感是相关联的。也就是说，在良序社会中，当每一个成员都用正义感规制自己的理性生活计划时，个体从全面理性慎思的角度出发，将会把正义感置于其理性生活计划的首要位置。其原因在于，这样做对他来说是最为理性的选择。这样，社会合作就好比一个纳什均衡，每一个人理由的平衡倾向于促使他按照正义感行事，尽管它并非因正义自身的欲求行事。在良序社会中，其成员认识到正义感从全面理性慎思的角度来看是理性的，这一事实反映了其理由的一致性——正当与善的契合性。

最后，罗尔斯隐约表明，经过个体道德心理的不断发展，契合论将对良序社会中的成员的品格具有深远的影响，他们甚至可能根据正义理论来判断自己的理由是否平衡。正如他所描述的那样，"当我们认识到制度和其他人的行为影响我们善的方式时，我们的最终目的的类型发生了转变"[1]。在良序社会中，当个体从全面理性慎思的视角出发，倾向于将正义感置于其理性生活计划的首要位置时，他就将获得一种稳定的正义感。与此同时，良序社会也因此获得了一种稳定的自我支持的力量。

必须提及的是，在契合论的证成中，罗尔斯引入了关于契合论的康德式

---

[1]　John Rawls, *A Theory of Justice/-Rev. ed.*, Cambridge：Harvard University Press, 1999, p. 432.

解释。他赞同康德关于主体自律的思想并认为，个体作为理性存在者，其本性是自由平等的。理性主体的最高序欲求就是去实现自己作为理性存在者这一自由平等的本性。只有这样，个体才有可能获得幸福或快乐。罗尔斯认为，实现人类本性最好的方式，是按照个体在原初状态中选择的正义原则行事。由此也就证明，按照正义原则行事的欲求，与人类追求的最大"善"的欲求是彼此契合的。在后期，罗尔斯否定了他关于契合论的这一论证。认为这一论证与作为公平的正义理论的整体思想是不一致的。它直接导致罗尔斯转向重叠共识。

第五章　重叠共识与稳定性

在《正义论》中，罗尔斯试图通过表明作为公平的正义观念具有既兼容于人的理性之善，又兼容于人性之善的双重契合性①，来证明该观念的稳定性。一方面，良序社会的相互性条件确保其成员践行正义原则是理性的，根据囚徒困境中的纳什平衡，行正义之事是他们彼此之间的最佳回应。另一方面，就个体作为自由平等的理性存在者而言，按照他们在原初状态中选择的正义原则行事是实现他们生命本质的最佳途径。由此，罗尔斯断定，相比于哲学史上的任何一个正义观念，作为公平的正义观念都具有更加坚实的稳定性基础。

自 20 世纪 80 年代开始②，罗尔斯对作为公平的正义观念稳定性论题的思考发生了根本性的转变。在《政治自由主义》的导论中，他坦言，"《正义论》第三部分关于秩序良好社会的稳定性的解释是不现实的，必须重新解释"③。罗尔斯论证说："与作为公平的正义理论相联系的良序社会的本质特征是，其所有公民都基于一种我现在称之为整全性的哲学理论来支持这一观念。他们对正义原则的接受以这种理论为根基。同样，在与效用主义相联系

---

① 这里指的是，个体作为平等自由的理性存在者的人性之善，弗里曼在其著作中将这一点概括为正义之善。具体参见［美］塞缪尔·弗里曼《罗尔斯》，张国清译，华夏出版社 2013 年版，第 275—279 页。

② 在《政治自由主义开》导论中，罗尔斯说："《正义论》第三部分关于良序社会的稳定性解释也不现实，必须重新解释。这是我自一九八零年以来发表论文所论及的问题。" John Rawls, *Political Liberalism*, New York：Columbia University Press, 1993, p. xvii.

③ John Rawls, *Political Liberalism*, New York：Columbia University Press, 1993, p. xvi.

的良序社会中，公民们通常都把这种观念看作一种整全性的哲学理论来支持，并在这一基础上接受效用原则。"① 罗尔斯发现，在作为公平的正义之良序社会中，要求所有公民都接受一种整全性的哲学理论与现代社会理性多元主义的事实是不相容的。他说："现代民主社会不仅具有整全的宗教、哲学和道德学说的多元化特征，而且具有一种互不相容但却合乎理性的整全性学说的多元化特征。这些学说中的任何一个都不可能得到公民的普遍认可。"② 由此，他意识到，如果将正义观念的稳定性或与正义观念密切相关的良序社会的稳定性建立在对某一种整全性理论的认同的基础上，无疑是与现代民主社会的这一多元化特征相违背的。正是在这个意义上，罗尔斯说："在《正义论》中，我所使用的作为公平的正义之良序社会的理念是不现实的。原因在于，它与在最佳可预见条件下实现其自身的原则是不一致的。"③

在《政治自由主义》中，罗尔斯修正了作为公平的正义理论的基本形态，将它从一种道德的或哲学的整全性学说转变为一种政治的正义理论。在他看来，政治自由主义的所有努力都在于解决这样一个问题，即"当一个社会中自由平等的公民因诸多合乎理性却不相容的宗教、哲学或道德理论而产生深刻分歧时，一个正义而稳定的社会如何能够保持长治久安？"④ 也就是说，罗尔斯并不企图用政治自由主义来取代任何一种整全性的理论，也不奢望能够给它们提供一种真理性的基础，政治自由主义的复杂性和创造性源于它接受理性多元论的事实。罗尔斯说："我们假定，在一种理想的重叠共识中，每一个公民都既认可一种整全性理论，也认可［作为这种共识］核心的政治观念，两者或多或少地相互联系在一起。在某些情形下，政治自由主义仅仅是某一公民的理性的整全学说的结果，或是某一理性的整全性学说的继续。在另一些情况下，它可能与一种既定的可接受的社会生活环境的近似值相联系。"⑤

① John Rawls, *Political Liberalism*, New York：Columbia University Press, 1993, p. xvi.
② John Rawls, *Political Liberalism*, New York：Columbia University Press, 1993, p. xvi.
③ John Rawls, *Political Liberalism*, New York：Columbia University Press, 1993, p. xvi.
④ John Rawls, *Political Liberalism*, New York：Columbia University Press, 1993, p. xviii.
⑤ John Rawls, *Political Liberalism*, New York：Columbia University Press, 1993, p. xviii.

这样，罗尔斯将其政治正义观念的稳定性建立于理性多元社会的公民之重叠共识的基础上，希望通过发展出一种"基于正当理由"的稳定性来避免《正义论》中存在的相关问题。

罗尔斯的上述哲学转向在学界引起了巨大的反响，同时也引发了诸多重要的讨论①。单就稳定性问题而言，一种观点是，尽管罗尔斯仍旧强调良序社会稳定性的重要性，但他却放弃以正当与善的契合性的方式，转而以重叠共识理念来阐释稳定性问题。② 另一种观点是，尽管罗尔斯在从《正义论》转向《政治自由主义》的过程中用政治建构主义代替了康德式诠释，但他并未放弃正当与善的契合论证成，且契合论是多元价值观主导的个体形成重叠共识的基础。围绕对上述两种观点的分析，我们将进一步澄清重叠共识理念在罗尔斯证成作为公平的正义观念中的作用、它的内涵以及道德基础等。本章主要包含三个部分：在第一部分中，我们将集中处理两个问题，一是在《正义论》阶段，契合论与关于契合论的康德式解释两者是否彼此独立呢？还是后者是证成前者的必要条件？二是讨论罗尔斯从《正义论》转向《政治自由主义》的原因是什么？到底是关于契合论的康德式解释（康德式道德人格）出了问题，还是作为公平的正义的观念之整全性理论这一属性导致了这一转向，抑或是两者兼而有之？在第二部分中，我们考察第一个问题是重叠共识的基本内涵、作用和道德基础等；第二个问题是追问借助于重叠共识，罗尔斯是否能够完成其理论使命，即借助于对良序社会中稳定性的阐释以证成作

---

① 就《正义论》与《政治自由主义》这两部著作的关系而言，有学者认为后者是对前者的修订和补充，二者没有实质性的对立。如希尔，在其《政治自由主义中的稳定性问题》一文中，他这样说道："罗尔斯已经提出了一种在我们时代获得空前赞誉的政治哲学，他继续他的理论建构，耐心地修正、扩充、重构，以及在必要时解构他先前完成的工作。"参见 Hill, Thomas E. , "The problem of stability in Political Liberalism", *Pacific Philosophical Quarterly*, September-December 1994。而另一些学者则认为，罗尔斯前后思想发生了颠覆性的变化，后者完全取代了前者，如巴里。他在《罗尔斯与稳定性寻求》一文中写道："罗尔斯因为《正义论》中的问题才转向《政治自由主义》的……我认为，罗尔斯讲述了两个不同的故事……" Barry Brain, "John Rawls and the search for stability", *Ethics*, Vol. 105, No. 4，July 1995.

② 周保松：《自由人的平等政治》（修订版），生活・读书・新知三联书店 2013 年版，第 199 页。

为公平的正义观念的稳定性。在第三部分中，我们将重点考察与重叠共识理念相关的几点讨论，以期澄清学界的一些误解。

第一节　为什么要转向重叠共识

倘若想要彻底弄清楚罗尔斯为什么要从《正义论》转向《政治自由主义》，从根本上理解作为公平的正义理论的稳定性论题，首先我们必须弄清楚的问题是，契合论的问题到底出在哪里？罗尔斯到底是全面否定了契合论呢，还是仅仅否定了关于契合论的某些解释？

一　契合论证成中"理性之善"与"正义之善"的关系

如前所述，契合论在作为公平的正义理论中的核心任务是证成正当与善的一致性。根据罗尔斯在《正义论》中的构思，契合论的理论证成包含两个方面：一个是证成按照正义原则行事符合人的理性善；另一个是证成按照正义原则行事符合人的正义本性。前者被弗里曼称为"理性之善"，后者被称为"正义之善"。[①]

在前一种论证中，契合论论证主要涉及的是两种相互独立的规范性观点正当与善的一致性。这一论证是通过原初状态以及善的弱理论来完成的。其中，原初状态及立约人的理性选择，表征着规范社会合作的合情合理性的（reasonable）正义观点。当个体走出无知之幕进入由其选定的正义原则所规制的良序社会之后，随即摆在他面前的问题是，按照正义原则行事是否符合他经过充分理性慎思之后形成的理性人生计划，或者说，个体按照正义原则行事之正义感是否会与其按照理性生活计划行事的善观念之间发生冲突。罗尔斯的观点是，如果我们清楚地认识到良序社会的相互性条件——每个人都将按照正义原则行事且这一点众所周知，那么我们就会发现，从个体全面理

---

① ［美］塞缪尔·弗里曼：《罗尔斯》，张国清译，华夏出版社 2013 年版，第 267—287 页。

性慎思的角度来看，服从正义原则这一合情合理（reasonable）的欲求与追求善观念的理性（rational）欲求本质上是一致的。也就是说，个体按照正义原则行事的理性观点与按照全面理性慎思行事的合理性观点统一于实践理性之中。换言之，服从正义原则这一合情合理的理性（reasonable）选择对良序社会中的个体而言是最合理性的（rational）选择。这样，罗尔斯就证成了正义与善的契合性。

随后，罗尔斯在《正义论》的第三部分又给出了关于正当与善契合性的另一种解释。在这一解释中，罗尔斯借助于康德式人性观和亚里士多德原则向我们表明，个体按照他们在原初状态中自主选择的正义原则行事，是实现他们作为自由平等的理性存在者这一本性的最佳途径。在这个意义上，个体按照正义原则行事之正义感与其最大的善观念本质上是同一种欲求，它们最终统一于自由平等的理性存在者这一人之为人的本性上。因此，按照正义原则行事被看作个人的最高善，并最终成为契合于人类本性的"正义之善"。这构成了罗尔斯对契合论另一种论证。

然而，摆在我们面前的问题是，罗尔斯关于契合论的"理性之善"与"正义之善"这两种论证或解释，究竟是同属于罗尔斯对契合论一种论证呢，还是它们分别被罗尔斯看作两种截然不同的论证结构？

对于这一问题，当前学界主流的观点是，它们同属一种契合性，是罗尔斯契合论证成中的一体两面。在他们看来，正义原则的论证本质上是一个"演绎式的论证"，即罗尔斯先接受康德对人性及道德自主的形而上学的理解，然后通过原初状态这一代表装置，找到最能体现康德式人性观的正义原则。① 他们认为，在作为公平的正义观念的理论证成中，罗尔斯预设了康德式人性观——自由平等的理性存在者——作为其正义理论人性基础。正是在这一前提下，罗尔斯才可能通过原初状态和康德式解释来论证契合论。在他们看来，"正义的基础，是罗尔斯对自由和平等的诠释和坚持。所谓自由人，主要拥有

---

① 关于这一问题的讨论，持此观点的学者随处可见。其中最具代表性的论述可参见周保松《自由人的平等政治》（修订版），生活·读书·新知三联书店 2013 年版，第 199—200 页。

两种基本的道德能力，第一种是正义感的能力，即能够了解、应用并依正义原则行事的能力。第二是具有实现某种人生观的能力，即形成、修改及理性地追求不同人生计划的能力。而当人最低限度地拥有这两种能力时，人们具有同样的道德价值，并享有受到平等对待的权利。罗尔斯追求的，是一种自由人的平等政治"①。

毋庸置疑，在作为公平的正义理论中，罗尔斯确实追求一种自由人的平等正义，并将"理性的道德人格"视为其正义理论的出发点。但是，我们能否依此将罗尔斯式的理性的道德人格观念的理论基础视为康德式形而上学的人性观，则是有待于进一步讨论的。

退一步来说，倘若事实真的如上所述，在作为公平的正义的理论证成中，罗尔斯预设了康德式道德人格。他似乎就完全没有必要引入"原初状态"这一代表装置去证成正义原则的正当性。因为从康德式的形而上学人性观出发，罗尔斯似乎更加容易实现其证成正义原则的理论目标，且能够避免诸多不必要的理论纷争，这是其一。其二，倘若罗尔斯作为公平的正义观念的理论大厦自始至终奠基于康德式人性观之上的话，那么，其后期的哲学转向也就变得不仅没有必要，而且毫无可能。一方面，这一人性观念足以证成作为公平的正义观念及其相关的良序社会的稳定性，因而罗尔斯无须转向政治自由主义；另一方面，倘若借助于这一人性观念，罗尔斯在作为公平的正义理论阶段无法证成其正义观念的稳定性，那么企图通过政治自由主义这一转向完成稳定性的论证也是毫无可能的。因为罗尔斯在证成政治自由主义这一政治的正义观念时，不但没有撇开"理性的道德人格"这一人性观念，而且看起来似乎比任何时候都更强调这一观念在政治的正义观念证成中的作用。② 其三，最重要的也是让罗尔斯最无法接受的问题是，倘若罗尔斯在作为公平的正义观念的理论证成中自始至终预设着这一康德式人

---

① 周保松：《自由人的平等政治》（修订版），生活·读书·新知三联书店 2013 年版，第 200 页。
② 在《政治自由主义》的第二讲"公民的能力及其表现"中罗尔斯专门开辟出一小节，来阐释"理性的道德人格"所包含的两种能力，以及它们之间的相互关系。

性观，那么，他反复强调作为公平的正义理论的义务论属性则纯属空谈。正如周保松教授所言："这个对公平式的正义的康德式诠释，有一个非常重要的特点：它所呈现的，其实是一种古典目的论的证成结构，即正当和'好'根本并非彼此独立，而是有着同样的根源。"① 在这种结构中，它先定义对人的观念的某种理解，然后认定最为正义的原则是那些能够最充分地体现或实现这一人的观念之本性的原则。由此来看，上述理解无论从哪个方面来看都是成问题的。

实际上，按照上述观点理解罗尔斯作为公平的正义理论会极大地简化其理论的复杂性和创造性。毋庸置疑，罗尔斯在正当与善的契合论的证成中引入了康德式的人性观，且进一步对其理论做出过康德式的解释。但是，有没有这样一种可能，即罗尔斯对作为公平的正义观念及其理性的道德人格的康德式解释，仅仅是从康德式的视角给予其理论及其主要要素的一种解释或理解，其中，那些所谓康德式元素的根源实际上还有其他道德考量。因为，同样毋庸置疑的是，在作为公平的正义理论的第一阶段的证成中，罗尔斯也明确地将作为公平的正义理论纳入社会契约论的理论范畴之中。他说："我的目的是提出一种正义观，这种正义观进一步概括了人们所熟知的社会契约理论……并使之上升到一个更加抽象的水平。"② 更加重要的是，罗尔斯关于"理性之善"的契合论证成的主要工作是在原初状态中完成的。

当然，持有上述观点——认为罗尔斯持有康德式人性观——的学者绝非没有注意到罗尔斯关于"一种更加抽象的契约论"的思考。只不过在他们看来，唯有引入康德式人性观，罗尔斯才能解决这种由契约论引发的"动机不

---

① 在周保松看来，这种古典目的论的结构是一种德福契合的伦理观，类似于柏拉图或亚里士多德式的古典目的论。它们先定义对人的观念的某种理解，然后认定最为正义的原则是那些能够最充分地实现或体现人本性的原则。理性主体有最高阶的欲求去实现这种人性，因为它界定了人之为人的根本利益。因此，当我们透过公平的程序找到最能体现这种人生观的原则时，并由正义感推动我们做一个正义的人的时候，正当和善就同时得到了满足。参见周保松《自由人的平等政治》（修订版），生活·读书·新知 三联书店 2013 年版，第 201 页。

② John Rawls, *A Theory of Justice/-Rev. ed.*, Cambridge：Harvard University Press, 1999, p. 10.

一致的问题"。① 这里所谓的动机不一致问题，主要指的是原初状态的理性人的选择所依赖的动机主要是理性自利的，与罗尔斯在良序社会中要求其成员具有正义感且将其置于优先地位是不一致的。可以肯定的是，持有此观点——将立约人看作自私自利的人——的学者，在其推理的过程中，全然不顾罗尔斯契约论语境中的无知之幕的背景设置以及立约人之正义感能力，唯独放大了立约人在理性选择过程中遵守的理性原则及相关动机，显然，这种做法是有失偏颇的。正如谭安奎教授所言："在罗尔斯那里，严格来说并不存在一种'自利的契约人'，契约论中的契约关系一开始就是自由平等的道德人之间的关系。基于人的两种道德能力，由无知之幕所代表的伦理约束与各方的理性选择结合在一起，就构成了对自由平等的道德人的诠释。"②

当然，罗尔斯确实也应该为上述误解承担一些责任，因为在其论证契约模型的内在结构及伦理功能的过程中，他所采用的一些表述③着实容易使人产生一些误解。事实上，正如我们看到的那样，罗尔斯很快就意识到了这些问题并明确地纠正了他的表述④。他说："'作为公平的正义'只是在合乎情理的条件的限制下，使用一种理性选择的解释来描述作为自由平等的人代表各

<hr />

① 之所以要在契合论中引入康德式论证，周保松教授在其著作中明确说道："问题的症结是动机的不一致，另正义感的优先性无从建立。"周保松：《自由人的平等政治》（修订版），生活·读书·新知三联书店2013年版，第193页。

② 谭安奎：《必要的契约方法与错置的理论战场——就罗尔斯理论的两个问题与江绪林、周保松商榷》，《开放时代》2011年。

③ 在《正义论》中，罗尔斯说："契约论的优点在于他传达了这样一个观念，即正义原则可以被视为理性人会选择的原则，正义观念将以这种方式得到解释和辩护。正义论设理性选择（rational choice）理论的一部分，也许是其最重要的部分。"John Rawls, *A Theory of Justice/-Rev. ed.*, Cambridge：Harvard University Press, 1999, p. 15.

④ 在《作为公平的正义理论》中，罗尔斯说："我在这里纠正《正义论》第3节第15页和第9节第47页（第一版）中的一种说法，即正义理论是理性选择理论（theory of rational choice）的一部分。这种说法容易引起误解，它会意味着作为公平的正义彻头彻尾是霍布斯式的，而不是康德式的。这种说法实际想要表达的是，使用理性选择策略来解释当事人以及他们的推理，但是这种理论本身是政治正义观念的组成部分，而这种政治正义观念试图说明合情合理的（reasonable）正义原则。在这里，没有任何思想来源于作为唯一规范概念的理性（rational）概念。"参见 John Rawls, *Justice As Fairness：A Restatement*, Cambridge：Harvard University Press, 2011, p. 81.

方慎思；而所有的这些，都发生在政治性的正义观念（它当然是一个道德观念）的框架之内，绝对不可以认为，我试图从一个仅仅使用理性选择作为唯一规范性理念的框架中推导出正义的内容。"① 这样看来，将原初状态中的立约人的动机仅仅定义为自私自利是不符合罗尔斯的本意的。② 因此，前文中所谓"动机不一致"的判断也是不牢靠的。准确地说，在契约论模型中，罗尔斯想要证成的契约关系始终是自由平等的道德人之间的关系，其中，道德人在具有自利动机的同时，也具有正义感这一道德动机。用周保松教授的话来讲——"罗尔斯追求的，是一种自由人的平等政治。"③ 因而它绝非利己主义者之间的相互博弈的政治。

本质而言，罗尔斯并不需要在作为公平的正义理论中引入康德式人性观念来解决所谓的"动机不一致"的问题。因为这样判定不仅与罗尔斯作为公平的正义理论的整体构想相背离，而且会在一定程度上损伤作为公平的正义观念的理论成就。当然，我们也不能因此就抹杀康德式人性观对罗尔斯设置理性的道德人格的理论影响，认为它们是完全不相干的。毋庸置疑，康德式人性观念对罗尔斯式道德人格的设置乃至整个正义理论的形成都具有非常重要的影响，但是我们不能因此便将罗尔斯式的道德人格等同于康德式人性观，或者认为后者是前者的理论基础。正如我们在前文中所看到的那样，罗尔斯想要建构的是一种自由人的平等政治，其核心的理念是公平的社会合作体系及理想的道德人格理念，它们更深层次的理论基础源自一种深思熟虑的信念。④ 这些信念不仅经

① John Rawls, "Justice as Fairness: Political not Metaphysical", *John Rawls Collected Papers*, ed. , by Samuel Freeman, Cambridge: Harvard University Press, 1999, p. 401.

② 就这一问题的讨论，可参见拙文《原初状态中立约人的特性——作为公平的正义与利己主义》，《道德与文明》2016 年第 4 期。

③ 周保松：《自由人的平等政治》（修订版），生活·读书·新知三联书店 2013 年版，第 200 页。

④ 这种深思熟虑的判断与反思平衡是联系在一起的。一方面，我们首先对社会合作及道德人格有一种直觉的观念，接着，这种直觉的观念要能够经得起个人反思的平衡的检验，这是从个人观念层面来看的，属于个人的。另一方面，个体拥有的信念还要经得起原初状态的检验，这一检验的属性是非个人的。在罗尔斯看来，只有能够经受得住这种多重反思平衡检验的观念，才能成为一种理论的道德基础。这是罗尔斯意义上的各种理念的来源。

受得住各方反思的平衡，而且还能通过罗尔斯政治建构的检测。罗尔斯说："对作为公平的正义的说明是从这些众所周知的理念开始的。我们以这种方式将它同日常生活的常识联系在一起。这种说明虽然开始于这些理念，但这并不意味着，对作为公平的正义观念的论证仅仅将它们当作基础。所有事情都依赖于这种说明如何作为一个整体展示出来，以及这种正义观念的理念、原则及其结论是否能够在适当的反思中被证明是可接受的。"①

由此来看，上述问题——罗尔斯关于契合论的"理性之善"与"正义之善"这两种论证或解释，归根结底是同属于罗尔斯对契合论一种论证，还是它们分别被罗尔斯看作两种根本不同的论证结构——的答案也就变得清楚明白一些。在作为公平的正义理论中，正如罗尔斯一再强调的那样，他并不希望从某种形而上学或知识论中为自己的理论寻找根源。② 在他看来，道德的正义判断的理性（reason）并不依赖于它们与道德事实的精确吻合；相反，当它们来自一个体现了实践理性程序的正确应用的相关标准的程序时，这种道德判断才是有效的。因此，"形而上学中的自我本性的观念或人格同一性观念……决定不了正确的道德理论或道德原则……"③ 在罗尔斯看来，道德哲学问题的进一步发展依赖于更深入地理解道德观念的结构及其同人的感受相联系。也就是说，尽管罗尔斯所设置的理想的道德人格吸纳了康德式人性观的某些思想要素，但他并没有在自己的正义理论中预设康德式的人性观念，其道德原则的判定也不是由这种人性观推出的。实际上，它主要依赖于深思熟虑的道德信念和罗尔斯式的道德理论的建构程序。因此，我们有理由认为，罗尔斯关于契合论的证成的两种进路本质上属于彼此不同的两种结构。前者意在表明两种相互独立的规范性观点的一致性，后者意在解释正义观念与人性之善的一致性。

---

① John Rawls, *Justice As Fairness*: *A Restatement*, Cambridge: Harvard University Press, 2011, p. 5.
② 弗里曼的观点在某种程度上为我们的判断提供了支持。他说："无论早期还是晚期，罗尔斯工作的另一个重要特点是道德理论独立于形而上学和知识论的观念。"详见［美］塞缪尔·弗里曼《罗尔斯》，张国清译，华夏出版社2013年版，第318页。
③ ［美］塞缪尔·弗里曼：《罗尔斯》，张国清译，华夏出版社2013年版，第320页。

二　罗尔斯为何从契合论转向重叠共识

当我们理解了罗尔斯关于契合论的两种辩护进路及它们之间的关系时，接下我们要思考的问题是，在政治自由主义阶段，罗尔斯为什么要从契合论转向重叠共识理念以证成正义观念的稳定性？就这一转向而言，他到底是全面否定了用契合论证成正义观念稳定性本身，还是仅仅否定了关于正当与善的契合性的康德式解释，又或者是两者兼而有之呢？

众所周知，自1971年至今，《正义论》在理论界获得巨大声誉的同时也招致了诸多批评。在不断进行自我辩护及自我修正的过程中，罗尔斯对作为公平的正义观念的思考发生了重要的变化。这些变化致使罗尔斯最终转向了《政治自由主义》。在《政治自由主义》的导论中，罗尔斯坦言："无疑，这些演讲的主旨和内容标示着这个理论的重大转变。……但要理解这些差异的性质和程度，必须要认识到它们是为了试图消除内在于作为公平的正义中的一个严重问题而提出来的，即该理论第三部分关于稳定性的解释与全书的观点不一致。我相信，所有的差异都是消除这种不一致的结果。若不然，它与《正义论》一书的结构和内容在实质上保持不变。"① 在罗尔斯看来，与作为公平的正义观念相关联的良序社会之本质特征，是其所有公民都站在一种整全的哲学理论的基础上来认可这一观念。"他们对正义原则的接受是以这种理论为根基的。"② 罗尔斯认识到，以一种整全性哲学理论为基础去证成正义原则的稳定性，这一做法不仅不符合理性多元社会的现实，而且会成为其稳定性证成中致命的缺陷。在他看来，由正义原则规范的社会必然呈现出理性多元的特征。在这样的社会中，任何一种整全性学说都不可能得到全体公民的普遍赞同。罗尔斯如是说，"在《正义论》中他所使用的作为公平的正义之秩序良好社会的理念是不现实的。它与在最佳可预见条件下实现其自身的原则

---

① John Rawls, *Political Liberalism*, New York: Columbia University Press, 1993, pp. xvi – xvii.

② John Rawls, *Political Liberalism*, New York: Columbia University Press, 1993, p. xvi.

是不一致的"①。

由此来看，罗尔斯对其正义论阶段中的稳定性证成并不满意，在他看来，稳定性与全书中的不一致问题迫使他不得不重新思考稳定性问题。与先前不同的是，在政治自由主义阶段，民主社会之理性多元化特征成为罗尔斯思考作为公平的正义观念及与其相关的良序社会之稳定性的前提和起点。在政治自由主义阶段，罗尔斯引入了一个新的基本理念，即各种合乎理性的整全性学说之重叠共识的理念。这样一来，作为公平的正义理论稳定性证成中的两个问题就变成："第一，在正义制度（这些制度是由政治的正义观念界定的）中成长起来的人是否获得了一种正常而充分的正义感，以至于使他们普遍能够遵守这些制度。第二，根据民主公共政治文化特征的普遍事实，特别是理性（reasonable）多元主义的事实，该政治观念是否能够成为重叠共识的焦点。"② 其中，关于稳定性证成中的第一个问题，罗尔斯给出了与正义论阶段完全相同的解决方案。他说："第一个问题是通过建立道德心理学来给予回答的，依照这一道德心理学，良序社会中的公民们就可以获得一种正常而充分的正义感，以至于他们能够普遍遵守这种正义的安排。"③ 就第二个问题而言，罗尔斯用重叠共识的理念代替了正义论阶段中的契合论这一解决方案。在他看来，"重叠共识的理念回答了第二个问题，并解决了与之相关的各种困难"④。

重叠共识这一基本理念的提出，被一些学者看作罗尔斯对契合论，特别是对康德式诠释的彻底否定。⑤ 然而，进一步的追问是，在罗尔斯眼中，契合论的问题出在了哪里？它是否足以让罗尔斯转向政治自由主义？弄清楚这些问题，对于我们彻底认识和理解罗尔斯后期的思想转向及其原因来说至关重要。

---

① John Rawls, *Political Liberalism*, New York：Columbia University Press, 1993, p. xvii.

② John Rawls, *Political Liberalism*, New York：Columbia University Press, 1993, p. 141.

③ John Rawls, *Political Liberalism*, New York：Columbia University Press, 1993, p. 141.

④ John Rawls, *Political Liberalism*, New York：Columbia University Press, 1993, p. 141.

⑤ 在周保松看来，"他仍然强调稳定性的重要，但却放弃了契合论，也放弃了康德式的诠释，改为主张政治自由主义，并以追求交叠共识来解决正义感的优先性问题"。周保松：《自由人的平等政治》（修订版），生活·读书·新知三联书店 2013 年版，第 199 页。

对于上述问题，最佳的途径是从罗尔斯关于政治哲学转向所陈述的观点出发去寻找蛛丝马迹。如前所述，罗尔斯就其理论转向给出的主要理由是，作为公平的正义观念的稳定性证成依赖于一种整全的哲学理论，而这种做法与民主社会之理性多元主义的普遍事实相冲突。正如我们所看到的那样，罗尔斯关于稳定性证成前后的改变主要是从契合论转向重叠共识理念，那么，就像评论者所认为的那样，他所论及的上述问题由此便可以合逻辑地被认为是其契合论辩护中存在的问题。也就是说，稳定性问题的关键在于罗尔斯在对契合论的辩护中预设了一种整全的哲学理论。基于罗尔斯对契合论所做的康德式解释，在学界，这种整全性哲学学说便被顺理成章地理解为康德式道德哲学。

事实真的是这样吗？毫无疑问，罗尔斯关于正当与善的契合性的康德式解释着实要为作为公平的正义观念的稳定性证成中存在的不一致承担责任。但正如我们在上一节中所论证的那样，关于契合论的康德式解释"正义之善"与契合论"理性之善"的辩护在本质上是两种不同的证成理路。并且，罗尔斯关于作为公平的正义观念的两个阶段的证成使我们完全有理由相信，他关于契合论的康德式解释充其量只是一种外围解释，其"理性之善"的契合论证成才是贯穿作为公平的正义理论之始末的核心论证。也就是说，良序社会的成员正当与善之契合性理论证成的关键在于，从理性慎思的角度看，个体按照正义原则行事对他来说是最理性的选择。而且这一结论是建立在原初状态中的正义与善的弱理论契合的论证基础之上的。从这个意义上来看，倘若罗尔斯将契合论的康德式解释剔除出去，本质上并不会对其正义原则的理论证成造成严重的影响，或者说，理性之善的证明完全肩负起这一使命，他完全没有必要转向政治自由主义。由此来看，企图让罗尔斯关于契合论的康德式解释为其稳定性证成中出现的不一致问题承担全部责任，似乎具有避重就轻之嫌。

实际上，罗尔斯对《正义论》之良序社会不现实的观点专门做过这样一个解释。他说："与作为公平的正义相联系的良序社会的本质特征是，它所有的公民都是基于我现在称之为一个整全的哲学学说来支持这一观念。以这种观念为基础，他们接受两个正义原则。与之相似，在与效用主义相联系的良序社会中，公民们普遍都把效用主义看作一种整全性哲学学说来支持，并在这一基础上接受效用原则。"① 从这段论述中，特别在将之与效用主义的类比的论述中，我们发现，罗尔斯清楚地表明了"不一致性问题"中指涉的"整全性哲学学说"还包括作为公平的正义观念本身。这样看来，罗尔斯真正想要表达的是，正当与善的契合论的论证是在假定所有公民都接受作为公平的正义观念这一整全性哲学理论的基础上做出的。正如他所认识到的那样，这一点是冲突于民主社会之理性多元主义的事实的。

不仅如此，在罗尔斯看来，更重要问题是，这一点与正义原则在可预见的最佳条件下实现自身的情况是不一致的。实际上，罗尔斯在政治自由主义中将政治正义观念作为一个基本理念引入政治自由主义在一定程度上为我们的判断提供了论证。他认为："《正义论》中良序社会的理念可以重新予以阐发，以解释理性多元论的事实。为了实现这一目标，该书［政治自由主义］将《正义论》所提出的作为公平的正义理论转换成一种应用于社会基本结构的政治的正义观念。"②

由此来看，罗尔斯之所以从契合论转向重叠共识，其根本原因并不仅仅是契合论证成无法完成作为公平的正义观念这一整全哲学学说的稳定性证成，作为公平的正义理论自身作为整全哲学学说的属性也是阻碍罗尔斯这一理论目标的根本性问题。正如我们在《政治自由主义》中所看到的那样，为了解决上述不一致问题，罗尔斯前后修正了两方面，他在用重叠共识理念取代契合论的同时，也将作为公平的正义观念修正为一种政治的正义观念。也就是说，在罗尔斯看来，唯有将作为公平的正义观念转变为一种政治的正义观念，才有可能使社会合作体系中的成员达成重叠共识理念。那么，什么是重叠共识？它是否能够代替契合论完成罗尔斯稳定性证成的理论使命呢？对这一问

① John Rawls, *Political Liberalism*, New York: Columbia University Press, 1993, p. xvi.
② John Rawls, *Political Liberalism*, New York: Columbia University Press, 1993, p. xli.

题的追问将我们自然而然地带入到下一节的讨论之中。

第二节　罗尔斯式的重叠共识及其特性

重叠共识是后期罗尔斯阐释政治性正义观念稳定性的一个重要的支撑。在政治自由主义阶段，当罗尔斯意识到当代民主社会多元事实时，除了继续坚持理性道德心理学——正义感——是维持政治的正义观念稳定性的必要条件之外，罗尔斯还引入了重叠共识，作为阐释正义观念稳定性的又一重要理念。在罗尔斯看来，尽管重叠共识是一种从临时协定发展出来的，但它并非一种临时协定，而是一种具有深厚的道德基础的政治共识。

一　重叠共识理念的作用

重叠共识是罗尔斯思想"政治转向"的核心理念。借助于重叠共识，罗尔斯希望褪去作为公平的正义观念稳定性证成中的形而上学基础，使其深深地扎根于宪政民主社会的公共政治文化之中。

现代民主社会或现代性的一个显著特征是，生活在其中的个体对何为美好生活这一问题通常都持有不可通约的多元化观念，那些由一个或多个最高善统摄的目的论世界被瓦解得支离破碎。在这种情况下，一个正义而稳定的良序社会如何可能，是罗尔斯在《政治自由主义》中思考的核心问题。罗尔斯认为，理性多元价值观这一既定事实决定了任何一种合乎理性的整全性学说都不可能成为确保社会统一和稳定的基础，也不可能成为判定现代政治社会的根本性问题的统一标准。在他看来，唯有引入与政治自由主义理念相辅相成的另一个基本理念——重叠共识，才有可能实现多元社会的统一和稳定。

与《正义论》相同，在《政治自由主义》中，作为公平的正义观念的公共辩护策略分为两个阶段：在第一个"特定阶段"的论证中，原初状态中的立约人搁置了属于自己的价值（善）观念，仅以自由平等的道德人这一理想的政治角色，依照善的弱理论，去理性慎思和选择规范社会基本结构的正义原则。在这一阶段，无知之幕的遮蔽使立约人不依赖于任何"具体的心理因素（或态度）"所主导的性格倾向，诸如妒忌或怨恨、统治愿望或顺从倾向，或者是对不确定性和冒险的极端厌恶。[①] 这极大地简化了立约人在选择正义原则过程中的推理难度，他只需基于他所代表的那些人的最大利益来考虑社会基本结构这一政治领域中的各种基本价值如何被安排才是正义的，至于除此之外的其他价值，则不在罗尔斯政治的正义理论的考虑之列。在他看来，倘若政治的正义观念能够获得处于原初状态中自由平等的立约人的理性选择，那么，他便完成了这个阶段的理论证成。

在论证第二阶段，罗尔斯关注的是作为公平的正义观念的稳定性问题，即作为公平的正义如何能够产生出一种自我支持的力量。[②] 罗尔斯希望表明，那些持有各种合乎理性的整全学说的公民能够从各自持有的观念出发，就政治的正义观念达成重叠共识。他相信，倘若政治的正义观念能够得到那些在社会政治生活中积极行动的公民的真诚认可，且政治正义的要求与他们的根本利益——社会安排培育和鼓励他们追求这些根本利益——又没有太大的冲突时，稳定性证成才有可能完成。具体而言，倘若那些成长在由正义原则规范的良序社会中的公民通常能够获得一种有效的正义感，且不为他们那些具体的、负面的具体态度——愤恨、妒忌等——所影响，那么在罗尔斯看来，关于政治正义观念的稳定性阐释就得以完成。

需要特别强调的是，重叠共识的应用范围被罗尔斯严格地限定在政治正义理论证成的第二个阶段即稳定性的证成中。在《政治的领域与重叠共识》一文中，罗尔斯论证说："我之前在论述重叠共识的理念时，没有说明'作为公平的正义'的阐明要区分两个阶段，也没有强调重叠共识的理念只适用于第二个阶段。"[③] 换句话来说，重叠共识的作用主要是阐释政治正义观念的稳

---

① John Rawls, *Justice as Fairness*: *a Restatement*, Cambridge: Harvard University Press, 2001, p. 180.

② John Rawls, *Justice as Fairness*: *a Restatement*, Cambridge: Harvard University Press, 2001, p. 181.

③ ［美］约翰·罗尔斯：《罗尔斯论文全集》（下），陈肖生等译，吉林出版集团有限公司2013年版，第537页。

定性问题。然而，尽管重叠共识只适用于第二个阶段，但其稳定性力量的根源在于正义理论第一阶段所使用的诸理念，罗尔斯如是说："第二阶段包含着对'作为公平的正义'的稳定性说明，也就是解释'作为公平的正义'因其在第一阶段所构造的原则和理念，它有能力产生出一种自我支撑的力量。在第二阶段，重叠共识的理念被援引去解释：给定民主社会——此种社会是'作为公平的正义'本身所要求的——总是存在着对立的整全性宗教、哲学和道德学说的多元性，在这种情况下，自由制度是如何获得其所需要的忠诚而得以持久存续的。"① 上述引文表明，在罗尔斯看来，重叠共识理念的功能在于解释由作为公平的正义观念规范的良序社会是何以长久存续，且能够获得所有公民的理性忠诚的。但从本质上来看，作为公平的正义观念之所以能够在持有不同理性整全学说的公民之间形成重叠共识，其核心在于其第一阶段赖以证成的理念，它才是作为公平的正义观念有能力产生出一种自我支持的力量的源泉所在。

也就是说，倘若我们要深入理解作为公平的正义观念之中所蕴含的自我支持的力量的性质，进而把握罗尔斯稳定性证成的思想脉络，就必须要深入考察正义理论第一阶段证成中所涉及的基本理念，即理想的道德人格及公平的社会合作体系等诸多基本理念。与正义论阶段不同，在政治自由主义阶段，理想的道德人格理念已经不再被罗尔斯视为所有人固有的道德本质；相反，它被看作一种隐含在现代民主社会公共政治文化中一般的公民观念或信念。② 罗尔斯认为，无论是康德主义者，还是效用主义者，又或者各种虔诚的宗教信徒都应该接受这种公民理念，并将彼此看作自由平等的公民。③ 除此之外，

---

① ［美］约翰·罗尔斯：《罗尔斯论文全集》（下），陈肖生等译，吉林出版集团有限公司2013年版，第537页。

② 在《作为公平的正义》第25节，罗尔斯明确指出："基本善是人作为公民而需要的东西，而非作为人类所需要的东西，因为人类同任何规范观念都毫无关系。"详情参见 John Rawls, *Justice as Fairness: a Restatement*, Cambridge: Harvard University Press, 2001, p.88。

③ 尽管在政治自由主义阶段，罗尔斯将个体的道德人格限定在政治的观念之中，但他并没有修改道德人格的实质内容，其理论证成依然依赖于自由平等的道德人的观念。由此来看，罗尔斯政治哲学的转向本质上是一种证成的转向。

他们也都应该接受公平的社会合作体系的理念，并将它看作实现自由平等的公民两种道德能力——正义感和善观念——的最佳政治体制。罗尔斯认为，作为公平的正义观念作为一种政治的正义观念，其稳定性力量依赖正义证成的第一阶段中所引用的现代民主主义社会公共政治文化中的一般信念。他相信，唯有建立在这一基础上的正义观念，才有可能获得生活在良序社会中的成员的公共认可。

总而言之，罗尔斯认为，通过对理性的道德心理学和政治社会的重叠共识给予必要的阐释，就能够完成关于稳定性问题的讨论。而这种阐释，其力量最终源于作为公平的正义观念在第一阶段所赖以证成的道德基础，即原初状态的道德人根据自己的善观念和正义感理性地选择该正义原则，是这种政治的正义观念之所以能够成为重叠共识的核心的根本原因。也就是说，契合论在重叠共识理念的阐释中并非毫无意义，它甚至可以被看作重叠共识的一个弱的基础。关于这个问题我们留待下一小节进行讨论。

二　重叠共识理念的道德基础

在进一步讨论契合论在政治的正义观念中是否被完全剔除之前，我们首先需要弄清楚的另一个重要问题是，既然作为公平的正义观念的稳定性力量——自我支持的力量——主要是"因其在第一阶段所构造的原则和理念"而产生的，那么这是不是又一次证明了重叠共识本质上并没有罗尔斯所认为的那么重要，或者说它只是一个与政治性正义观念的道德证成毫无关联的现实问题？①

或许当我们深刻地理解了罗尔斯关于政治哲学的基本观点之后，上述问题就会变得清楚一些。罗尔斯说："哲学将政治世界视为一种持续运作的社会合作体系，实践地讲，它是直至永恒的。政治哲学之所以涉及政治学，是因为它必须考虑实践政治的可能性，而道德哲学则无此顾虑。因此，罗尔斯式

---

① 重提这个问题是重要的，有学者认为，重叠共识理念的提出更进一步证明了罗尔斯有意将一个与证成毫无关联的实践问题引入他的正义理论中。

政治哲学的使命便是去解释，一个多元社会出现的深刻分裂，是如何可能通过一种历经世代而逐渐成为重叠共识焦点的政治性正义观念来调和。"① 也就是说，罗尔斯眼中的政治哲学既不同于道德哲学——仅仅向人们展现无穷无限的乌托邦式的未来；又不同于纯粹的政治学——只专注于现实政治社会的可能性，它既要着眼于社会合作体系的永恒性，同时又要考虑该社会合作体系的实践性，它所捍卫的是一种正义的社会合作体系的现实可能性，因而并不局限于当下的政治问题。罗尔斯认为，在探讨社会公共文化时，政治哲学一般而言都是从最长远的观点出发，去考察社会永恒的历史条件和社会条件，以及一种合情合理的道德心理学，以便尽最大可能来调和社会合作中那些深刻的冲突。从这个意义上来看，成为重叠共识焦点的政治性正义观念应该是面向未来的，它所要着手处理的并不是一个简单的社会稳定性问题。所以我们说，重叠共识理念在作为公平的正义观念的理论证成中并非可有可无，它关乎罗尔斯式政治哲学的理论抱负。

当然，我们也要认识到，罗尔斯式的政治正义观念也是面向实践的，它要考虑政治的正义观念的现实可能性。他相信，政治哲学史上的任何一种正义观念都会预设一种关于政治和社会的观点，并且接受关于政治社会学和人类心理学的一些一般性事实。在罗尔斯看来，现代民主社会中的四个一般性事实必然限定着政治正义观念的理论建构，第一个是，多元化价值观念是现代民主社会发展的一个永久性特征。他说："存在于现代民主社会中的整全性政治学说，宗教学说和道德学说的多样性，不是一种可以很快便会消失的纯历史状态；它是民主社会公共文化的一个永久性特征。"② 也就是说，自由平等的公民会因不可通约甚至相互冲突的宗教学说、哲学学说或道德学说而产生深刻的分歧，他们不仅会从各自的立场出发去思考正义或道德问题，而且

① ［美］约翰·罗尔斯：《罗尔斯论文全集》（下），陈肖生等译，吉林出版集团有限公司2013年版，第537页。

② ［美］约翰·罗尔斯：《罗尔斯论文全集》（下），陈肖生等译，吉林出版集团有限公司2013年版，第537页。

要用不同的价值观念来指导自己的人生。在罗尔斯看来，这既是个体实践理性的内在要求，又是良序社会发展的一种必然结果。第二个是，唯有压迫性地使用国家权力，否则自由社会的公民不会对任何整全的道德学说产生公共认同或非公共认同。罗尔斯这样论证说："如果我们把政治社会视为一种共同体，而这样的共同体的统一是建立在人们对单一且相同整全性学说的认可之上的，那么对这样的政治共同体而言，压迫性地使用国家权力就是必需的。"①第三个是，持久而稳定的政治体制需要获得该社会政治上积极的多数公民的实质性支持。在罗尔斯看来，第一个和第三个一般性事实就决定了"一种正义观念，若要成为一种为立宪政体做辩护的公共基础，它就必须是一个能够得到各种不同的甚至是不可调和的整全性学说的认可"②。第四个是，一个合理而稳定的民主社会一般包含或隐含着某些基本的直觉性理念。罗尔斯认为，当一个正义理论从这些基本的直觉性理念出发时，就能制定出一种适用于公平的社会合作体系的正义观念。

　　如果说重叠共识——因罗尔斯式政治哲学面向永恒未来的特性——关注的并不仅仅是一个现实社会的稳定性的话，我们也要看到，重叠共识是面向实践的，它将上述四个一般性事实纳入其正义理论的思考之中，旨在探讨现实政治实践的可能性。也就是说，他关心宪政民社会的稳定性，却不仅仅局限于此。在《政治自由主义》中，罗尔斯曾明确指出，他"希望借助公民关于他们的社会以及公民在社会中的地位的根本性直觉理念，找到并帮助澄清在一个政治的正义性观念上达成共识的公共基础，通过展示在一个具有民主传统、面对多元事实的社会里达成一种重叠共识的可能性"③。在他看来，政治的正义观念之所以能够在持有多元观念的公民之间成为重叠共识的中心，

---

　　① 〔美〕约翰·罗尔斯：《罗尔斯论文全集》（下），陈肖生等译，吉林出版集团有限公司 2013 年版，第 537 页。

　　② 〔美〕约翰·罗尔斯：《罗尔斯论文全集》（下），陈肖生等译，吉林出版集团有限公司 2013 年版，第 537 页。

　　③ 〔美〕约翰·罗尔斯：《罗尔斯论文全集》（下），陈肖生等译，吉林出版集团有限公司 2013 年版本，第 537 页。

最关键的因素是，作为公平的正义反映了宪政民主社会中公民彼此之间政治关系的基本特征。当然，这也是政治的正义观念之所以能够获得生活在其中的公民之公共认可的重要原因之一。

介于上述思考，罗尔斯极其审慎地将其理论限定在民主宪政社会的政治关系之中。在政治自由主义中，他清楚地指出，作为公平的正义是一种政治观念，它不求助于任何道德哲学。① 罗尔斯说："它［作为公平的正义］所表达的是一个极其重要的（道德的）价值家族，而这个价值家族只适合应用于社会基本结构。这些是政治价值：它们是根据政治关系的某些具体特征而提出来的，以同其他关系相区别。"② 众所周知，罗尔斯所讨论的政治关系是身处于封闭社会的公民之间的关系，或者说，是由社会基本结构规范的公民之间的关系，他们生入其中，死出其外。然而，在立宪政体中，"政治权力永远是以国家机器为后盾的强制性权力"③，但它说到底又同时"是一种公共权力，是自由平等公民作为一个集体性实体（a collective body）的权力"④。罗尔斯认为，政治权力的这种特性就决定了其应用必须获得良序社会中自由平等的成员的公共认可，即"只有当我们行使政治权力的实践符合宪法——我们可以理性地期许自由平等的公民根据他们共同的人类理性可以接受的那些原则和观念来认可的宪法实质——时，我们使用这些权力的实践才是恰当的"⑤。故此，在罗尔斯看来，唯有一个政治正义观念获得了所有公民理性地（reasonably）支持，它才能成为公共理性和正当性的基础。⑥

正是在上述意义上，罗尔斯希望发展出一套"大多数人"能够接受的政治的正义观念，并将其视为表达基本政治价值的一种独立的观点，以应用于

---

① John Rawls, *Justice as Fairness: a Restatement*, Cambridge: Harvard University Press, 2001, p. 181.

② John Rawls, *Justice as Fairness: a Restatement*, Cambridge: Harvard University Press, 2001, p. 181.

③ John Rawls, *Justice as Fairness: a Restatement*, Cambridge: Harvard University Press, 2001, p. 181.

④ John Rawls, *Political Liberalism*, New York: Columbia University Press, 1993, p. 136.

⑤ John Rawls, *Political Liberalism*, New York: Columbia University Press, 1993, p. 137.

⑥ 在罗尔斯的理论体系中，由于其政治的正义观念的理论限定，正当性与证成性在某种程度上是合一的，政治的正义如何能够获得规范性证成，也就是它在一定意义上获得了正当性。关于这部分内容的具体讨论，参见第二章。

社会基本结构并阐释其典型的政治价值，而无须提及它独立的非政治价值。当然，这种政治观念并不否认那些用于团体、家庭及个人的其他价值。在他看来，倘若作为公平的正义限定在政治领域阐释的正义原则能够成为公民重叠共识的中心，它就能够赢得持有多元理性整全学说公民的支持和信赖，且这些学说世代相传，生生不息。因此，罗尔斯说："没有合理的重叠共识，也就没有对政治社会的公共辩护（public justification），这样一种辩护对正当理由以及合法性而言，是与稳定性的观念联系在一起的。"①

总而言之，在罗尔斯的眼中，政治哲学即面向无穷的未来，又立足于政治生活的可能性，这就要求作为公平的正义观念的公共辩护在关注正当性证成的同时，又要关注该理论的稳定性。倘若政治的正义观念不能满足该理论稳定性的要求，那么它就不具备正当性或合法性。故此，罗尔斯说，倘若政治的正义观念不能成为公民重叠共识的中心，那么它就必须退回到其理论证成的第一个阶段，以修正相应的内容。也许正是罗尔斯政治正义观念稳定性证成的要求，使其理论具有经久不衰的道德吸引力。

三　重叠共识与权宜之计

关于共识或者说政治共识的日常观念非常容易让我们将重叠共识理念理解为一种精心谋划了的"权宜之计"。为了避免这样的误解，罗尔斯在其著作中不遗余力地对这一观点进行了批驳，且在重叠共识与权宜之计这两者之间做出了明确的区分。然而，令人费解的是，他似乎并不反对政治的正义观念从一种"权宜之计"或者说"临时协定"转为"重叠共识"的中心，如何理解罗尔斯在这个问题上的深刻理论意图，是一个值得我们探讨的问题。

众所周知，在《政治自由主义》中，罗尔斯曾旗帜鲜明地否定了将政治的正义观念视为持有各种不同的整全性学说的公民之间彼此妥协的"权宜之计"。在他看来，重叠共识完全不同于"权宜之计"，他说："［政治自由主义

---

① John Rawls, *Political Liberalism*, New York：Columbia University Press, 1993, p. 386.

的理论目的〕要求我们不考虑实际存在的各种整全性学说，并从中得出某个打破他们之间力量平衡的政治观念。……即在开列基本善的目录时……留意在社会中实际存在的各种整全性学说，并列出接近这些学说'重心'的善目。换言之，在那些持有这些学说的人在制度要求、制度保护以及达成所有目的的手段需要的物品之间，寻找到一个平均尺度。"① 罗尔斯认为，这种方式并不是作为公平的正义观念作为重叠共识之中心的论证方式，它使政治的正义观念以一种错误的方式成为政治的，并将重叠共识的基础建立在各种整全学说之间力量的较量与平衡之上。

实际上，上述方式正是权宜之计产生的过程。罗尔斯认为，权宜之计典型用法是用于描述因目的和利益而相互冲突的两个国家之间的一种条约。这种条约代表着一个平衡点，无论对哪一方而言，违反条约都是不明智且有害的。或者说，各方之所以会遵守这一条约，是因为他们都将遵守条约看作该国的至上利益。在他们博弈的过程中，两个国家均想以牺牲对方的利益来实现自己的目的。在罗尔斯看来，"当我们认为共识只是建立自我利益或群体利益之基础上时，或者，当我们认为它只是建立在政治谈判的结果之上时，这一背景就凸显了这种条约只是一种纯粹的临时协定"②。所以说，临时协定本质上表现为一种力量的对比，其稳定性完全取决于相互之间力量对比的偶然平衡。

与"临时协定"完全不同，罗尔斯认为，作为重叠共识之政治的正义观念并非建立在利益而是建立在道德的基础之上的。他在《政治自由主义》的开篇这样定义说："〔政治的正义观念〕当然也是一个道德观念，它是为特殊主题所创造出来的道德观念。"③ 之所以说政治的正义观念是道德的，原因在于"它是在道德的基础上被人们所认肯的，即它包含着社会合作的理念和公民的理念，也包括对正义原则和政治美德的阐释，即通过这些原则内化于公

---

① John Rawls, *Political Liberalism*, New York：Columbia University Press, 1993, p. 165.

② John Rawls, *Political Liberalism*, New York：Columbia University Press, 1993, p. 40.

③ John Rawls, *Political Liberalism*, New York：Columbia University Press, 1993, p. 11.

民品格和公共生活之中所展现出的政治美德"①。也就是说，重叠共识并不是个体建立在自我利益或群体利益之上的关乎力量对比的共识，它是所有认可该政治观念的公民基于他们自己的整全学说所做出的选择。在罗尔斯看来，这种选择并不会减少公民对他们所属的整全的宗教、道德或哲学学说的认可，因为他们是从属己的整全学说内部出发来认肯正义原则的。故此，罗尔斯说："［获得重叠共识］的方式详尽地阐释了一种由作为公平的合作体系和与之相伴的理念推导出来的作为独立学说的政治观念。我们希望，这种理念以及从该理念内部出发所获得的基本善能够成为一种理性的重叠共识的核心。"② 也就是说，在由政治的正义观念规范的社会合作中，无论是持哪一种整全的宗教、道德或哲学学说，他们都以自己的（不同的）理由来认可该观念，从这种观念出发，他们能够就宪法实质性问题的解决获得一个公共的、最合乎理性的基础。

　　由此来看，在罗尔斯的理论体系中，重叠共识是一种完全不同于"权宜之计"的理念，其稳定性并非取决于各方力量之间的平衡；与之相反，它取决于一种自我支持的力量，即"生活于正义的基本结构中所形成的性格和旨趣是既定的情况下，公民的正义感是如此强大，足以抵制通常的不正义倾向。公民能够且自愿地永远以正义的方式相互对待"③。既然重叠共识理念与权宜之计是罗尔斯的理论体系中完全不相交的两条直线。令人困惑的是，罗尔斯却在阐释达成重叠共识的步骤时，又有意无意地将"权宜之计"纳入对重叠共识的思考之中。

　　在罗尔斯看来，要想使持有多元的整全性宗教、道德或哲学学说的公民就政治的正义观念达成重叠共识，必须先后经过两个阶段，第一阶段达成宪法共识，之后经过第二阶段达成重叠共识。④ 就第一阶段的宪法共识而言，它

---

① John Rawls, *Political Liberalism*, New York: Columbia University Press, 1993, p. 147.

② John Rawls, *Political Liberalism*, New York: Columbia University Press, 1993, p. 147.

③ John Rawls, *Justice as Fairness: a Restatement*, Cambridge: Harvard University Press, 2001, p. 185.

④ 这种指控是这样的，认为当一个政治社会没有产生一种重叠共识时，它没有足够的政治力量、社会力量或心理力量来实现一种重叠共识，或使重叠共识保持稳定。

仅仅是基于"权宜之计"而将正义原则作为宪法根本接受下来，因而并非一种共享的观念。罗尔斯认为："宪法共识既不深刻，也不广泛，它范围狭窄，也不包括基本结构，只应用于民主政府的政治程序。"① 具体来说，即在某个时期，由于某些偶然的历史事件，公民将某些自由主义的正义原则作为一种纯粹的临时协定暂时接受下来，并将这些正义原则同当下的基本政治制度结合起来。② 在罗尔斯看来，上述结合存在着"许多弹性，自由主义的正义原则在许多方面都与那些（部分）整全性学说保持着松散的连贯性，并且，在政治的正义原则的范围内，它在许多方面都允许不同的（部分）整全性学说"③。实际上，罗尔斯认为，当大多数公民在没有观察到正义原则与他的（部分）整全性学说之间的关联时，便已经认可那些体现在基本制度中的正义原则。他说："即便是公民随后认识到其（部分）整全性学说与正义原则之间的不相容性，那么，他们极有可能会去调整或修正这些学说，而不是去抛弃这些原则。"④

就这样，政治的正义原则最初作为一种权宜之计而为公民们犹犹豫豫地接受下来，并纳入宪法共识中去。此时，它完全是凭借"它可能部分地基于长期的自我利益和群体利益，以及习惯和传统的态度，或者仅仅是基于服从的要求和日常行为的惯性"⑤ 来赢得公民们支持及忠诚的。罗尔斯认为，即便是那些精明的算计能够得到人们的广泛认可，这些算计也会因其本身高度思辨的本性及纷繁的复杂性而使公民们产生相反的观点，进而极易引起相互之间的怀疑。因此，他们必须考虑，到底应该怎样去说服他人承认自己的推理，或者承认他们的失误，才是合乎理性的。此时，"当政治原则规范的基本的政

---

① John Rawls, *Political Liberalism*, New York: Columbia University Press, 1993, p. 147.

② 上述结合在罗尔斯看来可能包含三种情况，一是公民们从属自己的某种整全的宗教、道德和哲学学说中推导出这种原则来；二是尽管公民们无法从属己的整全性学说中推导出该原则，但该原则相融于其整全学说；三是公民们的整全学说与该原则完全不相容。John Rawls, *Political Liberalism*, New York: Columbia University Press, 1993, p. 160.

③ John Rawls, *Political Liberalism*, New York: Columbia University Press, 1993, p. 160.

④ John Rawls, *Political Liberalism*, New York: Columbia University Press, 1993, p. 160.

⑤ John Rawls, *Political Liberalism*, New York: Columbia University Press, 1993, p. 160.

治制度以及从中衍生的公共理性在一段时间内持续有效地发挥作用时，它往往会激发出政治生活中的合作美德，如理性的美德和正义感、妥协精神和满足他人做出让步的意愿，所有这些美德都与那种在每一个人都可以公开接受的政治条件的基础上与他人合作的意志相联系"①。这些变化都在某种程度上为他们达成"重叠共识"扫清了道路。

　　一旦公民达成宪法共识，公民或者政治集团就必须进入政治讨论的公共论坛，面向更广阔的公共世界来解释或正当化他们偏好的原则或政策。此时，他们就会被引导着系统地阐释政治的正义观念，以及该观念赖以存在的那种关于社会合作的及道德人的理念，并因此而为政治的正义观念确立下一个更深刻、更广泛的基础。当公民们开始真诚地赞赏政治的正义观念时，它就获得了人们的忠诚，而且这种忠诚随着时间的推移会愈久弥坚。此时，他们便开始理性和明智地考虑应该将政治性正义理论当作表达最重要的政治价值而加以确认，重叠共识也就由此达成。从上述罗尔斯勾勒的达成重叠共识的步骤来看，临时协定是公民就政治的正义观念达成重叠共识的准备阶段，也就是说，尽管重叠共识与临时协定是性质上完全不同的两种理念，但它依然在重叠共识理念的形成中扮演着一种不可或缺的角色。在罗尔斯看来，正是因为作为公平的正义观念存在临时协定的阶段，才使重叠共识理念不至于沦落为一种乌托邦。②

　　罗尔斯认为，政治哲学的理论使命是建立一个现实主义的乌托邦。在他看来，只有将政治社会的重叠共识扎根于稳定性的道德理念之上，才可能为社会秩序提供一个稳定的结构，以使社会的基本政治秩序不至于因为缺乏真诚的道德信念而被摧毁，或被扰乱。而所谓真诚的道德信念，在罗尔斯看来，就是蕴含在民主社会中的一般观念，即公平的社会合作体系理念以及理性的

---

　　① John Rawls, *Political Liberalism*, New York: Columbia University Press, 1993, p. 163.

　　② 有学者批评罗尔斯的重叠共识是一种乌托邦，罗尔斯在《政治自由主义》中对这一观念进行了反驳和回应。详见 John Rawls, *Political Liberalism*, New York: Columbia University Press, 1993, pp. 158 - 169。

道德人这一道德信念。当然，如前所述，评论家不能因此就断定罗尔斯的重叠共识观念本质上是一种权宜之计。因为，这里引入的观念并不诉诸具体的哪一种理性的整全观念，而是民主政治文化中那些最一般的，最基础的道德信念。民主社会中的这些基本信念，是因它广泛地存在于公民的意识中而被选择的，它也因此能够获得公民的普遍支持。或者说，在民主宪政国家中，它是有道德基础的。正是在这样条件下，罗尔斯才将其纳入政治正义观念的考量之中，并由此推导出一种独立的正义观念，以最终指导和规范我们的政治生活及秩序。

第三节　罗尔斯式的重叠共识及相关问题

通过前两节的讨论，我们从整体上对罗尔斯后期为何转向重叠共识，以及重叠共识理念的作用、道德基础、实现步骤等问题有了清晰的认识。在接下来这一小节的讨论中，我们要集中处理这样几个问题，一是正当与善的契合论在罗尔斯关于重叠共识的论证中到底是完全被抛弃了，还是它依然能够被看作重叠共识理念的一个弱的基础。二是讨论罗尔斯将重叠共识限定在持有"理性的整全学说"的公民这一范围内，是否像评论者所认为的那样，会危及良心自由。三是讨论当罗尔斯用政治的正义观念取代作为整全学说的正义理论之后，是不是意味着他放弃了社会统一的思想，转而将社会视为一种为了谋取个人或团体利益的"私人社会"。

一　重叠共识与契合论

众所周知，当罗尔斯意识到宪政民主社会理性多元的事实时，出于理论自觉，他转而以重叠共识的理念以证成作为公平的正义观念的稳定性。至于其在正义论阶段证成正义原则稳定性的契合论的去留，他着墨甚少。有学者因此认为，罗尔斯在政治性正义观念的稳定性证成中彻底放弃了契合论，仅仅借助于重叠共识理念来完成他的理论任务。

　　我们知道，在《正义论》中契合论是通过两个相互独立的规范性观点证成的，一个是正义行事符合人之基本善，即"理性之善"；另一个是正义行事符合人之本性，即"正义之善"。如我们在本章第一节中论证的那样，粗看起来，迫使罗尔斯转向政治自由主义的原因是他在"正义之善"的论证中预设了一种整全的哲学学说——康德式的人性观——所导致的内部不一致，但只要我们认真体会罗尔斯的相关论述，就会发现，真正迫使罗尔斯转向重叠共识的更重要的原因是作为公平的正义观念自身作为一种整全观念的属性。也就是说，罗尔斯的政治转向是上述两种原因共同作用的结果，且后者应该承担更大的责任。所以说，尽管罗尔斯全面否定了通过"正义之善"论证正当与善的契合性的证成理路是毋庸置疑的，但这是否意味着他就此彻底放弃了契合论，则是有待进一步讨论的。

　　前文已述，罗尔斯在正义论阶段是通过两种相互独立的规范性论证——"理性之善"与"正义之善"——来证成正当与善契合性。其中，前一种论证主要是借助原初状态及善的弱理论完成的。在罗尔斯看来，如果个体能足够清楚地认识到良序社会相互性条件——每个人都将按照正义原则行事且这一点广为人知，那么按照正义原则行事与其善观念是一致的。罗尔斯相信，这种一致性是由正义原则第一阶段原初状态中立约人的理性选择来保障的。正如我们看到的那样，身处无知之幕背后的立约人之所以会选择作为公平的正义观念，其根源在于它能够最大限度地实现他的善观念。因此，我们完全有理由相信，关于"理性之善"的契合论的证成在某种程度上以罗尔斯正义理论第一阶段的证成为前提或内在基础的。相反，与之相对的契合论"正义之善"的证成，无论是其适用的广度还是理论深度，都不能与"理性之善"的论证相提并论，因为它仅仅是罗尔斯在正义理论的第三部分即稳定性证成中提出来的一种方式，即通过将良序社会中的个体的本性预设为自由平等的存在者这一康德式道德人格，并以此论证按照正义原则行事本质上是一个人最高的善——实现了个体自由平等的存在者的本性，正当与善的契合性也是在这个意义上达成的。一言以蔽之，在罗尔斯的理论体系中，支撑契合论的根本论证结构是"理性之善",它关乎作为公平的正义观念的论证基础,"正义之善"的论证充其量只能算作是罗尔斯对契合论观点的另一种解释。

这也就解释了罗尔斯后期为什么能够直截了当地转向政治的正义观念而无须改变《正义论》的基本结构和内容。在政治自由主义阶段,罗尔斯以自由平等的公民之重叠共识的中心来重新阐释其理论的稳定性问题,以消除存在于《正义论》中的内在不一致。倘若我们能够准确地把握这种"不一致",并理解契合论两种论证结构之间的关系,以及它们分别在稳定性证成中所扮演的角色,那么认为罗尔斯在政治自由主义中彻底否定了契合论的观点是断然不可能出现的。当然,说契合论仍以原来的形态出现在罗尔斯政治自由主义阶段稳定性证成中也是不符合实际情况的。

实际上,在政治自由主义中,契合论在某种程度上以"弱"的形象出现在罗尔斯对重叠共识理念的公共阐释之中。众所周知,在政治自由主义的公共辩护中,罗尔斯反复强调重叠共识理念的力量源泉和应用范围。在他看来,与正义论相同,政治的正义观念的公共辩护也分为两个阶段——正义原则的理论证成及稳定性阐释。重叠共识的作用主要在于阐释政治的正义观念的稳定性问题,因而无关于正义原则第一阶段——原初状态——的理论证成。也就是说,我们完全有理由相信,在政治自由主义中,关于正义原则第一阶段的理论证成延续了正义理论中的思想①,即政治的正义原则是原初状态中的立约人基于自我利益的最大化理性选择的结果。或者说,正义原则被立约人看作与其所代表的善观念高度契合的,否则它绝对不会被选择。因此,我们说,正当与善的一致性或契合性在正义原则第一阶段的理论证成中扮演着非常重要的角色,关乎罗尔斯正义理论证成的成败。

有人可能会质疑说,即使正当与善的契合性在作为公平的正义观念第一阶段的理论证成中发挥着不可替代的作用,这也不能说明它依然存在于这一观念第二阶段稳定性的阐释中,况且罗尔斯还明确地将重叠共识的理念的应

————————————————

① 罗尔斯在后期的著作中多次表明上述观点。

用范围限定在第二阶段。因此，无论如何正当与善的契合性也不应该与重叠共识理念存在交集。事实真的如此吗？倘若我们注意到罗尔斯接下来的讨论，问题就变得清楚一些了。实际上，当罗尔斯将重叠共识理念限定于第二阶段时，紧接着，他便论证说："第二阶段包含着对'作为公平的正义'的稳定性说明，也就是解释'作为公平的正义'因其在第一阶段所构造的原则和理念，它有能力产生出一种自我支撑的力量。或者说，尽管重叠共识只适用于第二个阶段，但其稳定性力量的根源在于正义理论第一阶段的理念和论证，即源于原初状态中正当与善的契合性。因此，作为公平的正义观念之所以能够成为持有不同理性整全学说的公民之重叠共识的核心，关键依赖于第一阶段的证成，它才是作为公平的正义观念真正有能力产生出一种自我支持的力量的源泉所在。"在这个意义上，我们认为，将正当与善的契合性看作重叠共识理念的一个弱的基础并不过分。这样看来，那些因罗尔斯放弃契合论"正义之善"的论证结构继而认定他彻底放弃了契合论的观点也就不是那么恰当了。

此外，我们也可以从罗尔斯论证的"达成重叠共识的步骤"来发现重叠共识与契合论之间的些许联系。在宪法共识阶段，正义原则之所以能够被当作权宜之计接受下来继而在持有多元学说的公民之间达成宪法共识，完全是借助于"它可能部分地基于长期的自我利益和群体利益，以及习惯和传统的态度，或者仅仅是基于服从的要求和日常行为的惯性"来赢得公民们的忠诚的。① 这就进一步印证了我们的观点，即重叠共识在某种程度上是以正当与善的契合性为基础的，没有前一个阶段的契合性的准备，达成重叠共识恐怕就不是易事。当然，我们也不否认，契合论在达成重叠共识阶段后的隐退，但这种隐退是以良序社会的相互性条件为前提的，因而这种隐退并非退场，它是以另一种方式在场。

最后，我们也可以在罗尔斯关于政治正义观念与合乎理性的多元综合学说之间的关系的讨论中发现端倪，他说："宗教和哲学的历史表明，存在着许

---

① John Rawls, *Political Liberalism*, New York：Columbia University Press, 1993, p. 160.

多合乎理性的方式，在这些方式中，价值的广阔领域可以被理解成或者与适合于政治的这个特定领域的价值是一致的，或者是支持它们的，或者同它们是不相冲突的，这些政治的价值是由政治正义观念所规定的。……正是这种多元性使重叠共识成为可能。"① 也就是说，在罗尔斯看来，倘若公民们发现他们的整全观念与政治的正义观念之间并并不一致时，他们最初的忠诚也就使他们不断修正或调整自己的整全观念，这些修正或调整会随着时间的推移而缓慢地完成。

总之，我们有充分的理由相信，在作为公平的正义理论中，重叠共识与"理性之善"式的契合论本质上是同源并生的，他们证成的基础都源自个体的理性慎思的正义原则与善的弱理论的一致性。不同的是，重叠共识的要求比契合论更弱一些，它仅仅期望各方就政治生活领域中的基本价值达成共识，以期为现实的政治提供一个稳定的结构性支撑，最终使各类相互竞争的学说或观点无论在何时何地都不至于摧毁社会的基本秩序。

二 重叠共识与良心自由

在政治自由主义理论中，罗尔斯旨在通过重叠共识理念来阐释人们会自愿认可和支持作为公平的正义观念，并由此完成对该观念的稳定性证成。有些评论家完全不赞同他的观点，在他们看来，罗尔斯对公民所持有的"理性的"整全性学说的划定，在某种程度上限定了重叠共识的范围以至于危及良心自由，进而使政治的正义观念因"排除太多"而无法成为重叠共识的焦点。在这一小节中，我们将重点考察这种批评意见。

众所周知，罗尔斯希望通过重叠共识理念来阐释作为公平的正义理念如何获得那些持有不同的甚至是相互冲突的宗教、哲学或道德学说的理性公民的公共认可的。然而，并非所有的整全性学说都有资格纳入重叠共识的思考之中，在罗尔斯看来，只有那些"理性（reasonable）的整全性学说"才具备

---

① John Rawls, *Justice as Fairness*: *a Restatement*, Cambridge: Harvard University Press, 2001, p. 190.

这样的资格，而那些"非理性的整全性学说"则完全被他排除在重叠共识之外。有些学者认为，一方面，罗尔斯划分两种学说——理性的和非理性的——标准非常模糊，以至于很难做出罗尔斯想要做出的区分这种划分；另一方面，即便能够做出这种区分，可能导致的另一个严重后果是，罗尔斯所构建一个多元分歧的社会成员间以重叠共识为核心的理论辩护是不成功的，因为，他通过限制公共讨论的范围而危及公民的良心自由。

在这些批评的声音中，要属于利夫·维勒（Leif Wenar）的《政治自由主义：一种内在的批评》一文最为彻底且最具影响力。他的基本观点是，罗尔斯在《政治自由主义》中所阐释的作为公平的正义观念没有实现他作为一个政治观念的自我形象，他的理论"排除太多"因而不可能成为重叠共识的焦点。① 维勒分两个步骤给出了他的论证。首先，维勒声称，罗尔斯对理性的整全性学说的界定是含混不清的，他的定义仅表明，一个理性的综合学说是理论理性和实践理性的运用，它属于一种传统的思想和学说。在维勒看来，依照这个定义，罗尔斯似乎没有什么真诚的理由将原教旨主义、种族主义等整全性观念排除在他的重叠共识之外，或者说，倘若他执意按照这个定义将上述学说定义为非理性的，那么他对非理性的整全学说的判断在一定程度上具有主观任意性。

为了避免上述问题，维勒认为，罗尔斯完全可以给出另一种更具吸引力的解释，也就是将理性的整全学说定义为一个理性的个人认可的学说，这是维勒论证的第二步骤。在他看来，只有这样，上述原教旨主义、种族主义、利己主义等整全学说才能彻底被排除在重叠共识之外。然而，维勒认为，即便这种阐释能够解决先前出现的问题——无法将种族主义、原教旨主义等整全性学说排除出重叠共识，但这种解释也带来了新的问题，即将诸多整全性学说，如诸宗教理论排除在重叠共识之外以至于危及良心自由。维勒论证说，"判断的负担通常是许多宗教所不能接受"②。而且，倘若只有罗尔斯解释的

① Leif Wenar, "Political Liberalism: An Internal Critique", *Ethics*, Vol. 106, No. 3, October1995.
② Leif Wenar, "Political Liberalism: An Internal Critique", *Ethics*, Vol. 106, No. 3, October1995.

理性道德心理才被看作理性的话，那么，排除在重叠共识之外的道德的、宗教的和哲学的整全性学说则更多。由此，维勒断定，无论是从哪一种立场来看，罗尔斯阐释的作为公平的正义观念都不可能在持有不同整全性观念的公民之间成为重叠共识的中心。

　　为了清晰起见，我们分两个阶段来审视维勒的观点。在第一阶段的论证中，维勒认为，罗尔斯对理性的整全性学说的定义太过于模糊因而不能将原教旨主义、种族主义等学说排除在理性之外。正如我们在他文中所看到的那样，维勒的上述推论是建立在罗尔斯对整全性学说之三个特征的定义之上①，乍一看，他的论证似乎并没有什么不妥之处。但是，倘若我们能足够仔细地审视和领会罗尔斯关于理性整全性学说的思想，便会发现维勒的上述论断是经不起检验的。毋庸置疑，罗尔斯在定义理性的整全性学说时所阐释的三个特征是我们理解他这一概念的重要依据，但是否能够将这一阐释看作罗尔斯对其理性整全性学说思想的全部解释，则是有待于进一步讨论的。事实上，正如维勒在第二阶段所理解的那样，对于理性的整全性学说这一概念的解释完全可以从另一个角度进行。

　　我们知道，罗尔斯在进一步阐释理性的整全学说的三个特征之前便从整体上给出了界定，他说："我首先假定，理性的人只认可理性的学说。现在，我们需要对这类学说做出规定，它们具有三个特征……"② 这样看来，维勒在第二阶段对罗尔斯"理性整全性学说"的另一种解释是有文本依据的，或者说，维勒第二阶段的解释在某种程度上似乎自证了他在第一阶段对"理性整全学说"的论证存在着断章取义。考夫曼（Alexander Kaufman）曾对维勒的

----

① 在《政治自由主义》第二讲第三节中，罗尔斯说："有理性的个人只认可合乎理性的整全性学说。……它们具有三个主要特征：一个合乎理性的整全性学说是一种理论理性的实践：它以一种或多或少一致而连贯的方式涵盖了人类生活关于宗教、道德或哲学的主要方面。……每一种学说都以各种使它自身与其他学说区别开来的方式来这样做，如给予某些价值以特殊的首要地位和重要性……二是一种合乎理性的学说同时也是一种实践理性的实践。……第三个特征是，当合乎理性的整全性学说没有必要是一成不变的，它通常属于或源于一种思想和学说的传统。"John Rawls, *Political Liberalism*, New York：Columbia University Press, 1993, p. 59.

② John Rawls, *Political Liberalism*, New York：Columbia University Press, 1993, p. 59.

判断做出过比较中肯的评价，他说："维勒引用的段落仅仅是介绍罗尔斯发展自己理性整全性学说的一个延伸讨论。事实上，在接下来的段落中，罗尔斯才提出了维勒所关切的标准，即在没有清楚理性自身的基础的情况下，我不想把任何学说当作非理性的东西来加以排斥。"① 也就是说，维勒在第一阶段所采用的论据是不充分的，它不能代表罗尔斯关于理性的整全学说的全部思想，因而他在第一阶段的论证是不攻自破的。

接下来我们来看维勒第二阶段的论证。他认为，即便是我们从一个更加丰富的视角入手去理解罗尔斯关于理性的整全学说的定义，它也会太过于任意专断而将诸多宗教的、哲学和道德学说排除在重叠共识之外，以至于危及良心自由。维勒给出的理由是，理性人这一概念在某种程度上被罗尔斯框定在其理论框架内，因而这样的理性人必然不会选择违反自由主义理念的诸整全性学说，如原教旨主义、种族主义等。当然，在维勒看来，那些不承认"判断的负担""理性的道德心理学"的宗教和哲学学说自然也不能例外。②

毫无疑问，罗尔斯式的理性人是民主社会公民理念的一部分，但是否因此就能将维勒口中那些宗教的、哲学的理性学说排除在外，笔者持有不同意见。在定义理性的整全学说时，尽管罗尔斯将理性的整全学说界定为理性人认可的学说，但正如考夫曼所看到的那样，在紧随其后的讨论中，罗尔斯又给它施加了限定。罗尔斯说："对整全性学说的这一解释是刻意松散的（deliberately loose）。在不清楚理性本身充足的基础的情况下，我们并不想将任何学说视为非理性的东西来加以排斥。否则，我们的解释就会陷入武断专横的危险。"③ 也就是说，在理性的负担依然存在于我们当中时，他不愿意用"非理性的"这一标准排除任何学说。

罗尔斯认为，政治的正义观念并不需要一种更加严格的标准。实际上，

---

① Alexander Kaufman, "Stability, Fit, and Consensus", *The Journal of Politics*, Vol. 71, No. 2, April 2009.

② 至于维勒论证的那些违反罗尔斯道德心理学的一些整全学说，我们在此没有进行讨论。在笔者看来，倘若宗教性、整全性学说的问题解决了，道德心理学的问题也就迎刃而解了。

③ John Rawls, *Political Liberalism*, New York：Columbia University Press, 1993, p. 59.

在阐释理性整全学说这一概念时，理性人是一个非常弱的概念，它只能公共理性进行理性慎思。正如罗尔斯所言："'理性的'是一种包含着公共理性的民主公民的政治理想。这一理想的内容包括作为理性的、自由平等的公民可以相互要求对方尊重自己的整全性观念。"① 因此，任何试图用政治权力来"维护自己的信仰"或"阻止社会中的其他人认可他们自己的观点"都是不理性的。这样看来，维勒口中的那些种族主义、原教旨主义等整全性学说无疑会被看作非理性的，因为它试图用政治权威压制他人以维护自己的信仰。与此同时，那些尽管不承认"判断的负担""理性的道德心理学"，却并不企图用国家权力来压制其他学说的整全性学说，必然会被判定为理性的整全性学说而被纳入重叠共识的讨论之中去。

由此来看，维勒对罗尔斯的指控是不成功的。而且，我们完全有理由相信，从理性的人这个框架去理解理性的整全学说，其"慎思的松散性"的特征既能确保它完成其理论使命，又不至于危及良心自由。

三　重叠共识与社会统一

在政治自由主义阶段，罗尔斯放弃了将作为公平的正义观念建立在整全性宗教学说、哲学学说或道德学说的基础之上，转而将其视为一种政治领域的正义观念。有学者认为，这种转变意味着罗尔斯放弃了政治共同体的理想，取而代之的政治社会最多也只是实现个人善或团体善的手段或工具。其中，参与社会合作的成员之间没有任何共同目的，他们加入社会合作仅仅是为了追求自己的个人利益或团体利益，因此社会统一也成了无源之水，无本之木。

正如批评者所认为的那样，罗尔斯放弃了将政治共同体的理想，他说："作为公平的正义确实抛弃了政治共同体的理想，倘若这种理想仅仅表明政治社会统一于某种整全性宗教、哲学或道德学说的基础之上的话。"② 在他看来，

---

① John Rawls, *Political Liberalism*, New York: Columbia University Press, 1993, p. 62.
② John Rawls, *Justice as Fairness: a Restatement*, Cambridge: Harvard University Press, 2001, p. 201.

民主文化之理性多元的事实必然要排除这种类型的社会统一，而且对于那些接受了民主制度的基本自由和宽容原则的公民而言，这种社会统一也不再成为一种可能。但这是否就表明，罗尔斯式的政治社会仅仅是个体实现其私人目的的手段呢？

罗尔斯是有不同看法的。他论证说："政治自由主义必须以一种不同的方式来设想社会统一，即把社会统一设想为源于对一种适合宪政体制的政治正义观念的重叠共识。……在这样的共识中，政治的正义观念获得了持有不同的甚至相互冲突的整全性学说的公民的公共认可，且他们是从自己所持有的特定观念的内部来认可政治的正义观念的。"① 也就是说，尽管政治社会抛弃了传统意义上的政治共同体的理想，但它依然具有内在的统一，而且这种统一是建立在重叠共识理念之上的。

当个体既作为个人也作为一个社会合作体系的公民以实际行动来支持正义的立宪政体时，在罗尔斯看来，这种政治社会的善或统一就在他们当中得到了实现。它最充分地体现在良序社会中：（1）公民们都接受也知道他人接受相同的正义原则；（2）公民们都知道或有理由相信基本制度满足正义原则；（3）公民们拥有一种有效的正义感，且大多数人都能够按照正义感行事。罗尔斯相信，"这种社会统一是我们能够得到的最值得向往的社会统一，它是我们在实践中能够达到的最好的统一观念"②。在良序社会中，公民们认可和肯定相同的正义观念，这就意味着他们共享一个政治的正义的目标。由此来看，将罗尔斯式的政治社会仅仅视为一种"私人社会"以及将该社会的政治制度看作达成私人目的或团体目的的工具，无论如何都是不成立的。

更根本的是，良序社会中的公民们不仅共享着"支持正义制度及彼此正义相待"这一政治正义的目标，而且这种目标构成了他们公民身份的一部分。罗尔斯说："在良序社会中，政治的正义目标是公民追求的基本目标之一，借

---

① John Rawls, *Justice as Fairness: a Restatement*, Cambridge: Harvard University Press, 2001, p. 199.
② John Rawls, *Justice as Fairness: a Restatement*, Cambridge: Harvard University Press, 2001, p. 199.

助于这些基本目标，他们表达了自己想成为的那种人。"① 正如我们先前看到的那样，在作为公平的正义理论中，出于政治的目的，公民被看作终生能够参与社会合作的个体，其本质在于他拥有两种道德能力。这两种道德能力的发展被大多数人看作一种重要的善，这一点从这些能力在个体作为公民的政治观念中所发挥的核心作用来看是非常清楚的。此外，就个人善而言，罗尔斯认为，良序社会还是确保公民能够拥有正义的善以及自尊和互尊的社会基础，这也是其之所以能吸引人的原因之一。

需要特别强调的是，即便是在罗尔斯看来，公民从属己理性的整全性学说内部出发认可或赞同这种政治社会的善，我们也要看到政治社会的善与理性的整全学说的善的区别。对公民而言，他们属己的理性的整全学说式的善是一种出于私人理由的善，而政治社会的善被看作一种出于正当理由的善。具体来说，那些在由政治的正义观念规范的良序社会中成长起来的公民，他们将平等相待、彼此尊重他们的理性整全性学说视为一种善，故而按照正义原则的要求来行动。在这样的社会中，无论是对于团体还是对于个人，他们越是将政治社会——良序社会看作一种善，就越是赞赏这种政治的正义观念，因而也就越少受到一些道德态度的影响，如怨恨、妒忌、剥夺他人正义的诱惑等。他们越是赞赏这种政治的正义观念，这种政治的正义观念也就越是能够成为重叠共识的中心，由它所规范的良序社会也就是越是稳定。在这一过程中，敦促他们思考和做出判断的并非外在的压力或内在的教化，而是他们共同认可的正义观念。

一言以蔽之，在政治自由主义中，社会统一是建立在公民对规范其社会合作体系或社会基本制度的政治的正义观念的重叠共识之上的。这样的政治社会或良序社会并非达成私人目的工具，它本身"是一种政治的善，一种有意义的善，一种适合于政治观念的善"②。

---

① John Rawls, *Justice as Fairness: a Restatement*, Cambridge: Harvard University Press, 2001, p. 200.

② John Rawls, *Justice as Fairness: a Restatement*, Cambridge: Harvard University Press, 2001, p. 202.

第四节　小结

后期的罗尔斯意识到，一套稳定的政治观念不仅取决于它是否成功地表达了公共政治文化所蕴含的基本信念，还取决于它是否可以取得公民的普遍认同。此时，尽管作为公平的正义观念的基本框架和主要内容并没有发生实质性的改变，但他的理论气质、辩护方式以及基本诉求都发生了微妙的变化。这些微妙的变化最为集中地反映在罗尔斯对重叠共识理念的阐释中。

在后期的罗尔斯看来，稳定的社会合作依赖于一套稳定的正义观念，该正义观念的前提和基本内容，取决于民主宪政国家中大多数公民所共享的或能被他们共同接受的政治价值。唯有如此，该政治的正义观念才能在持有不同甚至冲突的理性整全学说的公民当中成为重叠共识的焦点。此种重叠共识是一种基于正当理由的社会共识，而非一种凸显力量均衡的权宜之计。然而，就达成重叠共识的步骤而言，重叠共识与权益之际的差别，也只有在重叠共识达成之后才有实质的意义。

围绕后期罗尔斯稳定性证成的诸多争论，我们完全有理由相信，一是理性之善的契合论是达成公民之所以能够就政治的正义观念达成重叠共识的内在基础；二是理性的整全性观念定义之"慎思的松散型"特征，足以使其既能完成在稳定性证成中的理论使命，又保证了重叠共识的范围足够广阔而不至于危及良心自由；三是建立政治的正义观念之上的社会并非一种为了达成个人或团体目的私人社会，它自身是一种政治的善，一种有意义的善，一种适合于政治观念的善。

结　语

　　毋庸讳言，本书的所有讨论都被严格限定在罗尔斯作为公平的正义观念的稳定性这一论域中。倘若不是如此，秩序或国家稳定性的基础便可以诉诸宇宙的前定和谐、高贵的谎言、上帝的意志以及政治强权等，不一而足。罗尔斯认为，现代社会主导价值观的丰富性和差异性使作为公平的正义观念及其规范的良序社会的稳定性基础迅速被削减为一种，即自由平等的理性公民的重叠共识理念。实际上，从契合论到重叠共识，罗尔斯正义观念的稳定性证成中走过了一段曲折而又充满思想挑战的智识之旅。

　　本书通过追溯西方正义秩序及其稳定性讨论的起源及发展，考察了罗尔斯作为公平的正义观念之良序社会的稳定性提出的历史背景。在中世纪之前，正义秩序及其稳定性基础是外在的，主要源自宇宙的前定和谐或上帝的神圣意志。无论是在宇宙本体的自然秩序中，还是在上帝主宰的神圣秩序中，人类的任务就是认识自己的本性，做到各安其位，各守其分不逾矩。自启蒙以后，正义秩序及其稳定性基础逐渐由外在转向内在，表现为个体的自愿同意或理性认可。此时，社会秩序不再被看作一种自然的结果，而被看作人为的结果。政治秩序作为一种人为的秩序，不再被看作天然正义的，其正当性和稳定性需要接受来自人类理性的审查。在这一时期，人为秩序的公共性证成主要依赖"目的的证成"和"发生的证成"① 两种进路，前者更关注秩序的来源和谱系，后者更重视秩序能为人类繁荣带来的效用和好处。这两种不同

---

① David Schmidtz, "Justifying the State", *Ethics*, Vol. 101, No. 1, October 1990.

证成进路的侧重点共同构成了人为秩序公共证成的两个要素：一个是它必须基于个体的自主选择；另一个是它必须能够满足个体对自身福祉的追求，它们共同构成了罗尔斯思考作为公平的正义之良序社会及其稳定性的出发点。其中，以康德式道德自主与西季威克效用主义影响最大。一方面，康德对道德自主的强调是罗尔斯理想道德人格政治自主的直接来源；另一方面，对效用原则的重视又使罗尔斯摆脱了康德式形而上学的限制，使其对正义社会及其稳定性的思考立足于人类现有的主客观条件。更重要的是，借助现代西方民主政治的一般观念，罗尔斯建构了作为公平的正义观念的基本理念——公平社会合作体系及道德人格，并在这一基础上阐释了其稳定性论题的丰富内涵，由此回答了作为公平的正义观念的稳定性是什么。我们主张：（1）罗尔斯是在社会合作系统内在的动态平衡的意义上来使用稳定性概念的，这种稳定性的实质在于其系统中的各种力量能够维持在一种相对的动态平衡之中。从个人的角度来说，即良序社会中的成员是否能够产生相应的正义感，并使其"个人性"和"非个人性"立场处于平衡状态。从社会的角度而言，即良序社会的正义之士是否能够制服其中的破坏性倾向，以使良序社会处于一种动态的平衡之中。（2）罗尔斯讨论的是作为公平的正义观念的稳定性问题，它既不是一个纯粹的社会秩序的稳定性问题，也不是一个形而上学的乌托邦的稳定性。（3）两种不稳定性倾向是良序社会中的不稳定性倾向，在这个现实主义的乌托邦中，尽管其维持稳定的力量主要源于一种内部的自我支持的力量，但用于社会基本结构的正义观念的稳定性论证必然需要"惩罚制度"以维持正义的相互性。

　　作为公平的正义观念及由其规范的良序社会的稳定性讨论之所以不同于政治哲学史传统中的那种"社会或国家的稳定性"解释，关键在于罗尔斯将其正义理论的稳定性视为其理论公共证成中不可或缺的一个环节。在作为公平的正义观念的公共辩护中，不同于以往的政治哲学家，罗尔斯给出了一种更深层次的理论承诺，这种理论承诺本质上是对当代自由民主国家所面临的正当性危机的一种回应。它要求作为公平的正义理论必须完成双重的理论目标，一个是在人类社会生活中那些深刻的价值冲突背后努力挖掘并阐明人们潜在的道德共识；另一个是探讨宪政民主社会中的公民是否愿意理性地认可和赞同这些判断。倘若在第一个阶段获得的道德共识——正义原则无法经受住第二阶段稳定性检验，那么，就不能说作为公平的正义理论完成了其公共证成。罗尔斯认为，作为一般性背景文化的政治哲学，应该是一种现实主义的乌托邦，其使命在于探索人类政治实践的可能界限。这就要求它对所有公民——对每一个人和所有人——来说是可以证成的，通过诉诸他们的理性：理论的和实践的。在这个意义上，政治哲学家仅仅是公民中的一员，他并不具有比公民更多的理性权威。因此，事实并非西蒙斯认为的那样，即罗尔斯将正当性问题与证成性问题混为一谈，而是罗尔斯政治哲学的实践性特征使他更加重视正义与正当、正当与证成等观念之间的内在关联。

在罗尔斯看来，一个能够被看作正当的国家或秩序，必须是由自由平等的公民选择的正义原则调节的国家或秩序。或者说，在作为公平的正义观念中，公民彼此证成正义原则逻辑上是在先的，检验国家或秩序正当性在后，两者同源并生。此时，我们再回过头来审视西蒙斯与哈贝马斯的指控——罗尔斯在正义理论的证成中用"理性同意"取代公民了"实际同意"，问题就变得非常清楚了。其一，与西蒙斯不同，哈贝马斯与罗尔斯并非在私人意义上使用"同意"的，他们所谓的"理性同意或理性接受"是建立在"好的理由"的基础上的，它依赖于全体公民的公共理性。其二，罗尔斯之所以能够跨越"理性同意"与"实际同意"这道理论上的巨大鸿沟，其根本原因在于他的整个理论大厦是建立在特定的道德理念的基础上的——自由平等道德人格及社会公平合作体系的理念。其三，更重要的是，罗尔斯建构正义理论的方法是普遍而广泛的反思的平衡。罗尔斯的观点是，理性的反思平衡足以一种道德共识或道德"真理"有效性的检验标准。在真理和理性缺位必然产生理性负担的前提下，公平社会合作体系和理性的道德人格是在民主宪政传统中找到的最坚实的基础，它经得起个体理性反思的平衡的检验，因而能够摆脱知识的负担，成为正义理论的出发点和理论前提。必须强调的是，罗尔斯清醒地意识到其作为公平的正义的理论限制，他是在民主自由传统中讨论正义观念的，这是他进行政治哲学思考的起点和条件。

稳定性的公共证成作为罗尔斯从《正义论》转向《政治自由主义》的关键，它先后经历了两个阶段，第一个阶段是个体道德心理发展的正义感和基于正当与善的契合论阶段，第二个阶段是正义感和基于公共理性的重叠共识阶段。在作为公平的正义观念的证成中，不同于康德式理性主义传统，个体是否能够获得一种充分有效的道德动机始终贯穿于罗尔斯的理论思考之中。罗尔斯坚信，如果社会合作体系中的每个人都具有一种正义感，而且每个人也知道其他人都具有这样一种正义感的话，那么这个体系就获得了一种自我支持的力量、一种内在的稳定性。在他看来，那些最稳定的正义观念，是其正义感最牢固地建立在个体"投桃报李"的相互性倾向之上的正义观念。唯有当规范社会合作的基本制度长久地为个体提供了保障相互性条件的环境时，个体才可能在道德心理发展中遗忘正义动机的相互性，进而展现出一种情感的进步，并获得一种不计得失的、稳定的正义感。更重要的是，在界定和阐释正义感及正义感能力的过程中，罗尔斯在坚守理性主义思想精髓的同时，又恰当地吸收了情感主义的一些思想资源，这对作为公平的正义观念之稳定性的意义不容小觑，它不仅使作为公平的正义理论克服了理性主义所面临的动机缺陷的指控，而且使其能够获得当代认知心理学以及脑科学研究成果的支持。

在罗尔斯看来，只有当正义兼容于人性特别是人类之善时，我们才能合理地期待人们前后一致地按照正义原则的要求行事，即出于正义感这一道德动机来行事。在作为公平的正义理论中，契合论的全部理论努力就在于证成这样一个命题：对一个良序社会的成员来说，肯定他们的正义感并使之成为他们的生活计划的调节因素（按照善的弱理论的规定）是理性的，个体采取这种倾向，用正义观点来指导这种倾向，与他们的善是一致的。借助于善的弱理论，罗尔斯使契合论的证成不仅不冲突于作为公平的正义理论的义务论结构，而且成为其证成中必不可少的支撑力量。在罗尔斯眼中，正义观念或者说由正义观念规范的良序社会所面临的稳定性问题，从严格意义上讲是一个如何解决集体行动中的"囚徒困境"的问题，而非一个"集体服从"的问题。他希望通过正当与善的这种内在一致性，而非外在强迫及各种变体来解决这一问题。

具体来说，作为公平的正义观念的稳定性证成就是为了展示正义原则能够克服"理性的悖论"，进而能够产生出一种"自我支持的力量"。在良序社会中，个体从全面理性慎思的角度出发，其动机系统中理由的平衡使他倾向于按照正义原则行事，并倾向于用这种动机——正义感规制其理性生活计划。当然，仅仅从个人利益的观点来简单来理解契合论时并不能确立这一点。事实上，这一结论是个体全面理性慎思其理性生活计划之后得出的，毫无疑问，它与个体的正义感是相关联的。或者说，当良序社会中的每一个成员都用正义感规制自己的理性生活计划时，个体从全面理性慎思的角度出发，将会把正义感置于其理性生活计划的首要位置。其原因在于，这样做对他来说是最为理性的选择。这样，社会合作就好比一个纳什均衡，每一个人理由的平衡倾向于促使他按照正义感行事，尽管它并非因正义自身的欲求行事。遗憾的是，罗尔斯在关于契合论的证成中引入了关于契合论的康德式解释。他赞同康德关于主体自律的思想并认为，个体作为理性存在者，其本性是自由平等的。理性主体的最高序欲求就是去实现自己作为理性存在者这一自由平等的本性。只有这样，个体有可能获得幸福或快乐。罗尔斯认为，实现人类本性最好的方式，是按照个体在原初状态中选择的正义原则行事。也就是说，按照正义原则行事的欲求，与人类追求的最大"善"的欲求，它们是彼此契合的。

在《正义论》中，罗尔斯试图通过表明作为公平的正义观念具有既兼容于人的理性之善，又兼容于人性之善的双重契合性。[①] 一方面，良序社会的条

---

① 这里指的是，个体作为平等自由的理性存在者的人性之善，弗里曼在其著作中将这一点概括为正义之善。具体参见［美］塞缪尔·弗里曼《罗尔斯》，张国清译，华夏出版社 2013 年版，第 275—279 页。

件确保其成员践行正义原则是理性的，根据囚徒困境中的纳什平衡，行正义之事对他们而言是彼此之间最佳的回应。另一方面，就个体作为自由平等的理性存在者而言，按照他们在原初状态中选择的正义原则行事是实现他们生命本质的最佳途径。基于上述理由，罗尔斯断定，相比于哲学史上的任何一个正义观念，作为公平的正义观念都具有更加坚实的稳定性基础。自20世纪80年代开始，罗尔斯对作为公平的正义观念稳定性论题的思考发生了根本性的改变。原因在于他意识到，其正义观念的稳定性及与之相关的良序社会的稳定性是建立在对某一种整全性理论的认同的基础上，这与现代民主社会的这一多元化特征是相违背的。为此，罗尔斯彻底修正了作为公平的正义理论的基本形态，将它从一种政治、道德与哲学的整全性理论转变为一种政治的正义理论。此时，稳定性证成转变成要回答这样一个问题：当一个社会中自由平等的公民因诸多合乎理性却不相容的宗教、哲学和道德理论而产生深刻分歧时，一个正义而稳定的社会如何能够保持长治久安？在罗尔斯看来，只有将政治正义观念的稳定性基础建立在理性多元社会公民之重叠共识的基础上，才能发展出一种"基于正当的理由"的理性认可，且避免了《正义论》中出现的问题。

重叠共识理念的提出，被很多学者看作罗尔斯对契合论，特别是康德式解释的彻底否定。然而，事实真的是这样吗？毋庸置疑，罗尔斯关于作为公平的正义的康德式解释要为其稳定性证成中存在的不一致承担相应的责任，但说到底，这种解释仅仅是一种外围解释，罗尔斯关于"理性之善"的契合论证成才是贯穿其正义理论之始末的核心辩护。良序社会之契合论证成的关键是，从个体理性慎思的角度看，按照正义原则行事对个体而言是最理性的选择。无疑，这一结论是建立在原初状态中的正义与善的弱理论的一致性的基础之上的。由此来看，仅仅企图让罗尔斯关于契合论的康德式解释为其稳定性证成中出现的不一致问题承担全部责任，似乎具有避重就轻之嫌。事实上，在与效用主义的对比中，罗尔斯清楚地表明了"不一致性问题"中指涉的"整全性哲学学说"是作为公平的正义观念本身。也就是说，在罗尔斯看来，真正的问题是，关于契合论的辩护是在假定所有公民都接受作为公平的正义观念这一整全性哲学理论的基础上做出的。正如他所指出的那样，这一点是冲突于民主社会之理性多元主义的事实的。罗尔斯之所以从契合论转向重叠共识，其根本原因并不仅仅是契合论证成无法完成作为公平的正义观念这一整全哲学理论的稳定性证成，作为公平的正义理论自身的属性才是阻碍罗尔斯这一理论目标的根本性问题。

罗尔斯认为，唯有将作为公平的正义观念转变为一种政治的正义观念，才有可能使社会合作体系中的成员达成重叠共识。那么，什么是重叠共识，它是否能够代替契合论完成罗尔斯稳定性证成的理论使命呢？就前一个问题而言，重叠共识并非一种为了"谋生"的权宜之计，它不仅是一个道德观念，而且是为了特殊的主题创造出来的道德观念。在罗尔斯看来，只有将政治社会的重叠共识扎根于公平的社会合作体系及理性的道德人格理念等道德观念之上，这一政治的正义观念才可能为政治秩序提供一个稳定的结构性支撑，以使各类相互竞争的整全性也说或观点无论在何时何地何种情况之下都不至于摧毁社会生活的基本秩序。在作为公平的正义理论中，重叠共识与"理性之善"式的契合论本质上是同源并生的，他们证成的基础都源自个体的理性慎思与善的弱理论的一致性。不同的是，重叠共识的要求比契合论更弱，它仅仅期望各方就政治生活领域中的基本价值达成共识，并将理论视野审慎而克制地划定在民主社会的讨论范围之内。

毫无疑问，罗尔斯关于作为公平的正义观念及其规范的良序社会稳定性的思考开创了稳定性研究的新篇章。他是从正义观念自身的动态平衡这一理论视角来思考正义社会的稳定性问题的，诚如罗尔斯正义理论在政治哲学史上的"终结"地位一般，罗尔斯的稳定性思想在稳定性研究中同样具有承前启后、继往开来的地位，体现了兼容传统与现代，理论与现实的特点罗尔斯稳定性研究的丰富意涵为我们思考社会生活中出现的与稳定性相关的社会问题提供了有益的启发，它也为我们反思当下的社会冲突提供了一个新的视角。

到此为止，借助于政治哲学家的智慧，我们对罗尔斯作为公平的正义观念的稳定性问题有了相对清楚的认识。尽管罗尔斯将其研究审慎地限定在民主自由社会的背景，使得其理论具有局限性，但他反思的平衡的方法又使其理论具有不断自我迭代的、持久的理论魅力。诚如我们所看到的那样，罗尔斯清醒地意识到其作为公平的正义的理论限制——他是在民主自由传统中讨论正义观念的，这让他不得不随身承载许多自由民主观念的负荷。但是，罗尔斯并不将此看作一种羁绊，相反他将此看作政治哲学思考的起点和条件。

参考文献

中文参考书目：

1. ［古罗马］奥古斯丁：《上帝之城》（第一卷），王晓朝译，人民出版社，2007 年版。

2. ［古希腊］柏拉图：《理想国》，郭斌和 张竹明译，商务印书馆 1995 年版。

3. ［英］布来恩·巴里：《正义诸理论》，孙晓春等译，吉林人民出版社 2011 年版。

4. ［英］布莱恩·巴利：《作为公道的正义》，曹海军等译，江苏人民出版社 2008 年版。

5. 慈继伟：《正义的两面》（修订版），生活·读书·新知三联书店，2014 年版。

6. ［英］大卫·休谟：《人性论》，关文运译，商务印书馆 1980 年版。

7. 龚群：《罗尔斯政治哲学》，商务印书馆 2006 年版。

8. 龚群：《当代西方道义论与功利主义研究》，中国人民大学出版社 2002 年版。

9. 顾肃：《自由主义的基本理念》，中央编译出版社 2005 年版。

10. ［古希腊］赫西阿德：《工作与时日》，张竹明译，商务印书馆 1991 年版。

11. ［英］霍布斯：《利维坦》，黎思复译，商务印书馆 1985 年版。

12. ［德］康德：《道德形而上学奠基》，杨云飞译，人民出版社 2013 年版。

13. 林火旺：《正义与公民》，长春：吉林出版集团有限责任公司，2008 年。

14. ［法］卢梭：《社会契约论》，何兆武译，商务印书馆 2001 年版。

15. ［法］卢梭：《论人类不平等的起源》，李长山译，商务印书馆1997年版。

16. 罗伯特·诺奇克：《无政府、国家和乌托邦》，姚大志译，中国社会科学出版社2012年版。

17. ［美］迈克尔·L.弗雷泽：《同情的启蒙——18世纪与当代的正义和道德情感》，胡靖译，译林出版社2016年版。

18. 迈克尔·J.桑德尔：《自由主义与正义的局限》，万俊人等译，译林出版社2011年版。

19. ［丹］努德·哈孔森：《自然法与道德哲学，从格老秀斯到苏格兰启蒙运动》，马庆、刘科译，浙江大学出版社2010年版。

20. ［英］佩西·莱宁：《罗尔斯政治哲学导论》，孟伟译，人民出版社2012年版。

21. ［英］乔纳森·沃尔夫：《政治哲学导论》，王涛等译，吉林出版集团有限责任公司2009年版。

22. ［美］莎伦·R.克劳斯：《公民的激情——道德情感与民主商议》，谭安奎译，译林出版社2015年版。

23. ［美］塞缪尔·弗里曼：《罗尔斯》，张国清译，华夏出版社2013年版。

24. 谭安奎：《公共理性与民主理想》，生活·读书·新知三联书店2016年版。

25. ［美］涛慕斯·博格：《罗尔斯：生平与正义理论》，顾肃等译，中国人民大学出版社2010年版。

26. ［美］涛慕斯·博格：《康德、罗尔斯与全球正义》，刘莘、徐向东等译，上海译文出版社2010年版。

27. ［美］托马斯·内格尔：《平等与偏倚性》，谭安奎译，商务印书馆2016年版。

28. ［加］威尔·金里卡：《当代政治哲学》，刘莘译，上海译文出版社2011年版。

29. ［加］威尔·金里卡：《自由主义、社群与文化》，应奇、葛水林译，上海译文出版社2005年版。

30. 汪子嵩等：《希腊哲学史》（第一卷），人民出版社 1997 年版。

31. ［英］西季威克：《伦理学方法》，廖申白译，中国社会科学出版社 1997 年版。

32. ［英］约翰·穆勒：《功利主义》，徐大建译，商务印书馆 2014 年版。

33. 姚大志：《当代西方政治哲学》，北京大学出版社 2011 年版。

34. ［古希腊］亚里士多德：《政治学》，吴寿彭译，商务印书馆 2009 年版。

35. ［德］尤尔根·哈贝马斯：《在事实与规范之间》，童世骏译，生活·读书·新知三联书店 2001 年版。

36. ［英］约翰·洛克：《政府论》，叶启芳等译，商务印书馆 1981 年版。

37. ［美］约翰·罗尔斯：《正义论》（修订版），何怀宏等译，中国社会科学出版社 2009 年版。

38. ［美］约翰·罗尔斯：《政治自由主义》（增订版），万俊人译，译林出版社 2013 年版。

39. ［美］约翰·罗尔斯：《道德哲学史讲义》，顾肃等译，中国社会科学出版社 2012 年版。

40. ［美］约翰·罗尔斯：《政治哲学史讲义》，杨通进等译，中国社会科学出版社 2011 年版。

41. ［美］约翰·罗尔斯：《作为公平的正义：正义新论》，姚大志译，中国社会科学出版社 2011 年版。

42. ［美］约翰·罗尔斯：《罗尔斯论文全集》（上），陈肖生等译，吉林出版集团有限公司 2013 年版。

43. ［美］约翰·罗尔斯：《罗尔斯论文全集》（下），陈肖生等译，吉林出版集团有限公司，2013 年版。

44. ［美］约翰·托马西：《市场是公平的》，孙逸凡译，上海社会科学出版社 2016 年版。

45. 约瑟夫·拉兹：《自由的道德》，孙晓春等译，吉林人民出版社 2006 年版。

46. 周保松：《自由人的平等政治》（修订版），生活·读书·新知三联书店

2016 年版。

47. 周濂：《现代政治的正当性基础》，生活·读书·新知三联书店 2008 年版。

中文参考论文：

1. 包利民：《古典大序的变异：从希腊罗马到基督教政治理念的交替》，《学海》2001 年第 6 期。

2. 陈肖生：《实践理性、公共理由与正义观念的辩护》，《南京大学学报（哲学·人文科学·社会科学)》2015 年第 3 期。

3. 陈肖生：《罗尔斯政治哲学中的公共辩护理念》，《学海》2014 年第 4 期。

4. 陈肖生：《公共辩护的理由结构和有效性》，《道德与文明》2015 年第 4 期。

5. 陈肖生：《合理性与政治合法性——罗尔斯的自由主义政治合法性原则探究》，《政治思想史》2011 年第 3 期。

6. 董礼：《关于罗尔斯稳定性思想的考察及其批判》，《哲学研究》2012 年第 2 期。

7. 葛四友：《论公共理性重构的关键：互利性和相互性》，《政治思想史杂志》2017 年第 2 期。

8. 葛四友：《论无知之幕和社会契约的作用》，《中国人民大学学报》2012 年第 5 期。

9. 葛四友：《论科恩对罗尔斯差别原则的"动机悖论"反驳》，《哲学研究》2013 年第 6 期。

10. 葛四友：《论罗尔斯的差别原则与应得理论》，《武汉大学学报（哲学社会科学版)》2010 年第 2 期。

11. 顾肃：《罗尔斯正义理论的道德根基》，《道德与文明》2017 年第 4 期。

12. 顾肃等：《多元民主社会中的重叠共识与公共理性》，《马克思主义与现实》2008 年第 1 期。

13. 顾肃：《多元社会的重叠共识、正当与善——晚期罗尔斯政治哲学的核心理念评述》，《复旦学报（社会科学版)》2011 年第 2 期。

14. 顾肃：《从伦理到政治的建构主义——罗尔斯政治哲学的思想逻辑基础》，《马克思主义与现实》2009 年第 3 期。

15. 龚群：《自由与平等的内在一致与冲突》，《中国人民大学学报》2017 年第 2 期。

16. 龚群：《古希腊神话中的正义之辩》，《社会科学战线》2017 年第 3 期。

17. 龚群：《自由主义的自我观与社会主义的共同体观念》，《世界哲学》2007 年第 5 期。

18. 龚群：《罗尔斯与社群主义：普遍正义与特殊正义》，《哲学研究》2011 年第 5 期。

19. 龚群：《论古希腊的"自然"观》，《道德与文明》2001 年第 6 期。

20. 龚群：《荷马史诗中的英雄伦理观》，《道德与文明》2004 年第 1 期。

21. 龚群：《理性的公共性与公共理性》，《哲学研究》2009 年第 11 期。

22. 龚群：《正义社会的稳定性问题》，《学术月刊》2017 年第 3 期。

23. 龚群：《对以边沁、密尔为代表的功利主义的分析的批判》，《伦理学研究》2003 年第 4 期。

24. ［德］哈贝马斯：《评罗尔斯的〈政治自由主义〉》，江绪林译，《哲学译丛》2001 年第 4 期。

25. 刘莘：《评罗尔斯"交叠共识"之思想》，《学术月刊》2008 年第 2 期。

26. 刘莘：《罗尔斯的"政治"转向》，《社会科学》2007 年第 8 期。

27. 刘莘：《"原初状态"的地位》，《世界哲学》2007 年第 3 期。

28. 刘莘：《罗尔斯反思平衡的方法论解读》，《哲学研究》2014 年第 3 期。

29. 贾新奇：《论乔纳森·海特的社会直觉主义理论》，《道德与文明》2010 年第 6 期。

30. 简·纳维森：《罗尔斯与功利主义》，姚大志译，《世界哲学》2010 年第 1 期。

31. 江绪林：《解释与严密化：作为理性选择模型的罗尔斯契约论证》，《中国社会科学》2009 年第 5 期。

32. 江绪林：《正义的康德式诠释——评周保松〈自由人的平等政治〉》，《开放时代》2011 年第 4 期。

33. 徐大建：《功利主义究竟表达了什么——从罗尔斯对功利主义与正义论分歧的论述契入》，《哲学动态》2014 年第 8 期。

34. 谭安奎：《必要的契约方法与错置的理论战场——就罗尔斯理论的两个问题与江绪林、周保松商榷》，《开放时代》2011 年第 4 期。

35. 谭安奎：《议题与空间：罗尔斯与哈贝马斯之间的一场误会》，《中国人民大学学版》2010 年第 6 期。

36. 谭安奎：《公共理性与公共领域理念的扩展》，《哲学分析》2010 年第 1 期。

37. 谭安奎：《政治的，抑或道德的——对政治自由主义一个关键悖论的解读》，《现代哲学》2007 年第 5 期。

38. 姚大志：《民主的平等：从基本善的视角看》，《四川大学学报（哲学社会科学版）》2018 年第 1 期。

39. 姚大志：《罗尔斯的"基本善"：问题及其修正》，《中国人民大学学版》2018 年第 1 期。

40. 姚大志：《何谓正义：罗尔斯与哈贝马斯》，《浙江学刊》2001 年第 4 期。

41. 姚大志：《公平与契约主义》，《哲学动态》2017 年 5 期。

42. 姚大志：《我们何以负有服从规则的道德义务?》，《哲学研究》2017 年第 10 期。

43. 姚大志：《从〈正义论〉到〈政治自由主义〉——罗尔斯的后期政治哲学》，《中国人民大学学报》2010 年第 1 期。

44. 姚大志：《打开"无知之幕"——正义原则与社会稳定性》，《开放时代》2001 年第 3 期。

45. 姚大志：《重叠共识观念能证明什么? ——评罗尔斯的政治自由主义》，《天津社会科学》2009 年第 6 期。

46. 杨伟清：《罗尔斯正义理论中的"稳定性问题"》，《学术月刊》2007 年第

4 期。

47. 张曦：《道德能力与情感的首要性》，《哲学研究》2016 年第 5 期。

48. 周濂：《从正当性到证成性：一个未完成的范式转换》，《华东师范大学学报（哲学社会科学版）》2007 年第 6 期。

49. 周濂：《政治正当性与政治义务》，《吉林大学社会科学学报》2006 年第 2 期。

50. 周濂：《哈耶克与罗尔斯论社会正义》，《哲学研究》2014 年第 10 期。

51. 周濂：《论公平游戏解释无法证成政治义务》，《中国人民大学学报》2006 年第 5 期。

52. 周保松：《稳定性与正当性》，《开放时代》2008 年第 6 期。

53. 周保松：《罗尔斯的问题意识——答江绪林及谭安奎》，《开放时代》2011 年第 12 期。

54. 朱菁：《认知科学的实验研究表明道义论哲学是错误的吗?》，《学术研究》2013 年第 1 期。

英文参考书目：

1. Antonio R. Damasio, *Descartes' Error：Emotion，Reason，and the Human Brain*, New York：HarperCollins, 2000.

2. Brian Barry, *Theories of Justice*, Berkeley：University of California Press, 1989.

3. B. N. Ray, *John Rawls and the Agenda of Social Justice*, New Delhi：Anamika Publishers &Distributors, 2000.

4. Chandran Kukathas, *Rawls：A Theory of Justice and its Critics*, California：Stanford University , 1990.

5. Christine M. Korsgaard, *The Constitution of Agency：Essays on Practical Reason and Moral Psychology*, Oxford：Oxford University Press, 2008.

6. G. A. Cohen, *Self-ownership，Freedom，and Equality*, New York：CambridgeUniversity Press, 1995.

7. Henry S. Richardson, Paul Weithman, *Philosophy of Rawls* (*Vol.* 2): *The Two Principles and Their Justification*, New York: Garland Publishing, 1999.

8. Henry S. Richardson, Paul Weithman, *Philosophy of Rawls* (*Vol.* 4): *Moral Psychology and Community*, New York: Garland Publishing, 1999.

9. Henry S. Richardson, Paul Weithman, *Philosophy of Rawls* (*Vol.* 5): *Reasonable and Pluralism*, New York: Garland Publishing, 1999.

10. John Rawls, *A Theory of Justice*, Cambridge: Harvard University Press, 1999.

11. John Rawls, *Political Liberalism*, New York: Columbia University Press, 1993.

12. John Rawls, *Lectures on the History of Moral Philosophy*, Cambridge: Harvard University Press, 2000.

13. John Rawls, *Lectures on the History of Political Philosophy*, Cambridge: Harvard University Press, 2007.

14. John Rawls, *Collected Papers*, Samuel Freeman ed. , Cambridge: Harvard University Press, 1999.

15. John Rawls, *Justice as Fairness: a Restatement*, *Cambridge*: Harvard University Press, 2001.

16. Onora O'Neill, *Bound of Justice*, Cambridge: Cambridge University Press, 1996.

17. Paul Weithman, *Why Political Liberalism: On John Rawls's Political Turn*, New York: Oxford University Press, 2010.

18. Paul Graham, *Rawls*, Oxford: Oneworld Publications, 2007.

19. Samuel Freeman, *Rawls*, Oxon: Routledge, 2007.

20. Thomas Nagel, *Equality and Partiality*, Oxford: Oxford University Press, 1991.

21. Thomas Pogge, *John Rawls: His life and Theory of Justice*, Oxford: Oxford University Press, 2007.

22. VillePäivänsalo, *Balancing Reasonable Justice: John Rawls and Crucial Steps Beyond*, Hampshire: Ashgate, 2007.

英文参考论文：

1. Alexander Kaufman, "Stability, Fit, and Consensus", *The Journal of Politics*, Vol. 71, No. 2 April 2009.

2. Braybrooke David, "Utilitarianism with a Difference: Rawls's Position in Ethics", *Canadian Journal of Philosophy*, Vol. 3, No. 2, July 1973.

3. Brain Barry, "John Rawls and the Search for Stability", Ethics, Vol. 105, No. 4, July 1995.

4. Burton Dreben, "On Rawls and political liberalism", *in The Cambridge Companion to Rawls*, ed. Samuel Freeman, Cambridge: Cambridge University Press.

5. Cohen, "Facts and Principles", *Philosophy & Public Affairs*, Vol. 31, October 2003.

6. Charles Larmore, Public Reason, in*The Cambridge Companion to Rawls*, ed. Samuel Freeman, Cambridge: Cambridge University Press, 2003.

7. David Schmidtz, "Justifying the State", *Ethics*, Vol. 101, No. 1, October 1990.

8. Frazer M L, "John Rawls: Between Two Enlightenments", Political Theory, Vol. 35, No. 6, December 2007.

9. George Klosko, Rawls Weithman and the Stability of Liberal Democracy, Res Publica, Vol. 21, September 2015.

10. Jonathan Haidt, "The emotional dog and its rational tail", Psychological Review, Vol. 108, July 2001.

11. Hill, Thomas E, "The problem of stability in Political Liberalism", Pacific Philosophical Quarterly 75, September-December 1994

12. John Rawls, "Kantian Constructivism in Moral Theory", The Journal of Philosophy, Vol. 77, No. 9, September 1980.

13. John Rawls, "The Idea of Public Reason Revisited," *The University of Chicago Law Review*, Vol. 64, No. 3, December 1997.

14. John Rawls, "Justice as Fairness: Political not Metaphysical", in John Rawls Collected Papers, ed. by Samuel Freeman, Cambridge: Harvard University Press, 1999.

15. John Chapman, "Rawls's Theory of Justice", American Political Science Review, Vol. 69, No. 2, March 1975.

16. Jean Habermas, Reconciliation Through the Public use of Reason: Remarks on John Rawls's Political Liberalism, *Journal of Philosophy*, Vol. 92, No. 3, September1995.

17. Jon Garthoff, Rawlsian Stability, *Res Publica*, 2015.

18. Kukathas, Chandran, and P. Pettit, "Rawls: 'A Theory of Justice' and Its Critics", *New Serbian Political Thought*, 1990, 86 (1 – 4).

19. Larry Krasnoff, "Consensus, Stability, and Normativity in Rawl's Political Liberalism", The Journal of Philosophy, Vol. 95, No. 6, June 1998.

20. Petrinovich, P. O'Neill &M. Jorgensen, "An empirical study of moral intuitions: Toward an evolutionary ethics", *Journal of Personality and Social Psychology*, Vol. 64, No. 3, March 1993.

21. Simmons, "Justification and Legitimacy." Ethics, Vol. 109, No. 4, July 1999.

22. Samuel Freeman, ed., "Congruence and the Good of Justice", in The Cambridge Companion to Rawls, Cambridge: Cambridge University Press, 2003.

23. Samuel Freeman, "Political Liberalism and the Possibility of a Just Democratic Constitution", Samuel Freeman, ed. Chicago Kent Law Review, Vol. 69, April 1994.

24. Leif Wenar, "Political Liberalism: An Internal Critique", *Ethics*, Vol. 106, No. 3 October1995.

后　记

在这本小书即将付梓之际，我想对一路走来关爱和帮助过我的诸多师长、朋友、家人表达长久以来内心深处最真诚地感谢。

这本小书的雏形是我的博士论文。毋庸置疑，我最想感谢的是我的博士生导师、中国人民大学杰出人文学者龚群教授。还记得 2014 年的春天，我下定决心投考龚师门下。尚在哺乳期的我一边工作一边备考，成绩差强人意，就在我心灰意冷之时，龚老师从北京打来电话，在详细询问了我的深造意愿之后，表示基于专业成绩愿意为我向学校申请指标。此刻再回味，当年电话里的诸多细节早已模糊不清，但龚师那从容不迫又充满力量的言语带给我的力量与憧憬是终身难忘的。我一直记得那个春天的西安，阳光特别明媚，空气甚至有些湿润，是龚师的垂青使我如愿以偿。

读博前我虽然接受过系统的伦理学训练，但政治哲学专业对我而言还是略显陌生。特别是人大对经典文献阅读和讨论的要求极高，这使我起初感到有些吃力。业师察觉端倪后，在课上面授机宜，鼓励我发挥所长，帮助我很快适应了大量知识输入所带来的焦虑和恐慌，而我对政治哲学的感觉，也在此期间越来越明晰起来。现在回想起来，倘若没有业师不厌其烦地讲解和鼓励，我断然不会有信心选择如此这般的一个题目，而且一定还会在学术的门槛外徘徊更久。对我而言，每次和业师讨论问题都是智识上的挑战与激发，当年那篇学位论文得以圆满完成，很大程度正是建立在我对业师批评意见的理解、沟通和回应之上。时至今日，我深知无论如何刻意地学习，距离业师原先对我的期望都相去甚远，我唯有以此作为前进的动力与鞭策，否则无以面对吾师。

　　在人大求学期间，我认真聆听过哲学院段忠桥教授、周濂教授、曹刚教授的相关课程，获益匪浅。同门师姐王福玲副教授时常为我指点迷津，传授给我阅读政治哲学经典文本的基本方法，雪中送炭。现在当我再遇到不熟悉的知识领域时，这些师长前辈的教诲，就会在我的脑海浮现。哲学院的诸位师长，对我或有授业之恩、或有点拨之惠，此间隆情厚意使我常怀感恩之心，不敢丝毫有所懈怠。四年的 RUC 生活使我结识了许多好学深思、值得一生为伍的挚友，每当想起我们在课上争辩论点、分享心得，课下在校园大大小小的咖啡馆里谈天说地，一同前往北大、清华旁听李猛教授、万俊人教授课程的情景，我便会心生喜悦、感慨万千。与李科政、赵博超、石梁、陆宽宽、宗民博士为友，是我人生的财富，通过他（她）们使我深信这个世界美好而良善，向上而有趣。

　　四年之前，如果说我已习惯了用中国人民大学的思维去观察这个世界，那么四年之后的今天，中共珠海市委党校又帮我打开了认识和理解这个世界的新视窗。常务副校长罗红女士从容坚定、笃定坚毅，总能使我茅塞顿开；副校长王朝辉先生温文尔雅、诲人不倦，亦使我深受启发；副校长段科峰先生身体力行、率先垂范，总能使我备受鼓舞；校务委员赖向斌、饶琼诸位领导抱诚守真、有求必应，对我亦有雪中送炭之助。我要深深感谢珠海市委党校的所有同事，是你们让我不断体会对事业的坚守与执著。

　　我的父母和公婆平凡而伟大，给予我这世上最为无私的爱，让我可以体面而自私的享受生活；若言内疚，我愿把它化为人生继续前进的动力，同时带上那份不及万一的爱。我的先生李大海，一直对我关爱有加，他的爱总是让我充满力量。这些年，我们彼此之间不离不弃的相互支持、共同进步，是我一生最珍贵的财富；如今他如愿以偿地畅游在自己热爱的事业之中，我希望我可以带着我的一双儿女浅浅和米多，给予他们的父亲最大的支持。

　　人们常说写作是遗憾的艺术，政治哲学的写作也是如此。这本小书当然称不上艺术，何况遗憾还有很多。或许未来在罗尔斯稳定性问题的研究中，我继续畅游其间的机会已然无多，但我真诚地希望这本小书能够给后人提供一个批评的基础与前提，期待未来有关罗尔斯稳定性的研究成果日臻卓越，我想这也应是业师最初的心愿之一。当然，对于本书存在的任何学术差错和纰漏，责任完全在我。

闫　笑

二〇二二年中伏于珠海市委党校明德楼 2322 室